KB142621

맑시즘의 희화와
제국주의적 경제주의

레닌 전집 후원회

강건	강건영	곽호정	권용석
김기성	김동욱	김로자(정우재)	김서룡
김성인	김성훈	김영규	김요한
김우철	김은림	김재문	김지유
김태균	김한주	김형철	김희란
노준엽	또토	박민하	박상흠
박원일	박준성	배예주	백건우
백종성	백철현	볼셰비키그룹	서인형
손민석	손형선	송기철	신유재
양준호	양찬우	연제일	왕승민
우빈	우종우	유가람	유재언
이광윤	이교희	이김건우	이동현
이선민	이성철	이원호	이은경
이진영	이평세	임재성	전경진
정나위	정세윤	정영섭	정홍조
주동빈	채재웅	최윤정	최의왕
함진철	허영식	허필두	혜경
황형수	∀		

064 레닌
전집

Владимир
Ильич
Ленин

맑시즘의 희화와
제국주의적 경제주의

양효식
옮김

AGORA

차례

일러두기

1. 본 전집의 대본은 V. I. Lenin, *Collected Works*, Progress Publishers, Moscow다.

2. 주석은 모두 각주로 처리했으며, 저자 주는 주석 앞에 '레닌 주'라고 표기했다. 원서 편집자 주는 주석 뒤에 '원서 편집자', 옮긴이 주는 '옮긴이'라고 표기했다.

3. 원문에서 이탤릭체로 강조된 것은 고딕체로 표기했으며, 볼드체로 강조된 것은 굵은 글씨로, 대문자로 강조된 것은 권점을 사용해 표기했다. 밑줄이 그어진 것은 동일하게 처리했다.

4. 신문이나 잡지의 이름은 우리말로 번역되어 익히 알려져 있거나 사용되고 있는 경우에는 번역된 우리말로 표기했으나, 그렇지 않은 경우에는 소리 나는 대로 표기했다.

5. 날짜는 러시아 구력이며, 신력을 표기할 때는 구력을 먼저 적고 괄호 안에 신력을 표기했다.

6. 본 전집은 'marxism'을 '마르크스주의'로 번역했지만, 이 책은 표지 제목의 가독성을 높이기 위해 표제에서만 '마르크스주의'를 '맑시즘'으로 표기했다.

유니우스 팸플릿에 대하여

드디어 독일에서 전쟁 문제를 다룬 사회민주주의 소책자가 나왔다! 비열한 융커[1] 검열에 타협하지 않고 비합법으로 출간한 것이다. 독일 사회민주당 '좌익 급진파' 중 한 명인 것이 분명해 보이는 저자는 유니우스[2](라틴어로 주니어(junior)를 뜻한다)라는 필명으로 자신의 소책자에 '사회민주주의의 위기'라는 제목을 붙였다. 「국제 사회민주주의의 임무에 관한 테제」가 부록으로 첨부되어 있는데, 이 테제는 이미 베른의 I.S.C.(국제사회주의위원회, International Socialist Committee)에 제출되어 위원회의 회보 3호에 실린 바 있다. 테제의 초안은 인터나치오날레 그룹[3]이 작성했다. 인터나치오날레 그룹은 1915년 봄에 그 이름으로 잡지 한 호(체트킨(Zetkin), 메링(Mehring), R. 룩셈부르크, 탈하이머(Thalheimer), 둥커(Duncker), 슈트뢰벨(Ströbel) 등의 글이 실려 있다)

---

1   중세 이래 프로이센의 전통적인 토지 귀족. 19세기 중엽부터는 대토지 소유자를 포괄적으로 융커라고 칭했으며, 자유주의와 사회주의가 등장한 후로는 보수주의자와 동일한 의미로 사용되었다.—옮긴이

2   실제 인물은 로자 룩셈부르크(Rosa Luxemburg)다.—원서 편집자

를 발행했고, 1915~6년의 겨울에는 독일 전역에서 소집된 사
회민주주의자 회의⁴를 개최하여 이 테제를 채택했다.

저자는 1916년 1월 2일자 서문에서 이 소책자를 1915년 4

3   1차 세계대전 초기에 카를 리프크네히트(Karl Liebknecht), 로자 룩셈
부르크, 프란츠 메링, 클라라 체트킨 등이 창설한 독일 좌익 사회민주주
의자들의 혁명적 조직. 1915년 4월에 로자 룩셈부르크와 프란츠 메링이
《인터나치오날레Internationalle》를 발간하면서, 독일 좌파 세력의 통합
에 나섰다. 1916년 1월 1일 베를린에서 전국 회의를 개최하고, 공식적으
로 인터나치오날레 그룹이 출범했다. 이 그룹은 로자 룩셈부르크가 리
프크네히트, 메링, 체트킨과 협력하여 작성한 '기본 원칙'을 정강으로 채
택했다. 1915년 다수의 정치 전단을 냈고, 1916년에는 스파르타쿠스라
는 이름으로 서명한 '정치 서한'(이 서한은 1918년 10월까지 정기적으로
발간됐다)을 비합법으로 발간하기 시작했다. 이때부터 이 그룹은 스파르
타쿠스단이라는 이름으로 알려지게 되었다.
스파르타쿠스단은 대중적인 혁명적 선전 활동을 수행했고, 대중적인 반
전 시위를 조직했으며, 파업 투쟁을 지도했고, 세계 전쟁의 제국주의적
성격과 기회주의적인 사회민주당 지도자들의 배반 행위를 폭로했다. 그
러나 스파르타쿠스단은 이론과 정책 문제에서 심각한 오류를 범했다. 그
들은 제국주의 시대에 민족해방 전쟁의 가능성을 부인했고, 제국주의
전쟁을 내란으로 전화하는 문제에서도 일관되지 못했으며, 프롤레타리
아 당의 전위적인 역할을 과소평가했고, 기회주의자들과의 단호한 단절
을 위해 힘쓰지도 않았다.
스파르타쿠스단은 1917년 4월에 조직상 독자 단위로서 결성된 중앙파
의 독립사회민주당에 가입했으나, 1918년 11월 혁명 이후 독립사회민주
당과 단절하고 스파르타쿠스동맹을 결성했다. 1918년 11월 14일 강령
을 발표하고 1918년 12월 30일부터 1919년 1월 1일까지 열린 창당대회
에서 독일공산당을 창설했다. 레닌은 독일 좌익 사회민주주의자들의 오
류와 비일관성을 거듭 비판했지만 그들의 혁명적인 활동은 높이 평가했
다.─원서 편집자

월에 썼으며 "전혀 내용을 변경하지 않고" 출간한다고 밝히고 있다. "외부 사정으로" 출간이 지연되었다는 점도 함께 밝히고 있다. 이 소책자는 '사회민주주의의 위기'를 다루고 있다기보다는, 지금의 전쟁을 분석하여 그것이 민족해방 전쟁이라는 신화를 논박하고, 이 전쟁이 다른 대국들뿐만 아니라 독일에게도 제국주의 전쟁이라는 것을 증명하고, 공식 당의 태도를 혁명적으로 비판하는 내용 등으로 채워져 있다. 매우 활기 넘치는 문체로 씌어진 유니우스의 소책자는 부르주아지와 융커들 편으로 붙어버린 독일의 전(前) 사회민주당에 대항하는 투쟁에서 의심할 바 없이 중요한 역할을 해왔고, 또 앞으로도 그러할 것이다. 우리는 저자에게 마음속으로부터 우러나오는 환영의 인사를 보낸다.

1914~6년에 국외에서 러시아어로 출간된 사회민주주의 문헌에 친숙한 러시아의 독자들에게 유니우스의 소책자가 근본적으로 새롭거나 다른 것을 제시하고 있는 것은 아니다. 하지만 이 소책자를 읽고, 이 독일인 혁명적 마르크스주의자의 주장을 예를 들어 우리 당 중앙위원회의 선언(1914년 9~11월)과 베른 결의(1915년 3월), 그리고 그것들에 관한 수많은 해설들에 표명된 내용과 비교해보면, 그의 주장이 매우 불완전하며 그

---

4 전 독일 좌익 사회민주주의자 회의는 1916년 1월 1일 베를린에 있는 카를 리프크네히트의 집에서 열렸다. 이 회의는 로자 룩셈부르크가 작성한 인터나치오날레 그룹의 테제를 채택했다.—원서 편집자

가 두 가지 오류를 범하고 있다는 것을 확실히 알 수 있다. 우리는 유니우스의 결점과 오류를 비판하기에 앞서, 이러한 비판이 마르크스주의자에게 필수적인 자기비판을 위한 것이며, 제3인터내셔널의 이데올로기적 토대로 복무해야 할 견해들을 전면적으로 검증하기 위한 것임을 강하게 강조하지 않으면 안 된다. 전반적으로 유니우스의 소책자는 훌륭한 마르크스주의 저작이며, 십중팔구 그 결함은 아마 어느 정도는 우연히 발생한 것일 것이다.

유니우스 소책자의 주된 결함, 그리고 그것을 《인터나치오날레》라는 합법 잡지(곧바로 발행 금지되었지만)와 비교했을 때 확연히 드러나는 퇴보 지점은 사회배외주의(저자는 이 용어도, 그보다 덜 정확한 사회애국주의라는 용어도, 둘 다 사용하지 않고 있다)와 기회주의의 연관에 대해 침묵하고 있다는 점이다. 저자는 올바르게 독일 사회민주당의 "투항"과 붕괴, 그리고 당의 "공식 지도자들"의 "배반"을 이야기하고 있으나, 그 이상 더 나아가지는 않는다. 반면 《인터나치오날레》는 "중앙파", 즉 카우츠키주의를 비판했고, 그들이 줏대 없이 행동하며 마르크스주의를 모독하고 기회주의에 굴종한 것에 대해 아주 적절하게 조소를 퍼부었다. 이 잡지는 또한 기회주의자들이 실제로 수행하고 있는 역할을 폭로하기 시작했다. 예를 들어 1914년 8월 4일 기회주의자들이 최후통첩을 했다는 사실, 즉 어떠한 경우에도 전쟁공채에 찬성 투표를 하겠다는 것을 미리 정하고 나왔었다는 매우 중요한 사실을 알린 것이다. 그러나 유니우스의 소책자와 마찬가지로 앞서의 테제도 기회주의나 카우츠키주의에 대해서는 아무 언급도 없다! 이것은 이론적인 면에서 옳지 않다. 왜냐하면 이 "배반"은, 오랜 역사——제2인터내셔널 전체의 역사——를 지닌 하나의 **경향**으로시의 *기회수의*와 연결시키지 않고서는 **설명할 수 없기** 때문이다. 또한 실천적·정치적 면에서도 오류다. 왜냐하면 두 **경향**——공공연한 기회주의 경향(레기엔(Legien), 다비트(David) 등)과 은폐된 기회주의 경향(카우츠키(Kautsky)와 그 일파)——의 의미와 역할을 분명히 규정하지 않고서는 '사회민주주의의 위기'를 이해하거나 극복하는 것이 가능하지 않기 때문이다. 이것은 1916년 1월 13일 《포어베르츠 *Vorwärts*》에 실린 오토 륄레(Otto Rühle)의 역사적인 논문과 비교해보면 한 걸음 후퇴한 것이다. 그 글에서 륄레는 독일 사회민주당의 분열은 **피할 수 없다**는 것을 직접적이고 분명하게 지적했다(《포어베르츠》편집국은 입에 발린, 위선적인 카우츠키 류의 언사를 되뇌는 걸로 륄레에게 답했다. 편집국은 이미 두 개의 당이 존재하고 있고 이들 두 당은 화해할 수 없다는 사실을 논박할 만한 실질적인 논거를 단하나도 내놓을 수 없었던 것이다). 유니우스의 이러한 후퇴는 몹시도 모순적인 것인데, 왜냐하면 《인터나치오날레》의 테제는 12항에서 "주요국 사회주의 당들의 공식 대표자들"의 "배반"과 그들의 "부르주아적 제국주의 정치 원칙의 수용"으로 인해 "새로운" 인터내셔널을 창설하는 것이 필요하다고 **직접적으로** 천명하고 있기 때문이다. 확실히, 독일의 구 사회민주당에, 또는 레기엔, 다비트 일파를 용인하는 당들에 "새로운" 인터내셔널 참가를 제안하는 것은 그저 우스운 일일 뿐이다.

우리는 인터나치오날레 그룹이 왜 이렇게 뒷걸음질을 치는지 그 이유를 모른다. 전반적으로 봤을 때 독일의 혁명적 마르크스주의의 중대한 결함은, 체계적으로 자신의 노선을 추구하며 새로운 임무에 맞게 대중을 교육할 잘 훈련된 비합법 조직이 없다는 것이다. 그런 조직이라면 기회주의와 카우츠키주의에 대해서도 분명한 입장을 취했을 것이다. 이것은 지금 더더욱 절실한데, 왜냐하면 독일의 혁명적 사회민주주의자들이 자신들의 마지막 두 일간지마저 빼앗겼기 때문이다(하나는 브레멘에서 발행되는 《브레머 뷰르거차이퉁*Bremen Burger-zeitung*》이고 다른 하나는 브룬스빅에서 발행되는 《폴크스프로인트*Volksfreund*》인데, 둘 다 카우츠키주의자들의 손에 넘어갔다). '독일국제사회주의자(I.S.D.)' 그룹 홀로 자기 자리에 남아 있다는 것이 누가 보기에도 확실해 보인다.

인터나치오날레 그룹의 일부 성원들은 또다시 무원칙한 카우츠키주의의 늪으로 빠져들어간 것이 분명하다. 예를 들어 슈트뢰벨은 《노이에 차이트*Neue Zeit*》[5]에서 베른슈타인(Bernstein)과 카우츠키에게 경의를 표하기까지 했다! 그리고 바로 며칠 전인 1916년 8월 15일에 슈트뢰벨은 그 잡지에 '평화주의와 사회민주주의'라는 제목으로, 가장 비속한 카우츠키 류의 평화주의를 옹호하는 글을 발표했다. 반면 유니우스는 '군축', '비밀외교 폐지' 등 카우츠키의 공상적인 제안을 강력하게 반대한다. 인터나치오날레 그룹에는 두 개의 경향——혁명적 경향과 카우츠키주의 쪽으로 흔들리는 경향——이 존재하는 듯하다.

유니우스의 잘못된 가정들 중 첫 번째 것은 인터나치오날레 그룹의 테제 5항에 담겨 있다. "이 야만의 제국주의 시대에 민족 전쟁은 더 이상 가능하지 않다. 민족적 이익이란 것도 근로인민 대중을 그들의 화해할 수 없는 적인 제국주의를 위해 복무하도록 몰아가는 기만 도구에 지나지 않는다." 이와 같은 문장으로 끝나고 있는 테제 5항의 앞부분은 현 전쟁을 제국주의 전쟁으로 규정하는 내용으로 되어 있다. 민족 전쟁 일반에 대한 부정은 부주의로 인한 실수거나, 현 전쟁이 민족 전쟁이 아닌 제국주의 전쟁이라는 전적으로 올바른 생각을 과도하게

5 '새 시대'라는 뜻. 독일 사회민주당의 이론지로서 1883년부터 1923년까지 슈투트가르트에서 발행됐다. 1917년 10월까지는 카를 카우츠키가, 그 후에는 H. 쿠노(Heinrich Cunow)가 편집을 했다. 《노이에 차이트》는 마르크스와 엥겔스의 저작을 게재한 첫 잡지였다. 엥겔스는 이 잡지를 위해 조언을 해줬고, 때로는 마르크스주의에서 벗어나고 있다고 잡지를 비판하기도 했다. 1895년 엥겔스의 사후 《노이에 차이트》는 에두아르트 베른슈타인을 비롯한 수정주의자들에게 지면을 개방했다. 《노이에 차이트》는 마르크스주의에 대항하는 수정주의적 캠페인의 출발점이 된 베른슈타인의 「사회주의의 제 문제」를 게재했다. 1차 세계대전에서 《노이에 차이트》는 중앙파 입장을 취했고, 실제로 사회배외주의자들을 지지했다.—원서 편집자

강조하다 보니 생긴 우발적인 것일 수 있다. 그러나 그 반대가 진실일 수도 있다. 현 전쟁이 민족 전쟁으로 호도되고 있다 보니 많은 사회민주주의자들이 민족 전쟁의 가능성 일체를 부정하는 오류를 범하고 있듯이 말이다. 따라서 우리에겐 이러한 오류를 규명해야 할 의무가 있다.

유니우스는 세르비아의 뒤에는 러시아가 있고, "세르비아 민족주의의 배후에는 러시아 제국주의가 있다"고 말한다. 또 예를 들어 네덜란드가 참전하는 경우, 네덜란드가 자신의 식민지를 방어하려 하고, 제국주의 양대 연합 중 한쪽의 동맹국일 것이기 때문에 네덜란드 또한 제국주의 전쟁을 수행하는 것이 된다고 말한다. 이와 같이 유니우스가 현 전쟁의 "제국주의적 배경"의 결정적 영향을 강조한 것은 전적으로 옳다. 그것은 지금의 전쟁과 관련하여 반박의 여지가 없는 사실이다. 그리고 유니우스는 (자신이 보기에) 가장 중요한 문제, 즉 "현재 사회민주주의 정치를 지배하고 있는 민족 전쟁이라는 유령"(『유니우스 팸플릿』, 81쪽)에 대한 투쟁을 특별히 강조하고 있는데, 이것 또한 올바르며 아주 적절하다.

그러나 이러한 사실을 과장하여, 마르크스주의자에게 요구되는 구체성으로부터 벗어나서는 안 된다. 지금의 전쟁에 대한 규정을 제국주의에서 일어날 수 있는 모든 전쟁에 무차별적으로 적용하여 제국주의에 대항하는 민족운동을 망각한다면, 그것은 잘못된 것이다. "민족 전쟁은 더 이상 가능하지 않다"

는 테제를 내세우면서 유니우스가 제시하는 논거는 단 하나뿐인데, 그것은 세계가 한 줌의 제국주의 '대'국들 사이에 분할되어 있고, 따라서 어떠한 전쟁도, 비록 그것이 민족 전쟁으로 출발했다 하더라도 제국주의 전쟁으로 전화되어 제국주의 양대 연합 중 한쪽의 이익에 영향을 미친다는 것이다(『유니우스 팸플릿』 81쪽).

이 논거의 오류는 명백하다. 자연 및 사회에서 모든 경계선은 관습적이고 유동적이라는 것, 특정 조건에서 그 대립물로 전화될 수 없는 현상은 하나도 없다는 것이 마르크스주의적 변증법의 기본 명제다. 민족 전쟁은 제국주의 전쟁으로 전화될 수 있고, 그 역도 가능하다. 예를 들어 프랑스 대혁명기의 전쟁들은 민족 전쟁으로 시작되었고, 실로 그러한 전쟁이었다. 그 전쟁들은 혁명 전쟁이었는데, 왜냐하면 반혁명적인 군주제들의 연합에 대항하여 대혁명을 방어하기 위해 수행된 전쟁이었기 때문이다. 그러나 나폴레옹이 유럽의 강대한 기존 민족국가들 다수를 정복하여 프랑스 제국을 세운 뒤에는 프랑스인들의 민족 전쟁은 제국주의 전쟁이 되었고, 이번에는 거꾸로 나폴레옹의 제국주의에 대항하는 민족해방 전쟁을 낳아놓았다.

어느 하나가 다른 것으로 전화될 수 있다는 이유로 제국주의 전쟁과 민족 전쟁 간의 차이를 부정하는 것은 궤변일 뿐이다. 심지어 그리스 철학의 역사에서도 변증법이 궤변론으로 가는 가교 역할을 한 것은 한두 번이 아니었다. 하지만 우리는 변증법을 고수하며, 전화 가능성 일반을 통째로 부정함으로써가 아니라 주어진 현상을 그것의 맥락과 발전 속에서 구체적으로 분석함으로써 궤변론과 싸운다.

1914~6년의 이 제국주의 전쟁이 민족 전쟁으로 전화될 가능성은 매우 희박하다. 객관적으로 진보를 대표하는 계급이, 이 전쟁을 부르주아지에 대항하는 내란으로 전화시키기 위해 분투하고 있는 프롤레타리아트이기 때문이다. 또한 제국주의 양대 연합의 역관계가 거의 대등한 가운데 국제 금융자본이 어디서나 반동적인 부르주아지를 창출해왔기 때문이다. 그럼에도 그러한 전화가 불가능하다고 말할 수는 없다. 만약 유럽 프롤레타리아트가 앞으로 또 20년 동안 무력하게 존재한다면, 만약 이 전쟁이 나폴레옹이 이룬 승리와 비슷하게 어느 한쪽이 승리하여 강대한 민족국가 다수를 정복하는 것으로 끝이 난다면, 만약 유럽 밖의 제국주의(일차적으로 미국과 일본 제국주의)가 이를테면 미일전쟁의 결과로 사회주의로 전화하는 것이 저지된 채 향후 20년 동안 제국주의 강대국으로 남아 있게 된다면, 그때는 유럽에서의 대민족 전쟁이 가능할 것이다. 이것은 유럽이 몇십 년 후퇴하게 되는 것을 의미한다. 가능성은 희박하지만, 불가능한 일은 아니다. 세계사의 과정을, 이따금씩 크게 뒷걸음질 치는 법 없이 순조롭고 꾸준하게 앞으로만 나아가는 것으로 그려내는 것은 비변증법적이며 비과학적이고 이론적으로도 맞지 않기 때문이다.

더구나 제국주의 시대에 식민지나 반식민지가 민족 전쟁을 벌이는 것은 가능할 뿐만 아니라 불가피하다. 식민지와 반식민지(중국, 터키, 페르시아)의 인구는 거의 십억 가까이 된다. 즉 지구 인구의 반이 넘는다. 이들 나라에서 민족해방 운동은 이미 매우 강력하거나, 성장해서 성숙해가고 있다. 모든 전쟁은 다른 수단에 의한 정치의 계속이다. 식민지의 민족해방 정치는 불가피하게 제국주의에 대항하는 식민지의 민족 전쟁으로 계속될 것이다. 이러한 전쟁들은 현 제국주의 '대'국들 간의 제국주의 전쟁을 야기할 수도 있고, 그렇지 않을 수도 있다. 이것은 많은 요인들에 좌우된다.

예를 들어 영국과 프랑스는 식민지를 놓고 7년 전쟁을 벌였다. 제국주의 전쟁을 벌인 것이다(제국주의 전쟁은 고도로 발달한 현대 자본주의를 토대로 해서만큼이나 노예제 또는 시초 단계의 자본주의를 토대로 해서도 가능하다). 프랑스는 패배하여 식민지 일부를 잃었다. 몇 년 뒤 북아메리카의 여러 주들이 영국을 상대로 민족해방 전쟁을 시작했다. 그러자 지금의 미국의 일부를 당시 식민지로 보유하고 있던 프랑스와 스페인은 영국에 대항하여 반란을 일으킨 주들과 우호조약을 맺었다. 프랑스와 스페인은 영국에 대한 적개심에서, 즉 자신의 제국주의적 이해에 따라 그렇게 한 것이다. 프랑스 군대는 아메리카인들의 편에 서서 영국과 싸웠다. 이 경우는 제국주의적 상호경쟁이 별로 중요성을 갖지 못하는 보조적 요소로서 작용한 민족해방 전쟁으로서, 1914~6년의 전쟁에서 우리가 보는 것(오스트리아-세르비아 전쟁에서 민족적 요소는 제국주의적 상호경쟁이라는 결정적인 요소에 비해 큰 중요성을 갖지 못한다)과는 매우 상반된다. 이는 제국주의 개념을 판에 박힌 방식으로 적용하여 그로부터 민족 전쟁은 "불가능하다"는 결론을 끌어내는 것이 얼마나 불합리한지를 보여준다. 민족해방 전쟁, 예를 들어 하나 또는 여러 개의 제국주의 강대국에 대항하여 페르시아와 인도와 중국이 동맹하여 벌이는 민족해방 전쟁은 가능할 뿐만 아니라 충분히 있을 법한 일이다. 왜냐하면 그러한 민족해방 전쟁이 일어날 경우 그것은 이들 나라에서 지금 진행되고 있는 민족해방 운동으로부터 나오는 논리적 귀결일 것이기 때문이다. 그러한 전쟁이 현 제국주의 강대국들 간의 제국주의 전쟁으로 전화될 것인가의 여부는 대단히 많은 구체적인 요인들에 달려 있으며, 이러한 요인들이 틀림없이 등장할 것이라고 장담하는 것은 불합리하다.

셋째, 제국주의 시대의 민족 전쟁은 유럽에서조차 불가능한 것으로 간주될 수 없다. '제국주의 시대'는 현 전쟁을 제국주의 전쟁이 되게 했고, 불가피하게(사회주의가 승리할 때까지는) 새로운 제국주의 전쟁을 낳는다. 이 '시대'는 현 강대국들의 정책을 철저히 제국주의적인 것이 되게 했지만, 그렇다고 해서 이 '시대'가 민족 전쟁의 가능성, 이를테면 소국들(병합된 나라 또는 민족적으로 억압받는 나라)이 제국주의 강대국에 대항하여 벌이는 민족 전쟁의 가능성을 배제하는 것은 결코 아니다. 동유럽의 대규모 민족운동을 배제하지 않는 것과 마찬가지로 말이다. 예를 들면, 오스트리아에 대해 유니우스는 '경제적' 요인뿐만 아니라 특수한 정치적 요인도 합당하게 고려하는 매우 견실한 관점을 취하고 있다. 그는 "오스트리아 고유의 결속력 결여"를 지적하고, "합스부르크 군주제가 부르주아 국가의 정치적 조직이 아니라 몇몇 사회적 기생충 도당들의 느슨한 신디케이트에 불과하다"는 점과, "오스트리아-헝가리의 파산은 역사적인 관점에서 볼 때 터키 해체의 연장일 뿐이며 동시에 역사적 발전 과정의 요구"라는 점을 인정하고 있다. 발칸 반도의 몇몇 나라들과 러시아에 대해서도 거의 똑같이 얘기할 수 있다. 만약 '대'국들이 현 전쟁에서 완전히 힘을 소진하거나 러시아에서 혁명이 승리한다면, 민족 전쟁의 승리까지도 충분히 가능하다. 제국주의 열강이 실질적으로 개입하는 것이 언제나 가능한 것은 아니다. 이 점이 중요한데, 또 하나 중요한 점이 있다. 대국에 대항하는 소국의 전쟁은 가망이 없다는 피상적이고 경솔한 견해에 대해서다. 이는 가망 없는 전쟁도 똑같은 전쟁이라는 관점에서 논박되어야 한다. 게다가 '대'국들 내에서 작용하는 어떤 요인들——예를 들어 혁명의 발발——이 '가망 없는' 전쟁을 매우 '가망 있는' 전쟁으로 바꿔놓을 수도 있다.

우리가 "민족 전쟁은 더 이상 가능하지 않다"는 그릇된 가정을 상세히 다룬 것은, 단지 그것이 이론적으로 틀렸기 때문만은 아니다. 오직 마르크스주의, 속류화되지 않은 마르크스주의의 토대 위에서만 제3인터내셔널을 세울 수 있는 이 시점에서 '좌익'들이 마르크스주의 이론에 대해 안이한 태도를 보인다면 통탄하지 않을 수 없을 것이다. 그러나 실천적·정치적 면에서도 이러한 오류는 매우 해롭다. 왜냐하면 반동적인 전쟁 외에는 다른 어떤 전쟁도 가능하지 않다는 단정은 '군비철폐'라는 어리석은 선전으로 이어지기 때문이다. 또 그 오류는 민족운동들에 대한 무관심이라는, 훨씬 더 어리석고 완전히 반동적인 태도의 원인이기도 하다. 유럽의 '대'국 민족, 즉 소국이나 식민지의 인민을 억압하는 민족의 성원들이 박식한 체하며 "민족 전쟁은 더 이상 가능하지 않다"고 공언할 때 그와 같은 무관심은 배외주의가 된다! 제국주의 대국에 대항하는 민족 전쟁은 가능하고 개연성 있는 것일 뿐만 아니라, 불가피하며, 진보적이고 혁명적이다. 물론 그러한 민족 전쟁이 승리하려면 피억압국 다수의 인민 대중(우리가 예로 든 인도와 중국의 수억 인민들)의 일치된 노력, 국제 정세에서 특별히 유리한 조건들의 조합(예를 들어 제국주의 열강이 힘의 소진, 전쟁, 상호적대 등으로 마비되어 개입할 수 없는 상황), 대국 중 한 나라에서의 부르주아지에 대항하는 프롤레타리아트의 동시적인 봉기 등이 요구되겠지만 말이다(프롤레타리아트의 승리를 위해 무엇이 가장 바람직하고 유리한가라는 관점에서는 이 마지막 경우가 첫 번째 지위를 차지한다).

그러나 유니우스가 민족운동에 무관심하다고 비난하는 것은 옳지 않다. 어쨌든 유니우스는 사회민주당 의원단의 죄상을 열거하면서, '반역'죄로 기소된 카메룬의 원주민 지도자(그는 전쟁에 반대하여 봉기를 조직하려 했다)에게 내려진 사형 선고에 대해 그들 의원단이 침묵한 것을 중대한 범죄로 꼽고 있다. 또한 다른 대목에서는 식민지 인민들 역시 다른 모든 민족과 같이 민족으로 간주되어야 한다고 강조한다. 유니우스는 분명하고 명시적으로 다음과 같이 밝히고 있다. "사회주의는 모든 민족의 독립과 자유의 권리를, 자신의 운명을 독자적으로 결정할 권리를 인정했다." "국제 사회주의는 자유롭고 독립적이며 평등한 민족들의 권리를 인정하지만, 그러한 민족들을 만들어낼 수 있고 민족자결권을 실현시킬 수 있는 것은 오직 사회주의뿐이다. 이러한 사회주의적 슬로건은 "다른 모든 사회주의적 슬로건들과 마찬가지로 현존하는 질서를 정당화하기 위해서가 아니라, 앞으로 나아갈 바를 제시하고 프롤레타리아트를 적극적인 혁명적 변혁의 정치로 고무시키기 위한 것이다."(77~8쪽) 독일의 좌익 사회민주주의자 모두가, 사회주의하에서의 민족자결권조차도 부정하는 일부 네덜란드와 폴란드의 사회민주주의자들이 지금 신봉하고 있는 마르크스주의의 희화화와 편협화에 굴복한 것 아니냐고 추측한다면, 그것은 실로 중대한 착오다. 네덜란드-폴란드인들의 이런 특유한 오류의 근원에 대해서는 다른 곳에서 다룰 것이다.

조국 방위 문제와 관련하여 유니우스는 또 다른 그릇된 논거를 제시하고 있다. 이것은 제국주의 전쟁 동안의 가장 중요한 정치적 문제다. 유니우스는 이 문제에 있어 우리 당만이 유일하게 올바른 접근법을 제시하고 있다는 우리의 확신을 강화시켜주었다. 프롤레타리아트가 이 제국주의 전쟁에서 조국 방위에 반대하는 것은, 이 전쟁의 약탈적이고 노예 소유제적이며 반동적인 성격 때문이다. 그리고 제국주의 전쟁에 반대하여 전쟁을 사회주의를 위한 내란으로 전화시키기 위해 노력하는 것이 가능하고 필수적인 일이기 때문이다. 그러나 유니우스는 민족 전쟁과는 질적으로 다른 현 전쟁의 제국주의적 성격을 멋지게 폭로하고 있음에도 불구하고, 현재의 비민족적인 전쟁에 민족적 강령을 애써 끌어들이려고 하는 매우 이상한 오류로 빠져들고 있다. 좀처럼 믿을 수 없이 들리지만 사실이다.

부르주아지에게 굽실대는 것으로는 막상막하인 레기엔 류와 카우츠키 류의 공식 사회민주주의자들(이들은 인민들에게 전쟁의 제국주의적 성격을 숨기기 위해 외국의 "침략"에 대해 가장 시끄럽게 떠들어대고 있다)은 이러한 "침략" 논리를 특히 열심히 되뇌고 있다. 지금 카우츠키는 순진하고 잘 속는 사람들을 상대로, 자신이 1914년 말 반대파와 함께했다고 (덧붙여 말하자면 러시아 조직위원회의 일원인 '스펙타토르(Spectator)'의 입을 통해) 힘주어 말하면서 이 '논리'를 계속해서 사용하고 있다! 유니우스는 그것을 반박하기 위해, "침략과 계급투쟁은 부르주아 역사에서는 (공식 전설과는 달리) 모순되는 것이 아니라, 하나는 다른 하나의 수단이자 표현"이라는 것을 증명하는 아주 교훈적인 예를 역사에서 인용한다. 예를 들어 프랑스의 부르봉 왕가는 자코뱅에 대항하여 외국의 침략자들을 끌어들였다. 1871년에는 부르주아지가 코뮌에 대항하여 외국의 침략자들을 끌어들였다. 마르크스는 『프랑스 내란*Civil War in France*』에서 이렇게 썼다.

> 구 사회가 아직도 해낼 능력이 있는 최고의 영웅적인 역작이 민족 전쟁인데, 이것은 계급투쟁을 지연시키는 것을 목적으로 하는 통치 술수에 불과한 것으로, 계급투쟁이 내란으로 타오르면 바로 내팽개쳐지는 신세라는 것이 지금 증명되고 있다.[6]

유니우스는 1793년을 거론하며 "모든 시대의 고전적인 예는 프랑스 대혁명"이라고 말한다. 이 모든 것으로부터 유니우스는 다음과 같은 결론을 끌어낸다. "이렇게 백 년의 경험이 증명하는 것처럼, 인민의 자존감과 영웅성과 도덕적인 힘을 불러일으키고, 외적에 맞서 나라를 지키는 최선의 방호벽으로 복무하는 것은 계엄 상태가 아니라 가차 없는 계급투쟁이다."

유니우스의 실천적 결론은 이렇다.

> 그렇다, 사회민주주의자들은 거대한 역사적 위기 동안에는 자기 나라를 방어할 의무가 있다. 그러나 사회민주당 의원단이

6　마르크스·엥겔스, 『선집*Selected Works*』, 1권, 모스크바, 1958년, 540
　　쪽.—원서 편집자

저지른 중대한 범죄 행위는, 1914년 8월 4일 성명에서 "위험의 순간에 우리는 조국을 방치하지 않을 것"이라고 엄숙하게 선언해놓고는 자신의 말을 뒤집고 그것이 거짓임을 드러낸 데 있다. 실제로는 가장 위험한 순간에 조국을 방치한 것이다. 그 순간에 조국에 대한 첫 번째 의무는, 현 제국주의 전쟁의 배후에 실제로 무엇이 있는가를 조국에 보여주는 것이었다. 그리고 조국에 대한 이러한 침해를 덮어 가리는 애국주의적이고 외교적인 거짓말의 망을 걷어내는 것, 현 전쟁에서 승리와 패배 모두 독일 인민에게는 똑같이 치명적인 것임을 큰 소리로 분명하게 밝히는 것, 계엄 상태로 인해 조국이 질식당하는 것에 끝까지 항거하는 것, 인민의 즉각적인 무장의 필요와 전쟁·평화의 문제를 인민 스스로가 결정할 필요를 선언하는 것, 인민의 대표에 의한 주의 깊은 정부 통제와 인민들에 의한 인민 대표 통제를 보장하기 위해 인민 대표들의 상설적인 의회를 전쟁 전 기간 동안에 소집할 것을 단호하게 요구하는 것, 자유로운 인민만이 자기 나라를 성공적으로 방위할 수 있으므로 정치적 권리에 대한 일체의 제한을 즉각 폐지할 것을 요구하는 것, 마지막으로 오스트리아와 터키를 보존하려는, 즉 유럽과 독일에서 반동을 영구화하려는 제국주의적 전쟁 강령에 반대하여, 1848년의 애국주의자와 민주주의자 들의 오래되고 진실로 민족적인 강령인 마르크스와 엥겔스와 라살의 강령——통일된 대독일공화국 슬로건——을 가지고 대항하는 것 등이었다. 이것이야말로 나라의 선두에서 들어올려졌어야 할 기치이며, 진정으로 민족적인 해방의 기치이며, 독일의 최상의 전통과 프롤레타리아트의 국제적 계급정치와도 일치했을 기치다. …… 따라서 '조국의 이익인가, 프롤레타리아트의 국제 연대인가'라는 그 중대한 딜레마, 즉 우리 의원들이 '무거운 마음으로' 제국주의 전쟁 편에 설 수밖에 없도록 만든 그 비극적인 갈등은 순전히 상상 속의 가공이며 부르주아 민족주의적 허구다. 오히려 나라의 이익과 프롤레타리아 인터내셔널의 계급적 이익 사이에는 전쟁 중이든 평화로운 시기든 상관 없이 완벽한 조화가 존재한다. 전쟁과 평화 모두 계급투쟁의 가장 정력적인 발전과 사회민주주의적 강령을 위한 가장 단호한 투쟁을 요구한다.

이것이 유니우스의 논법이다. 그의 주장의 오류는 두드러지게 눈에 띈다. 차리즘의 암묵적 종복인 플레하노프(Plekhanov)와 공공연한 종복인 치헨켈리(Chkhenkeli), 그리고 아마 마르토프(Martov)와 치헤이제(Chkheidze)도 흡족한 마음으로 유니우스의 말들을 덥석 움켜쥘 것이다. 이론적 진실을 확립하기 위해서가 아니라, 요리조리 빠져나가 자신들의 행적을 은폐하고 노동자들의 눈에 흙먼지를 뿌리기 위해서 말이다. 때문에 우리는 유니우스의 오류의 **이론적 근원**을 보다 상세히 밝혀야 한다.

유니우스는 민족 강령을 가지고 제국주의 전쟁에 '반대'하자고 한다. 선진 계급에게 미래가 아니라 과거로 눈을 돌릴 것을 촉구하고 있는 것이다! 프랑스에서, 독일에서, 유럽 전체에서 1793년과 1848년에 객관적으로 일정에 올라 있었던 것은 부르주아 민주주의 혁명이었다. 이러한 객관적인 역사적 상황에 조응했던 것은 그 당시 존재했던 민주주의의 '진정으로 민족적인', 즉 민족부르주아적인 강령이었다. 1793년에 이 강령은 부르주아지와 평민의 가장 혁명적인 분자들에 의해 수행되었고, 1848년에는 이 강령이 마르크스에 의해 진보적 민주주의 전체의 이름으로 선언되었다. 당시의 봉건적·왕조적 전쟁들에 대항하여 혁명적 민주주의 전쟁들, 민족해방 전쟁들이 수행된 것이 객관적 사실이다. 그것이 그 시대의 역사적 과제였다.

그러나 지금 유럽의 가장 큰 선진국들의 객관적 상황은 그때와 다르다. 우리가 일시적인 후퇴의 가능성을 배제한다면, 진보는 오직 社會主義 사회를 향해서만, 社會主義 혁명을 향해서만 가능하다. 진보의 관점, 진보적인 계급의 관점에서 제국주의적 부르주아 전쟁, 고도로 발달한 자본주의 전쟁에 객관적으로 대립하는 것은 오직 부르주아지에 대항하는 전쟁, 즉 프롤레타리아트와 부르주아지 사이의 권력을 둘러싼 내란뿐이며, 그 외 다른 것은 있을 수 없다. 왜냐하면 그러한 전쟁이 수행되지 않는다면, 진정한 실질적 진보는 불가능하기 때문이다. 이러한 전쟁·내란에 이어 부르주아 국가에 대항하여 사회주의 국가를 방위하는 전쟁이——오직 어떤 특수한 조건하에서만——있을 수 있다. 이것이 조건부 방위, 즉 러시아에서의 혁명의 승리와 공화제의 승리라는 조건에서의 조국 방위라는 입장을 채택할 준비가 되어 있던 볼셰비키들(다행히도 이들 볼셰비키는 극소수이며, 우리는 이들을 신속하게 《프리지프*Prizyv*》7 그룹에게 넘겨주었다)이 볼셰비즘의 자구에는 충실했지만 그 정신을 배반한 이유다. 왜냐하면 선진 유럽 열강의 제국주의 전쟁에 끌려들어간 러시아는, 공화제라는 정부 형태 아래에서도 제국주의 전쟁을 수행할 것이기 때문이다!

유니우스는 계급투쟁이 침략을 방어하는 최선의 수단이라고 말한다. 그러나 여기서 그는 마르크스주의 변증법을 단지 절반만 적용하여 올바른 길을 한 걸음 딛자마자 바로 벗어나 버린다. 마르크스주의 변증법은 개개의 특수한 역사적 상황에 대한 구체적 분석을 요구한다. 부르주아지가 봉건제를 타도하고 있는 경우든, 프롤레타리아트가 부르주아지를 타도하고 있는 경우든 두 경우에 모두 계급투쟁이 침략에 대한 최선의 방위 수단이라는 것은 사실이다. 그러나 계급 억압의 모든 형태에 다 적용될 수 있다는 바로 그 이유 때문에, 그것은 너무 일반적이며 따라서 현재의 특수한 경우에는 부적절하다. 부르주

---

7 '호소'라는 뜻의 주간지로, 멘셰비키와 사회주의혁명가당 내의 사회애국주의적 그룹(플레하노프, 알렉신스키〔Aleksinskii〕, 부나코프〔Bunakov〕, 아브크센체프〔Avksientiev〕 등)의 기관지. 1915년 10월부터 1917년 3월까지 파리에서 발행되었다.—원서 편집자

아지에 대항하는 내란도 계급투쟁의 한 형태이며, 계급투쟁의
이 형태만이 유럽을(한 나라만이 아니라 유럽 전체를) 침략의 위기
에서 구할 수 있었을 것이다. '대독일공화국'이 1914~6년에 존
재했다면, 그 나라 또한 제국주의 전쟁을 했을 것이다.

유니우스는 올바른 문제 해결과 올바른 슬로건에 매우 가
까이 왔다. 부르주아지에 대항하여 사회주의를 위해 벌이는 내
란 말이다. 그러나 그는 마치 진실 전체를 발설하길 두려워하
는 듯, 1914년에, 1915년에, 1916년에 '민족 전쟁'이라는 환상
으로 되돌아갔다. 이론적인 각도가 아니라 순전히 실천적인 각
도에서 이 문제를 검토한다 하더라도 유니우스의 오류는 여전
히 분명하다. 독일의 부르주아 사회 전체, 농민층을 포함한 모
든 계급이 전쟁에 찬성했다(십중팔구 러시아도 마찬가지일 것이다. 적
어도 부농과 중농의 대다수와 빈농의 상당수가 부르주아 제국주의의 주문
에 홀려 있는 것이 확실하다). 부르주아지는 발끝까지 무장했다. 이
런 상황에서 공화제, 상설 의회, 인민('인민무장')에 의한 관리 선
출 등의 강령을 '선언'하는 것은 사실상 혁명을 '선언하는'(잘못된
혁명 강령을 갖고서!) 것을 의미할 것이다.

바로 이어서 유니우스는 혁명은 "만들어"질 수 없다고 전적
으로 올바르게 말한다. 혁명은 1914~6년에 일정에 올라 있었
는데, 전쟁의 깊숙한 곳에 숨어 있다가 전쟁으로부터 모습을
드러내고 있었다. 이것이 혁명적 계급의 이름으로 '선언'되었어
야 했고, 그 혁명적 계급의 강령은 두려움 없이 완전하게 공표

되었어야 했다. 인민을 말할 수 없는 재앙으로 몰아넣은 초반동적이고 범죄적인 부르주아지에 대항하여 전시에 내란을 일으키지 않고서는 사회주의는 불가능하다. 혁명적 위기가 어떠한 속도로 발전하는가와 관계 없이 수행될 수 있는, 그리고 혁명이 성숙해가는 것과 발맞추어갈 체계적이고 일관된 실천적 조처들이 강구되었어야 했다. 이들 조처가 우리 당의 결의에 제시되어 있다. (1)전쟁공채에 반대 투표를 할 것, (2)'계급휴전'을 깨뜨릴 것, (3)비합법 조직을 만들 것, (4)교전국 병사들 사이에 친교를 만들 것, (5)대중의 모든 혁명적 행동을 지원할 것[8] 등이다. 이 모든 조치들의 성공은 불가피하게 내란으로 이어질 것이다.

위대한 역사적 강령의 공표가 엄청난 의의를 지닌다는 것은 의심의 여지가 없다. 1914~6년에는 이미 시대에 뒤진 것이 된 낡은 독일의 민족강령이 아니라, 프롤레타리아의 국제주의적·사회주의적 강령을 공표하는 것 말이다. "당신들, 부르주아지는 약탈을 위해 싸우고 있다. 우리들, 모든 교전국들의 노동자들은 사회주의를 위해 당신들에게 선전포고한다." 이것이 바로 레기엔, 다비트, 카우츠키, 플레하노프, 게드(Guesde), 셈바(Sembat) 등과 달리, 프롤레타리아트를 배반하지 않은 사회주의

---

8 「러시아 사회민주노동당 재외지부 회의The Conference of the R.S.D.L.P. Groups Abroad」(본 전집 59권 『제2인터내셔널의 붕괴』에 수록—편집자) 참조.—원서 편집자

자였다면 1914년 8월 4일 의회에서 했어야 할 연설 내용이다.

유니우스의 오류는 두 가지 잘못된 생각에서 비롯한 것이 분명하다. 유니우스가 제국주의 전쟁에 단호하게 반대하고, 혁명적 전술을 단호하게 찬성한다는 데에는 의심의 여지가 없다. 유니우스의 '방위주의'를 흡족하게 여길 플레하노프 일파도 이 사실을 지워버릴 수는 없다. 가능하며 있을 법한 이런 종류의 비방에 대해서는 지체 없이 직설적으로 답해주어야 한다.

그러나 첫째, 분열을 두려워하는, 혁명적 슬로건을 그 논리적 결론에까지 추적해 가보는 것을 두려워하는 독일 사회민주주의자들이 처해 있는——심지어 좌익 사회민주주의자들도 그러한데——'환경'을 유니우스도 완전히 벗어나지 못하고 있다.[9] 이것은 잘못된 두려움이며, 독일의 좌익 사회민주주의자들은 이러한 두려움을 떨쳐내야만 하며 떨쳐낼 것이다. 그

9 레닌 주 승리인가, 패배인가, 어느 쪽이 더 나은가에 대한 유니우스의 주장에서 우리는 같은 오류를 발견한다. 유니우스의 결론은 둘 다 똑같이 나쁘다(파멸 아니면 군비확대이므로)는 것이다. 이것은 혁명적 프롤레타리아트의 관점이 아니라, 평화주의적 소부르주아의 관점이다. 우리가 프롤레타리아트의 '혁명적 개입'에 관해서 이야기한다면——이에 대해서는 유니우스도, 인터나치오날레 그룹도 모두 이야기한다. 불행히도 지극히 일반적인 차원의 언급이긴 하지만——, 또 다른 관점에서 문제를 제기하지 않으면 안 된다. 첫째, 패전의 위험성 없는 '혁명적 개입'이란 것이 가능한가! 둘째, 그러한 위험을 무릅쓰지 않고서 부르주아지와 자국 정부에게 타격을 주는 것이 가능한가? 셋째, 패전은 혁명적 계급의 대의를 돕는다고 우리는 언제나 주장해오지 않았던가, 그리고 혁명적 전쟁들의 역사적 경험이 그것을 증명하고 있지 않은가?

들은 사회배외주의자들과의 투쟁을 거치며 그렇게 하고 말 것이다. 실제로 그들은 자국의 사회배외주의자들과 단호히, 굳건히, 위선적이지 않게 진심을 다해 투쟁하고 있다. 그리고 그것이 바로 그들과 마르토프, 치헤이제 일파 사이에 존재하는 원칙상의 거대한 근본적 차이다. 후자들은 한 팔로는 (스코벨레프(Skobelev) 식으로) '모든 나라의 리프크네히트들에게' 인사를 전하는 깃발을 펄럭이며, 다른 팔로는 치헨켈리와 포트레소프(Potresov)[10]를 다정하게 끌어안고 있다!

둘째, 유니우스는 슬픈 기억을 가진, 멘셰비키적 '단계 이론' 비슷한 것을 실현하고자 했던 것으로 보인다. 즉 혁명적 강령의 실행을, 소부르주아지에게 '더 적합하고' '더 대중적이며' 더 받아들이기 쉬운 목표점에서부터 시작하길 원했던 것 같다. 그것은 '역사를 이기려는' 계획, 실리주의적인 블레셋인들을 이기려는 계획과 같은 것이다. 유니우스는 누구도 진정한 조국을 방위하는 더 나은 방법에는 반대하지 않을 것이라고 말하고 있는 게 확실해 보인다. 여기서 진정한 조국이란 대독일공화국이며, 최선의 방위란 민병, 상설의회 등이다. 일단 이 강령이 받아들여지면, 이 강령은 자동으로 다음 단계, 즉 사회주의 혁명

10 포트레소프(1869~1934년)는 저명한 멘셰비키 지도자이자 청산파의 이론가다. 잡지 《보즈로즈데니예*Vozrozhdeniye*》('쇄신'이라는 뜻)와 《나샤 자리야*Nasha Zarya*》('우리의 새벽'이라는 뜻)를 비롯한 멘셰비키 청산파의 간행물에서 지도적인 역할을 맡았다. 1차 세계대전 당시 사회배외주의적 입장을 취했다.—원서 편집자

으로 이어질 것이다.

유니우스의 전술은 아마도 의식적으로 또는 반(半)의식적으로 이러한 종류의 논리를 따랐을 것이다. 이런 논리가 틀렸다는 것은 말할 필요도 없다. 유니우스의 소책자는, 혁명적 슬로건을 그 결론까지 밀고 가보고 그런 혁명적 슬로건의 정신으로 대중을 체계적으로 교육시키는 데 익숙한 비합법 조직의 동지들 없이 혼자뿐인 사람의 모습을 떠올리게 한다. 그러나 이런 결점은——이 사실을 망각하는 것은 큰 잘못이 되겠지만——유니우스 개인의 결함이 아니라, 위선과 현학, 기회주의자들에 대한 '우호적 태도' 등 비열한 카우츠키주의 그물에 얽혀버린 독일 좌익 전체가 빚어낸 약점이다. 유니우스의 지지자들은 고립되어 있음도 불구하고 비합법 유인물 발간을 시작했고, 카우츠키주의와의 전쟁의 포문을 열었다. 그들은 올바른 길을 따라 앞으로 나아가는 데 성공할 것이다.

| 1916년 7월에 집필

1916년 10월에《스보르니크 소치알 데모크라타》1호에 발표

민족자결에 관한
토론 총괄 정리

치머발트 좌파의 마르크스주의적 잡지 《포어보테*Vorbote*》(2
호, 1916년 4월)는 우리 당 중앙기관지 《사회민주주의자*Sotsial-
Demokrat*》 편집국과 폴란드 사회민주당 반대파 기관지 《가제
타 로보트니차*Gazeta Robotnicza*》 편집국이 각기 서명한 민
족자결에 대한 찬반 양 테제를 게재했다. 그 잡지에서 독자는
찬성 테제[1]의 재간행본과 반대 테제[2]의 번역본을 읽을 수 있
을 것이다. 민족자결 문제가 국제적 차원에서 그렇게 폭넓은
영역에 걸쳐 논의된 것은 이번이 사실상 처음이다. 1896년 런
던 국제사회주의대회가 열리기 전, 지금으로부터 20년 전인
1895~6년에 독일의 마르크스주의적 잡지 《노이에 차이트》에
서 전개된, 당시 세 개의 서로 다른 견해를 대표했던 로자 룩

---

[1] 레닌 주 「사회주의 혁명과 민족자결권The Socialist Revolution and the
     Right of Nations to Self-Determination」(본 전집 62권에 수록—편집
     자) 참조.

[2] 《가제나 로보트니차》 편집국이 작성했으며, 1916년 10월 《스보르니그
     소치알 데모크라타*Sbornik Sotsial-Demokrata*》 1호에 발표되었다.—원서
     편집자

셈부르크와 카를 카우츠키와 폴란드 '독립파'(폴란드 독립의 옹호자들, 폴란드 사회당)의 논쟁에서는 민족자결 문제가 단지 폴란드와 관련해서만 제기되었다.[3] 우리가 아는 한, 그후 자결 문제는 네덜란드인과 폴란드인들에 의해서만 토론되어왔을 뿐, 그 외에는 어디서도 체계적으로 토론되지 못했다. 오늘날 영국인, 미국인, 프랑스인, 독일인, 이탈리아인 사이에서 매우 긴박한 사안이 된 이 문제에 대한 토론을 촉진하는 데《포어보테》가 성공하기를 기대해보자. 플레하노프와 다비트 일파 등 '자국 정부의 직접적인 지지자들과 카우츠키 파(악셀로드[Axelrod]와 마르토프와 치헤이제 등) 같은 위장한 기회주의 옹호자들에 의해 대표되는 공식 사회주의는 이 문제에 대해 너무나 많은 거짓말을 해왔다. 그러다 보니 한편에서는 침묵을 유지하며 문제를 회피하려고 하고, 다른 한편에서는 노동자들이 이 '저주받은 문제'에 대한 '직접적인 대답'을 요구하는 상황이 오랫동안 이어져왔다. 우리는 독자들에게 재외 사회주의자들 사이에 존재하는 제 조류 간의 투쟁에 대해 알리고자 한다.

이 문제는 우리 러시아 사회민주주의자들에게 특히 중요하다. 현재의 토론은 1903년과 1913년에 진행된 토론의 연장선 위에 있다.[4] 전쟁이 진행되는 동안 이 문제는 일부 당원들이

3   폴란드 독립에 관한 그 세 견해에 대한 평가는 레닌의 「민족자결권The Right of Nations to Self-Determination」(본 전집 57권에 수록—편집자) 참조.—원서 편집자

38

사상적으로 동요하는 원인으로 작용했다. 한편 마르토프와 치헤이제 같은 배외주의적 노동자 당의 저명한 지도자들이 문제의 본질을 흐리기 위해 조삼모사식 술수를 쓰는 바람에 이 문제는 더욱 첨예한 쟁점이 되었다. 따라서 국제적 차원에서 시작된 토론을 총괄하여 적어도 그 초동 결과물을 요약·정리하는 것이 반드시 필요하다.

테제에서 보듯이, 우리의 폴란드 동지들은 예를 들어 마르크스주의와 프루동주의에 관한 우리의 논거 일부에 대해서는 직접적인 답변을 내놓고 있다. 그러나 대부분의 경우 그들은 직접적으로 대답하지 않고 간접적으로, 즉 우리의 주장에 자

4   1903년의 토론은 나중에 2차 당 대회에서 채택된 러시아 사회민주노동당 강령 초안에 관한 토론이다. 「러시아 사회민주노동당 강령 준비 자료Material for the Preparation of the Programme of the R.S.D.L.P.」 (본 전집 16권에 수록—편집자), 「분트 파의 성명에 대하여Concerning the Statement of the Bund」, 「아르메니아 사회민주주의자의 선언에 대하여On the Manifesto of the Armenian Social-Democrats」, 「유대인 프롤레타리아트에게는 '독립된 정당'이 필요한가?Does the Jewish Proletariat Need an "Independent Political Party"?」, 「우리 강령에서의 민족 문제The National Question in Our Programme」(네 글은 본 전집 18권에 수록—편집자) 참조.
    1913년의 토론은 볼셰비키를 한편으로, 청산파와 트로츠키(Trotsky) 파와 분트 파를 다른 한편으로 하여 벌어진 문화적·민족적 자치에 관한 토론이다. 「러시아 사회민주노동당의 민족 강령The National Programme of the R.S.D.L.P.」, 「민족 문제에 대한 비판적 논평Critical Remarks on the National Question」(두 글은 본 전집 54권에 수록—편집자), 「민족자결권」 참조.—원서 편집자

신들의 주장을 대치시켜놓는 걸로 대답하고 있다. 그들의 직접적인 답변과 간접적인 답변을 살펴보자.

1. 사회주의와 민족자결

우리는 사회주의하에서 민족자결의 실행을 거부하는 것은 사회주의에 대한 배반이라는 것을 분명히 해왔다. 그에 대해 우리는 '자결권이 사회주의 사회에는 적용되지 않는다'는 대답을 듣고 있다. 두 의견 사이에는 근본적인 차이가 있다. 이 차이는 어디서 비롯하는 것인가?

우리의 논적들은 다음과 같은 논리를 편다. '사회주의에서는 민족적 억압을 낳는 계급 이해가 사라지므로 일체의 민족적 억압 또한 사라질 것이다.' 민족적 억압의 폐지를 위한 경제적 전제조건들에 관한 이 매우 잘 알려져 있고 논란의 여지가 없는 논거가, 정치적 억압의 형태들 중 하나——즉 어느 한 민족이 다른 민족의 국경 내에 강제적으로 속박되는 것——에 대한 토론과 무슨 상관이 있는가? 이것은 정치적인 문제를 회피하려는 시도일 뿐이다! 이어지는 다음과 같은 논거들은 우리의 판단이 옳다는 것을 더욱 확신시켜준다. '사회주의 사회에서 민족이 경제적·정치적 단위로서 존재할 것이라고 믿을 아무 근거도 없다. 십중팔구 민족은 문화적·언어적 단위의 성격만을 띠게 될 것인데, 왜냐하면 사회주의적 문화권의 영토적 분리는 만약 그것이 어떻게든 실행된다면 오직 생산의 필요에 호응해서만 이루어질 수 있기 때문이며, 나아가 그러한 분리의 문제가 당연히 개별 민족 단독으로, (‘자결권'의 요건으로서의) 완전한 주권을 지닌 상태에서 결정되는 것이 아니라, 관련된 모든 시민들에 의해서 **공동으로 결정될 것이기 때문이다.'**

우리의 폴란드 동지들은 이 마지막 논거, 즉 자결 대신 공동 결정이라는 논거를 너무나 선호하여 자신들의 테제에서 이 말을 세 번이나 되풀이하고 있다! 그러나 그렇게 빈번하게 언급한다고 해서 이 10월당적이고 반동적인 논거가 사회민주주의적 논거로 바뀌는 것은 아니다. 모든 반동들과 부르주아들은 한 나라의 국경 안에 강제로 속박된 민족들에게 공동 의회에서 자신의 운명을 '공동으로 결정할' 권리를 허락해주고 있다. 빌헬름 2세 또한 벨기에인들에게 독일 의회에서 독일 제국의 운명을 '공동으로 결정할' 권리를 하사하고 있다.

우리의 논적들은 쟁점이 되고 있는 바로 그 문제, 즉 지금 토론되고 있는 단 하나의 문제——분리의 권리——를 한사코 피하려 한다. 비극적이라고까진 할 수 없겠으나 참으로 괴이한 일이다!

우리의 바로 제1 테제는, 피억압 민족의 해방은 정치적 영역에서의 이중적인 변화를 내포하고 있다고 말한다. (1)민족들의 완전한 평등. 이것은 논란의 여지가 없는 것으로, 국가 내에서 일어나는 것을 빼고는 어디에나 적용된다. (2)정치적 분리의 자유[5]. 이것은 국경의 획정을 말한다. 이 점만큼은 논란의 여지가 있다. 그러나 우리의 논적들이 침묵하고 있는 것도 바로 이 점이다. 그들은 국경에 대해서도, 심지어 국가 자체에 대해서도 생각하길 원치 않는다. 이것은 일종의 '제국주의적 경제주의'다. 1894~1902년의 구 경제주의가 '자본주의는 승리했다. 따라서 정치적 문제를 논의하는 것은 시간 낭비다'라는 식의 논리를 전개했던 것처럼, 이 제국주의적 경제주의도 '제국주의는 승리했다. 따라서 정치적 문제에 대한 논의는 시간 낭비다!'라는 논리를 편다. 이러한 비(非)정치적 이론은 마르크스주의에 극히 유해하다.

『고타강령 비판*Kritik des Gothaer Programms*』에서 마르크스는 다음과 같이 말하고 있다. "자본주의 사회와 공산주의 사회 사이에는 전자로부터 후자로의 혁명적 전화의 시기가 놓여 있다. 이 시기에 상응하여 또한 정치적 과도기가 놓여 있는데, 이 시기의 국가는 프롤레타리아트의 혁명적 독재 외의 다른 것일 수 없다."[6] 지금까지 이것은 사회주의자에게는 논란의 여지가 없는 진리로 존재하고 있다. 이 진리에는 승리한 사회주의가 완전한 공산주의로 발전할 때까지 **국가**가 존재할 것이라는 사실에 대한 승인이 포함된다. 엥겔스의 국가 고사(枯死)론은 잘

5   레닌 주 「사회주의 혁명과 민족자결권」 참조.
6   마르크스·엥겔스, 『선집』, 1권, 모스크바, 1955년, 32~3쪽.—원서 편집자

알려져 있다. 우리는 첫 번째 테제에서, 민주주의는 국가가 고사할 때 함께 고사할 하나의 국가 형태라는 것을 특별히 신경써서 강조한 바 있다. 우리의 논적들이 마르크스주의를 대신해서 그 자리에 모종의 '비(非)국가' 관점을 앉혀놓는 동안 그들의 논거는 하나의 큰 오류로 존재할 것이다.

국가에 대해(말인즉슨 국가의 경계 획정에 대해!) 이야기하는 대신에 그들은 '사회주의적 문화권'에 대해 이야기한다. 즉 그들은 모든 국가 문제는 말소되었다는 투로 의도적으로 애매한 표현을 쓰고 있다! 그리하여 우리는 다음과 같은 우스운 동어반복을 듣게 된다. 만약 국가가 없다면, 당연히 국경 문제도 있을 수 없다는 것이다. 이러한 경우에는 민주주의적·정치적 강령 일체가 불필요하다. 국가가 '고사할' 때 어떠한 공화제도 존재하지 않을 것이다.

우리가 제5 테제(각주)7에서 언급한 논문들에서, 독일의 배외주의자 렌쉬(Lensch)는 엥겔스의 글 「포 강과 라인 강」으로부터 재미있는 구절을 인용했다. 그 중에서도 특히 엥겔스는 자생력을 갖지 못한 많은 소민족들을 집어삼킨 역사적 발전 과정에서 "자생력 있는 유럽 대민족들의 국경"이 점차적으로 주민의 "언어와 공감"에 의해 결정되어왔다고 말하고 있다. 엥겔스는 이들 국경을 "자연스러운" 것이라고 지칭한다. 유럽에서의 진보

7   레닌 주 「사회주의 혁명과 민족자결권」 참조.

적 자본주의의 시기, 대략 1848~71년의 시기에 그러했다. 이들 민주주의적으로 결정된 국경은, 오늘날 반동적이고 제국주의적인 자본주의에 의해 더욱더 자주 파괴되고 있다. 제국주의는 그 승계자인 사회주의에 덜 민주주의적인 국경들과 유럽 및 그 밖의 세계 곳곳에서의 많은 병합 지역들을 유산으로 남길 것이라는 모든 징후가 존재한다. 모든 면에서 완전한 민주주의를 회복하고 실행에 옮길 승리한 사회주의가 민주주의적인 국경 획정을 스스로 억제하고 주민의 '공감'을 무시할 것이라고 상상할 수 있겠는가? 이 문제들을 굳이 언급할 필요가 있다면, 오직 우리의 폴란드 동지들이 마르크스주의로부터 제국주의적 경제주의로 전락하고 있다는 것을 아주 분명하게 보여줘야 할 필요뿐이다.

마르크스주의를 희화화한 구 경제주의자들은 마르크스주의자한테는 '경제적인 것만'이 중요하다고 노동자들에게 이야기했다. 새로운 경제주의자들은, 승리한 사회주의의 민주주의적 국가는 (물질 없는 '감각의 복합체'처럼) 국경 없이 존재할 것이라고 생각하거나, '단지' 생산의 필요에 의해서만 국경이 획정될 것이라고 생각하거나 둘 중의 하나인 듯하다. 그러나 실제로는 국경은 민주주의적으로, 즉 해당 주민의 의사와 '공감'을 통해서 정해질 것이다. 자본주의는 이러한 공감을 유린하고, 민족들의 화해에 더 많은 장애물을 설치한다. 반면 사회주의는 계급 억압 없이 생산을 조직하고 모든 국가 구성원의 안녕을 보장함으로써,

주민들이 **충분히** '공감'할 수 있도록 하고 그렇게 해서 민족 간의 접근과 융합을 증진시키고 가속화시킬 것이다.

독자들이 이 둔중하고 둔탁한 경제주의에서 벗어나 좀 쉴 수 있도록 우리의 논쟁 밖에 있는 한 사회주의적 저술가의 논리를 인용해보자. 그 저술가는 오토 바우어(Otto Bauer)다. 그 역시 '문화적·민족적 자치'라는 자신만의 '특별한 관심사'를 갖고 있지만, 아주 중요한 많은 문제들에서 전적으로 올바른 주장을 펼치고 있다. 예를 들어 그가 자신의 저서 『민족 문제와 사회민주주의』 29장에서 민족 이데올로기가 제국주의적 정책들을 은폐하기 위해 이용되고 있음을 지적한 것은 이중으로 옳았다. 30장 「사회주의와 민족 원리」에서는 다음과 같이 쓰고 있다.

"사회주의 공동체는 결코 무력으로 모든 민족들을 공동체의 틀 내에 포함시킬 수 없을 것이다. 민족 문화의 축복을 향유하고, 입법과 행정에 전면적이고 능동적으로 참여하며, 끝으로 무기까지 지급받는 인민 대중을 상상해보라. 그런 민족을 무력으로 외래적 사회 조직의 지배에 종속시키는 것이 가능하겠는가? 모든 국가권력은 무력에 의존한다. 오늘날 인민의 군대는 정교한 메카니즘으로 인해 과거의 기사 군대나 용병 군대처럼 여전히 특정 개인이나 특정 가족, 특정 계급의 수중에 있는 도구가 되고 있다. 사회주의 사회의 민주주의적 공동체의 군대는 무장한 인민에 다름 아니다. 왜냐하면 그 군대는 사회화된 작업장에서 강제 없이 노동하고 정치 생활의 모든 영역에 전면적으로 참여하는 고도로 개화된 개인들로 구성될 것이기 때문이다. 그러한 조건에서는 외래 지배의 그 어떤 가능성도 사라진다."

이것은 진실이다. 민족적 억압(또는 그 밖의 어떠한 정치적 억압이든)을 철폐하는 것은 그것이 계급의 철폐, 즉 사회주의의 도입을 요구하기 때문에 자본주의에서는 **불가능하다**. 그러나 사회주의는 경제에 기초한 것이기는 하지만 경제만으로 환원될 수는 없다. 토대――사회주의적 생산――는 민족적 억압의 철폐를 위해 필수적이다. 그러나 이 토대는 **또한** 민주주의적으로 조직된 국가, 민주주의적 군대 등을 떠받치고 있어야 한다. 프롤레타리아트는 자본주의를 사회주의로 전화시킴으로써만 민족적 억압을 철폐할 **가능성**을 만들어낸다. 이 가능성은 '오직'――'오직'이다!――주민의 '공감'에 의한 국경의 획정과 분리의 완전한 자유를 포함하여 모든 영역에서 완전한 민주주의가 확립되는 것을 통해서만 현실화된다. 그 다음에 그 가능성은, 조금이라도 존재하는 민족 간 마찰과 불신을 실제로 제거하기 위한 기초로, 국가가 **고사할** 때 완성될 민족 간의 접근과 융합을 가속화시키기 위한 기초로 복무할 것이다. 이것이 마르크스주의적 이론이다. 우리의 폴란드 동지들이 잘못해서 이탈해버린 그 이론 말이다.

2. 민주주의는 제국주의하에서 '실현 가능'한가?

폴란드 사회민주주의자들이 민족자결에 반대하여 벌인 오래된 논쟁은 자본주의하에서 민족자결이 '실현 불가능하다'는 논거에 전적으로 근거하고 있다. 일찍이 1903년에 러시아 사회민주노동당 2차 당 대회 강령위원회에서 우리 《이스크라*Iskra*》파는 이 논거를 비웃으며, 그것은 (지금은 소멸한) 경제주의자들이 설교한 왜곡된 마르크스주의를 반복하는 것이라고 말했다. 우리는 우리의 테제에서 그것의 오류를 특별히 상세하게 다루었다. 그리고 논쟁 전체의 이론적 핵심을 담고 있는 바로 이 논점과 관련하여 폴란드 동지들은 우리의 논거들 중 그 어느 것에도 답변하려 하지 않았다(아니, 할 수 없었던 것이 아닐까?).

자결이 경제적으로 불가능하다는 것을 증명하려면, 기계 사용을 금지하는 것이나 노동화폐를 도입하는 것 등이 실현 불가능하다는 것을 증명하는 데 사용되는 것과 같은 경제적 분석이 필요할 것이다. 어느 누구도 그러한 분석을 시도조차 해본 적이 없다. 가장 광포한 제국주의 시대에 한 작은 나라가 '예외적으로' 전쟁이나 혁명 없이도 이 실현 불가능한 자결을 실현시키는 것이 가능했던 방식으로(노르웨이, 1905년), '예외적으로' 자본주의하에서 '노동화폐'를 도입하는 것이 한 나라에서라도 가능하다고 어느 누구도 주장하지 않을 것이다.

일반적으로 정치적 민주주의는 자본주의 위에 서 있는 상부구조의 가능한 여러 형태들 중 하나일 뿐이다(비록 정치적 민주주의가 이론적으로는 '순수한' 자본주의의 정상적 형태일지라도). 사실들은, 자본주의와 제국주의 둘 다 어떠한 정치 형태의 틀 내에서도 발전하며 그러한 상부구조의 형태들 모두를 종속시킨다는 것을 보여준다. 따라서 민주주의의 정치 형태들 중 하나와 민주주의의 요구들 중 하나에 대한 '실현 불가능'을 이야기하는 것은 기초적인 이론적 오류다.

우리의 폴란드 동지들이 이러한 논거들에 답변하고 있지 않으므로 우리는 이 지점에서 토론이 종결된 것으로 볼 수밖에 없다. 문제를 명료하게 하기 위해서 우리는 오늘날 폴란드 독립의 '실현 가능성'을 부정하고, 그것을 현 전쟁의 전략적 측면을 비롯한 그 밖의 측면들에 달려 있는 문제로 만드는 것은 '터무니없는' 것이라는 매우 구체적인 주장을 제기했다. 그러나 아무 답변도 마련되어 있지 않았다!

폴란드 동지들은 명백히 그릇된 주장을 반복할 뿐이었다(2장 1절). "외국 영토의 병합 문제에서 정치적 민주주의의 형태들은 논외의 문제가 된다. 순수 무력만이 결정적이다. …… 자본은 결코 인민에게 그들이 국경 문제를 결정하도록 허락하지 않을 것이다." 마치 '자본'이 자신의 공복들을, 제국주의의 공복들을 뽑는 것을 "인민에게" "허락"할 수 있는 것처럼, 또는 마치 군주제 대신에 공화제를 수립하는 문제나 정규군 대신에 민병을 수립하는 문제 같은 중요한 민주주의적 문제들에 대한 중대 결정이 일반적으로 "순수 무력" 없이도 가능했을 것처럼 말한다. 주관적으로는, 폴란드 동지들은 마르크스주의를 '보다 심오하게' 하려고 하지만, 조금도 그것에 성공하지 못하고 있다. 객관적으로는, 그들의 실현 불가능성에 관한 언사는 기회주의적인데, 왜냐하면 다음과 같은 그들의 암묵적 가정 때문이다. 민주주의 전체, 민주주의의 요구들 일체가 제국주의에서 실현 불가능한 것과 똑같은 방식으로 이것도 일련의 혁명 없이는 '실현 불가능하다.'

딱 한 번, 2장 1절의 맨 끝에 있는 알자스에 관한 토론에서 우리의 폴란드 동지들은 제국주의적 경제주의 입장을 버리고, '경제적인 것'에 대한 일반적 언급이 아닌 구체적인 답변으로 민주주의의 형태들 중 하나에 관한 문제에 접근했다. 그리고 틀린 것은 바로 이 접근이었다! 그들은 이렇게 말한다. 알자스의 일부가 독일 지향적이고 이것이 여차하면 전쟁을 야기할 기세임에도 불구하고 일부 알자스인들이 프랑스인들에게 묻지도 않은 채 그들에게 알자스와의 연합을 '강요'한다면, 그것은 "자기 지방 중심적, 비민주주의적"일 것이라고!!! 재미있는 혼란이다. 자결은 억압 국가로부터 분리할 자유를 전제로 하는 것이다(이는 그 자체로 명백하며, 우리는 테제에서 이것을 특별히 강조했다). 그러나 한 국가와의 연합이 그 국가의 동의를 전제로 한다는 사실이 정치에서 굳이 언급되는 것은 '관례적이지 않은' 일이다. 이는 자본가가 이윤을 얻는 것 또는 노동자가 임금을 반는 것에 대한 '동의'가 경제에서 굳이 언급되지 않는 것과 마찬가지다! 그런 이야기는 하는 것조차 우스운 일이다.

만약 마르크스주의적 정치가이고자 한다면, 알자스를 이야기할 때는 마땅히 독일의 사회주의 모리배들이 알자스의 분리의 자유를 위해 싸우지 않는 것을, 그리고 프랑스의 사회주의 모리배들이 알자스 전체를 무력으로 병합시키고자 하는 프랑스 부르주아지와 화해하고 있는 것을——또 이들 둘 다 '자'국 제국주의에 봉사하며 단 하나의 소국이라도 분리하는 것을 두려워하는 것을——공격해야 한다. 문제는 자결을 인정하는 사회주의자가 어떻게 알자스인의 의사에 반하지 않고 문제를 몇 주 내로 해결하려 하는지 보여주는 것이다. 오히려 프랑스계 알자스인이 자기 자신을 프랑스에 '떠맡기는' 무시무시한 위험에 대해서 논쟁하는 것이 진짜 중요하다.

3. 병합이란 무엇인가?

우리는 테제(7절)에서 매우 명확한 방식으로 이 문제를 제기했다.[8] 폴란드 동지들은 이 문제에 대해서 답변하지 않았다. 그들은 이 문제를 회피하면서, (1)자신들이 병합에 반대한다고

---

8   레닌 주 「사회주의 혁명과 민족자결권」 참조.

주장하고, (2)왜 반대하는지 설명하고 있다. 이것들이 매우 중요한 문제라는 것은 사실이다. 그러나 이것들은 또 다른 종류의 문제다. 만약 우리가 우리의 원칙들이 이론적으로 견실하길 원한다면, 만약 우리가 우리의 원칙들이 분명하고도 정확하게 정식화되길 원한다면, 우리는 병합이 무엇인가라는 문제를 회피할 수 없다. 왜냐하면 이 개념이 우리의 정치 선전·선동에 사용되고 있기 때문이다. 동지들 간의 토론에서 이 문제를 회피하는 것은 자신의 진지를 유기하는 것 외에 다른 어떤 것으로도 해석될 수 없다.

왜 우리가 이 문제를 제기했는가? 우리는 이 문제를 제기하면서 그 이유를 설명했다. 그 이유는 '병합에 대한 항의가 곧 자결권에 대한 승인과 다름없기' 때문이다. 병합이라는 개념에는 보통 다음과 같은 개념들이 포함한다. (1)무력이라는 개념(무력에 의한 병합), (2)타민족에 의한 억압이라는 개념('외래' 지역들 등의 병합), 그리고 때로는 (3)현상(現狀, status quo)에 대한 침해라는 개념. 우리는 테제에서 이것을 지적했고, 이에 대해서는 어떤 비판도 없었다.

사회민주주의자가 무력 사용 일반에 반대할 수 있는가? 명백히 아니다. 이것은 우리가 병합이 무력에 의해 이루어지기 때문에 반대하는 것이 아니라, 다른 이유들 때문에 반대한다는 것을 의미한다. 또한 사회민주주의자는 현상 유지에 찬성하는 입장일 수 없다는 것도 분명하다. 여러분이 아무리 왜곡, 전도

시킬지라도 병합은 민족자결에 대한 침해이며, 주민의 의사에 반하는 국경 설정이다.

병합에 반대한다는 것은 자결권에 찬성한다는 것을 의미한다. 한 국가의 "국경 내에 다른 민족을 강제적으로 묶어두는 것에 반대"(우리는 테제 4절에서 같은 생각을 조금 변화시킨 이 정식화를 특별히 신경 써서 사용했고[9], 폴란드 동지들은 자신들의 테제 1장 4절의 서두에서 "병합 국가의 국경 내에 피억압 민족을 강제로 묶어두는 것에 반대한다"고 아주 분명하게 우리에게 응답했다)하는 것은 민족자결에 찬성하는 것과 같다.

우리는 말을 가지고 싸우고 싶지 않다. 만약 자신들의 강령에서(또는 모든 사안에 구속력을 갖는 결의에서. 그 형태는 상관이 없다) 병합에 반대한다고[10], 즉 자국의 국경 내에 피억압 민족을 강제적으로 묶어두는 것에 반대한다고 말하는 당이 있다면, 우리는 원칙적으로 그 당과 완전히 의견이 일치함을 밝힌다. '자결'이라는 말을 고집하는 것은 어리석은 일이다. 그리고 만약 우리 당 내에 이런 취지에서 말을 바꾸길 원하는, 당 강령 9조를 고치길 원하는 사람들이 있다면, 그렇게 생각하는 동지들과 우리의 차이는 결코 원칙의 차이가 아니라고 보는 것이 맞다!

9   레닌주 앞의 글 참조.
10 레닌주 카를 라데크(Karl Radek)는 《베르너 타그바흐트*Berner Tagwacht*》에 실린 자신의 글들 중 하나에서 이를 "신구 병합에 반대하는 것"으로 정식화했다.

문제가 되는 것은 오직 우리 슬로건의 정치적 명확성과 이론적 견실함뿐이다.

이 문제—— 이 문제가 중요하다는 것은 특히 지금의 전쟁을 고려할 때 어느 누구도 부정하지 못할 것이다——에 대한 구두 토론에서 우리는 다음과 같은 논거를 만났다(출판물로는 마주친 적이 없다). '알려진 악에 반대하는 항의가 악을 배제하는 긍정적(포지티브) 개념의 승인을 반드시 의미하지는 않는다.' 이 것은 명백히 허구적인 논거이며, 그와 같은 주장이 출판물로 나타난 적도 분명히 없을 것이다. 만일 사회주의 당이 "병합 국가의 국경 내에 피억압 민족을 강제적으로 묶어두는 것에 반대"한다는 것을 밝힌다면, 그것으로 그 당은 무력에 의해 묶어두는 것을, 권력을 잡았을 때 포기한다고 공약하는 것이 된다.

우리는 만약 내일 힌덴부르크(Hindenburg)가 러시아의 절반을 정복하고, 이 절반의 정복이 새로운 폴란드 국가의 출현——자본주의와 제국주의의 경제적 법칙이라는 관점에서 볼 때 얼마든지 '실현 가능'하다——으로 표현된다면(차리즘을 약화시키려는 영국·프랑스의 바람과의 연관 속에서), 그리고 만약 모레 사회주의 혁명이 페트로그라드와 베를린과 바르샤바에서 승리한다면, 러시아와 독일의 사회주의 정부처럼 폴란드 사회주의 정부도 '폴란드 국가의 국경 내에' 이를테면 우크라이나인들을 "강제로 묶어두고 있는 것"을 포기할 것이라는 것에 대해서는 한 순간도 의심하지 않는다. 만약《가제타 로보트니차》

편집국의 성원들이 이 정부에 있다면 그들은 틀림없이 자신의 '테제'를 희생시키고, 그렇게 함으로써 "자결권이 사회주의 사회에는 적용될 수 없다"는 '이론'이 틀렸음을 입증할 것이다. 만약 우리가 이와 다르게 생각했다면, 우리는 폴란드 사회민주주의자들과의 동지적 토론을 일정에 올려놓아서는 안 되며, 오히려 배외주의자인 그들에 대해 가차 없는 투쟁을 수행하는 것이 맞을 것이다.

내가 어느 유럽 도시의 거리에 나가서, 사람을 노예로 구매하는 것이 나한테 허용되지 않고 있다고 공개적으로 '항의'하고 그 주장을 언론에까지 실었다고 가정해보자. 당연히 사람들에게는 나를 노예 소유주 또는 노예제라는 원칙이나 제도를 지지하는 사람으로 여길 권리가 있다. 어느 누구도 노예제에 대한 나의 공감이 긍정(포지티브) 형태('나는 노예제에 찬성한다')가 아닌, 항의라는 부정(네거티브) 형태로 표현된다고 해서 속아넘어가지는 않을 것이다. 정치적 '항의'는 정치적 강령의 더없는 등가물이다. 이것은 너무나 당연한 것이어서 이에 대해 설명해야 한다면 오히려 당황스러울 것이다. 아무튼 우리는 다음을 굳게 확신한다. 즉 제3인터내셔널에는 정치적 강령에서 정치적 항의를 분리시키고 전자를 후자에 대립시킬 수 있는 사람들을 위한 자리는 없을 것이라고 말해도 우리가 치머발트 좌파(어쨌든 치머발트 좌파)로서는——치머발트 그룹에는 마르토프와 그 밖의 카우츠키 파도 포함되어 있으므로 전체로서의 치머발트 그룹을 이야기하는 것이 아니다——'항의'에 부닥치는 일은 없을 것이라고 확신한다.

말을 가지고 싸우기를 바라지 않으므로 우리는 다음과 같은 진심 어린 희망을 표할 자유를 갖겠다. 폴란드 사회민주주의자들이 우리 당의(또한 그들 당의) 강령으로부터——또한 인터내셔널의 강령(1896년 런던 대회의 결의)으로부터——제9조를 삭제하자는 그들의 제안을 공식적으로 정식화하는 것과 함께, 관련 정치적 개념들, 즉 "신구 병합"이라는 개념과 "병합 국가의 국경 내에 피억압 민족을 강제적으로 묶어두는 것"이라는 개념에 대한 그들 자신의 정의를 공식적으로 정식화하는 것을 곧 시도할 것이라는 희망 말이다.

그럼 다음 문제로 넘어가자.

4. 병합 찬성인가, 반대인가?

폴란드 동지들은 자신들의 테제 1장 3절에서 어떠한 종류의 병합에도 반대한다고 매우 분명하게 밝히고 있다. 불행하게도, 같은 1장의 4절에서 우리는 그들을 병합주의자로 간주할 수밖에 없는 주장을 발견한다. 그 주장은 나음과 같은, 어떻게 그것을 보다 섬세하게 표현할 수 있을지 모르겠지만 다음과 같은 기묘한 언사로 시작한다.

"병합에, 그리고 병합 국가의 국경 내에 피억압 민족을 강제적으로 묶어두는 것에 반대하는 사회민주주의자의 투쟁의 출발점은 어떠한 조국 방위도 거부하는 것(강조는 저자)이다. 제국주의 시대에 조국 방위는 외국 인민들을 억압하고 약탈하는 자국 부르주아지의 권리를 방어하는 것이기 때문이다."

이건 뭔가? 이것을 어떻게 옮길까?

"병합에 반대하는 투쟁의 출발점은 어떠한 조국 방위든 모두 거부하는 것이다." 그러나 어떠한 민족 전쟁과 어떠한 민족 봉기도 '조국 방위'라고 불릴 수 있으며, 지금까지는 일반적으로 그렇게 인정되어왔다! 우리는 병합에 반대한다. 그러나…… 우리의 이 말은, 피병합 민족이 병합한 자들로부터 자신의 해방을 위한 전쟁을 수행하는 것에 우리가 반대한다는 것을, 피병합 민족이 병합한 자들로부터 자신을 해방시키기 위해 봉기하는 것에 우리가 반대한다는 것을 의미한다! 이것은 병합주의적 선언이 아닌가?

테제의 저자들은 '제국주의 시대'에 조국 방위는 자국 부르주아지가 외국 인민들을 억압할 권리를 방어하는 것과 마찬가지라고 말함으로써 자신들의 기묘한 주장을 정당화하려 한다. 그러나 이것은 오직 제국주의 전쟁에 대해서만 진실이다. 즉 양 교전국 모두 '외국 인민들'을 억압할 뿐만 아니라, 억압 속에서 누가 더 많은 몫을 차지할 것인가를 결정하기 위해 전쟁을 벌이는 제국주의 열강(또는 열강 그룹) 간의 전쟁에 대해서만 진실인 것이다!

저자들은 '조국 방위'라는 문제를 우리 당이 제기한 것과는 아주 다른 방식으로 제기하고 있는 듯하다. 우리는 제국주의 전쟁에서의 '조국 방위'를 거부한다. 이 입장은 우리 당 중앙위원회의 선언에, 그리고 독일어와 프랑스어로도 출판된 「사회주의와 전쟁」에 수록된 베른 결의[11]에 최대한 명확하게 표명되어 있다. 우리는 우리의 테제에서 이것을 두 번이나 강조했다(테제 4절과 6절에 붙은 각주)[12]. 폴란드 테제의 저자들은 '조국 방위' 일반을 거부하는 듯하다. 즉 아마도 '제국주의 시대'에는 민족 전쟁이 불가능하다고 믿으면서 민족 전쟁을 위한 조국 방위까지도 거부하고 있는 것 같다. 우리는 폴란드 동지들이 자신들의 테제에서 이러한 견해를 직접 밝힌 것은 아니기 때문에 '아마도' 라고 말한다.

그러한 견해는 인터나치오날레 그룹의 테제와 『유니우스 팸플릿』──이 소책자에 대해서는 별도의 글[13]에서 다루고 있다──에 명확하게 표명되어 있다. 거기에서 언급되고 있는 것 외에, 병합국에 대항하는 피병합 지역 또는 피병합국의 민족

---

11 레닌 주 「전쟁과 러시아 사회민주주의The War and Russian Social-Democracy」(본 전집 58권 『마르크스』에 수록─편집자)와 「러시아 사회민주노동당 재외지부 회의The Conference of the R.S.D.L.P. Groups Abroad」(본 전집 59권 『제2인터내셔널의 붕괴』에 수록─편집자) 참조.

12 레닌 주 「사회주의 혁명과 민족자결권」 참조.

13 레닌 주 「유니우스 팸플릿에 대하여」(이 책에 수록─편집자) 참조.

봉기는 전쟁이 아니라 봉기로 불리는 게 정확할 것이라는 반론을 살펴보자(우리는 이러한 용어상의 논란을 중대한 논란으로 생각하진 않지만, 이러한 반론이 제기된 것을 들었고, 따라서 그것을 여기에 옮긴다). 아무튼 어느 누구도 피병합된 벨기에와 세르비아와 갈리치아와 아르메니아가 자신을 병합시킨 나라에 대항하여 일으킨 '봉기'를 '조국 방위'라고 부르겠다는 것을, 그리고 그것이 완전히 정당하다는 것을 감히 부정하는 위험을 안으려 하지는 않을 것이다. 폴란드 동지들은 이들 피병합국에도 역시 외국 인민들을 억압하는, 보다 정확하게는 억압할 가능성이 있는 부르주아지가 있다는 이유에서 이러한 유형의 봉기에 반대하는——그 문제가 '억압할 권리'의 문제이므로——것으로 보인다. 그 결과, 해당 전쟁 또는 봉기를 그것의 실제적인 사회적 내용(억압 민족으로부터의 해방을 위한 피억압 민족의 투쟁)으로 평가하는 것이 아니라, 현재로선 그 자신이 억압당하고 있는 부르주아지가 '억압할 권리'를 행사할 가능성을 가지고 평가하고 있는 것이다. 만약 이를테면 벨기에가 1917년에 독일에 병합되어 1918년에 자신의 해방을 위해 봉기한다면, 폴란드 동지들은 벨기에 부르주아지가 '외국 인민들을 억압할 권리'를 갖고 있다는 이유로 벨기에의 봉기에 반대할 것이다!

이러한 논리에는 마르크스주의적인 것이 전혀 없으며, 심지어 혁명적인 것도 없다. 만약 우리가 사회주의를 배반하길 원치 않는다면, 우리는 우리의 주적인 대국 부르주아지에 대항하는 모든 봉기를, 그것이 반동적인 계급의 봉기가 아닌 이상 지지해야만 한다. 피병합 지역의 봉기를 지지하길 거부한다면 우리는 객관석으로 병합주의자가 되는 것이다. 태동하는 사회 혁명의 시대인 바로 이 '제국주의 시대'에, 오늘 프롤레타리아트는 피병합 지역의 모든 봉기들을 특히 정력적으로 지지함으로써, 봉기에 의해 약화되는 '대'국 부르주아지를 내일과 오늘 동시에 공격할 것이다.

그러나 폴란드 동지들은 병합주의로 한 걸음 더 나아가고 있다. 그들은 피병합 지역이 벌이는 봉기는 그것이 어떤 것이든 반대할 뿐만 아니라 어떠한 독립의 회복도, 심지어 평화적 독립조차도 반대한다! 다음과 같은 주장을 들어보라.

"제국주의가 취한 억압 정책으로 인한 결과에 대해 그 어떤 책임도 거부하며 그에 반대하여 가장 첨예한 투쟁을 수행하는 사회민주주의는, 유럽에서의 새로운 국경선의 설치나, 제국주의에 의해 일소되어버린 국경선의 재설치에 결코 찬성하지 않는다."(강조는 저자)

오늘날 "제국주의는" 독일과 벨기에 사이의, 러시아와 갈리치아 사이의 "국경선을 제거해버렸다." 무슨 수단으로든 국제 사회민주주의는 국경선의 재설치 일반에 반대해야 한다. 노르웨이의 자치의회가 스웨덴으로부터의 분리를 선언하고, 스웨덴 반동파가 촉구한 노르웨이와의 전쟁이 스웨덴 노동자들의 저항과 국제 제국주의의 사정 때문에 일어나지 못한 1905년에, 즉 '제국주의 시대'인 1905년에 사회민주주의는 노르웨이의 분리에 반대했어야 했다. 노르웨이의 분리는 분명 '유럽에서의 새로운 국경선의 설치'를 의미했을 테니 말이다!!

이것이야말로 완전한 병합주의다. 그 자체가 스스로를 논박하고 있으므로 우리가 그것을 논박할 필요는 없다. 어떤 사회주의 당도 감히 이런 입장, 즉 '우리는 병합 일반에 반대하지만, 유럽에서의 병합이 일단 이루어진 이상 그것을 승인 또는 묵인한다'는 입장을 취하는 위험을 무릅쓰지는 않을 것이다.

우리가 다룰 필요가 있는 단 한 가지는 폴란드 동지들을 그러한 자명한 '불가능성'으로 이끈 오류의 이론적 근원이다. 우리는 한 걸음 더 나아가, 왜 '유럽'에 대해 예외를 둘 아무 근거가 없는지에 대해 말할 것이다. 그 테제로부터 인용한 다음과 같은 두 구절은 그 오류의 다른 근원을 설명해줄 것이다.

"제국주의의 수레바퀴가 기존의 자본주의 국가를 짓밟아버리는 곳에서는 어디서든, 사회주의를 위한 길을 닦는 자본주의 세계의 정치적·경제적 집적은 제국주의적 억압이라는 야수적인 형태로 일어나고 있다."

이런 식으로 병합을 정당화하는 것은 마르크스주의가 아니라 스트루베주의다. 러시아에서의 1890년대를 기억하는 러시아 사회민주주의자들은 스트루베(Struve)와 쿠노와 레기엔 일파에 공통되는 이런 식의 마르크스주의 왜곡에 대해 잘 알고 있다. 폴란드 동지들의 테제 중 또 다른 부분(2장 3절)에서 우리는 다음과 같은 구절, 적시하자면 독일의 스트루베주의자들인 이른바 '사회제국주의자들'에 관한 구절을 보게 된다.

(자결 슬로건은) "이 슬로건의 환상적 성격을 드러냄으로써 사회제국주의자들에게 민족적 억압에 대한 우리의 투쟁을 역사적으로 근거 없는 감상주의로 표현하고, 그렇게 함으로써 사회민주주의적 강령의 과학적 유효성에 대한 프롤레타리아트의 믿음을 무너뜨릴 기회를 제공하고 있다."

이것은 저자들이 독일의 스트루베주의자들의 입장을 '과학적'인 것으로 간주하고 있다는 것을 의미한다! 축하드립니다.

그러나 렌쉬들과 쿠노들과 파르부스(Parvus)들이 우리와 비교하여 옳다는 것을 보여줄 기세인 이 놀라운 논거는 하나의 '사소한 일'로 인해 무너지고 만다. 그것은 렌쉬들이 그들 나름대로 일관된 사람들이고, 렌쉬가 배외주의적인 독일 《글로케》 8, 9호에서——우리는 우리의 테제에서 의도적으로 이 잡지를 인용했다——자결 슬로건의 "과학적 무효성"(폴란드 사회민주주의자들은 우리가 테제에서 인용한 그들의 논거에서 볼 수 있는 것처럼 렌쉬의 이 논거를 논박할 수 없는 것으로 믿고 있는 것이 분명하다)뿐만 아니라 병합에 반대하는 슬로건의 "과학적 무효성"도 함께 동시에 주장하고 있다는 점이다!!

우리의 언명에 대한 그 어떤 답변도 하고 싶어하지 않은 폴란드 동지들에게 우리가 지적했던 이 간단한 진실을 렌쉬는 탁월하게 이해하고 있었던 것이다. 자결의 '승인'과 병합 '반대'

사이에는 '정치적 차이도, 경제적 차이도', 심지어 논리적 차이조차도 존재하지 않는다는 진실 말이다. 만약 폴란드 동지들이 렌쉬들의 자결 반대 논거들을 논박할 수 없는 것으로 여긴다면, 받아들여야만 하는 하나의 사실이 있다. 바로 렌쉬들은 병합에 반대하는 투쟁을 반대하는 데에도 이 모든 논거들을 사용하고 있다는 사실 말이다.

그 모든 논거에 깔려 있는 이론적인 오류로 인해 결국 폴란드 동지들은 일관성 없는 병합주의자가 되는 지경에 이르게 된 것이다.

5. 왜 사회민주주의자들은 병합에 반대하는가?

우리가 볼 때 대답은 명백하다. 병합이 민족자결을 침해하기 때문이다. 또는 달리 말하면 병합이 민족적 억압의 한 형태이기 때문이다.

폴란드 사회민주주의자들이 볼 때는 우리가 왜 병합에 반대하는지에 대한 별도의 설명이 있어야 하며, 그리고 바로 이설명(테제 1장 3절)이 그들을 불가피하게 더욱더 깊은 일련의 모순 속으로 빠뜨리고 있는 것이다.

그들은 병합에 대한 우리의 반대를 '정당화'하기 위해 (렌쉬들의 '과학적으로 유효한' 논거들에도 불구하고) 두 가지 이유를 만들어낸다.

첫째, "유럽에서의 병합은 승리한 제국주의 국가의 군사적 안보에 필수적이라는 주장에 대해, 사회민주주의자들은 병합이 적대를 첨예하게 하고, 그럼으로써 전쟁 위험을 증대시키는 데 봉사할 뿐이라는 사실을 대치시킨다."

이것은 렌쉬들에 대한 적절한 답변이 되지 못하는데, 왜냐하면 렌쉬들의 주요 논거는 다른 데 있기 때문이다. 렌쉬들의 주된 논거는 병합이 군사적 필요라는 것이 아니라, 병합이 경제적으로 진보적이고 제국주의하에서는 집적을 의미한다는 것이기 때문이다. 만약 폴란드 사회민주주의자들이 그러한 집적의 진보성을 인정하여, 제국주의에 의해 일소되어버린 유럽의 국경선들을 재설치하는 것에 반대하면서, 동시에 같은 입으로 병합에 반대한다면, 이게 도대체 무슨 논리인가?

더욱이 병합에 의해 어떠한 전쟁의 위험이 증대되고 있는가? 제국주의 전쟁을 말하고 있는 것은 아닐 것이다. 왜냐하면 그것은 다른 원인들을 갖고 있기 때문이다. 지금의 제국주의 전쟁에서 주된 적대는 의심할 바 없이 독일과 영국 간의, 그리고 독일과 러시아 간의 적대다. 이 적대는 병합과 아무 상관도 없는 것이다. 증대되고 있는 위험은 바로 민족 전쟁과 민족 봉기의 위험이다. 그런데 어떻게 한편으로 '제국주의 시대'에는 민족 전쟁이 불가능하다고 공언하면서, 다른 한편으로는 민족 전쟁의 '위험'을 이야기할 수 있는가? 논리적이지 않다.

둘째, 병합은 "억압 민족의 프롤레타리아트와 피억압 민족의 프롤레타리아트 사이에 장벽을 만들어낸다. …… 피억압 민족의 프롤레타리아트는 자민족의 부르주아지와 연합하게 될 것이고, 억압 민족의 프롤레타리아트를 자신의 적으로 간주하게 될 것이다. 프롤레타리아트가 국제적 부르주아지에 대항하여 국제적 계급투쟁을 수행하는 것이 아니라, 분열되어 이데올로기적으로 타락하게 될 것이다."

우리는 이러한 논거에 전적으로 동의한다. 그러나 서로를 상쇄시켜버리는, 동일한 문제에 대한 두 논거를 동시에 제시하는 것이 논리적인가? 테제 1장 3절에서 우리는 병합을 프롤레타리아트의 분열을 야기시키는 원인으로 간주하는 위의 논거를 발견한다. 그리고 바로 그 다음 4절에서는, 유럽에서 이미 이루어진 병합을 폐지하는 데 반대해야 하며 "피억압 민족의 노동 대중과 억압 민족의 노동 대중을 연대의 정신으로 교육" 시키는 데 찬성해야 한다는 주장을 발견한다. 만약 병합의 폐지가 반동적 '감상주의'라면, 병합이 '프롤레타리아트' 사이에 '장벽'을 만들어내고 '분열'을 야기시킨다고 말해져서는 안 되며, 오히려 서로 다른 민족의 프롤레타리아트를 결집시키는 조건으로 간주되어야 한다.

우리는 주장한다. 사회주의 혁명을 완수하고 부르주아지를 타도할 수 있는 힘을 갖기 위해서는, 노동자들은 보다 더 긴밀하게 결합해야 하며, 이 긴밀한 결합은 자결을 위한 투쟁, 즉 병합에 반대하는 투쟁에 의해 촉진될 것이라고. 우리는 일관되게 주장한다. 그러나 유럽의 병합은 '폐지될 수 없으며' 민족 전쟁은 '불가능하다'고 말하는 폴란드 동지들은 민족 전쟁에 관한 논거들을 사용하여 병합에 '반대'하는 주장을 폄으로써 스스로를 모순에 빠뜨리고 있다! 이 논거들의 취지는 병합이 서로 다른 민족의 노동자들 간의 접근과 융합을 방해한다는 것이다!

달리 말하면, 폴란드 사회민주주의자들은 병합에 반대하는 주장을 펴기 위해, 그들 자신이 원칙적으로 거부한 이론적 재고품 속에서 논거들을 뽑아내야만 한다.

식민지 문제는 이 점을 훨씬 더 분명하게 만들어준다.

6. 이 문제에서 '유럽'을 식민지와 대비시키는 것은 옳은가?

우리의 테제에서는 다음과 같이 밝히고 있다. 식민지의 즉각적인 해방 요구는 자본주의에서는 민족자결, 인민에 의한 공복들의 선출, 민주공화제 등만큼이나 '실현 불가능'하며(즉 그것은 일련의 혁명 없이는 실현될 수 없고 사회주의 없이는 안정되지 못할 것이며), 더욱이 식민지 해방 요구는 '민족자결권의 승인'과 다름없다.

폴란드 동지들은 이 논거들 중 단 하나에 대해서도 답하지 않았다. 그들은 '유럽'과 식민지를 구분하려 했다. 유럽에 대해서만 그들은 일단 이루어진 병합에 대해서는 일절 그 폐지에 반대함으로써 일관성 없는 병합주의자가 된다. 식민지에 관한 한 그들은 무조건적으로 '식민지에서 손을 떼라!'고 요구한다.

러시아 사회주의자들은 다음과 같이 요구해야 한다. '투르케스탄, 히바, 부하라 등에서 손을 떼라!' 그러나 러시아 사회주의자들이 만약 폴란드, 핀란드, 우크라이나 등에 대해서도 비슷한 분리의 자유를 요구한다면, 그들은 이른바 '공상주의', '비과학적 감상주의' 등의 오류를 범하는 것이 된다고 한다. 영국의 사회주의자는 '아프리카, 인도, 오스트레일리아에서 손을 떼라'고 요구해야 하지만 아일랜드는 제외된다고 한다. 잘못된 것이 확실한 이런 구별의 이론적 근거는 무엇인가? 이 문제는 회피될 수 없다.

자결에 반대하는 사람들의 주된 '근거'는 자결이 '실현 불가능'하다는 것이다. 같은 생각이 뉘앙스의 차이는 있지만 "경제적·정치적 집적" 운운하는 데서도 표명되고 있다.

집적이 또한 식민지의 병합으로도 일어난다는 것은 명백하다. 이전에는 식민지와 유럽인들——적어도 유럽인들의 다수——사이에 경제적인 구별이 있었다. 즉 식민지는 상품교환에 편입되어 있기는 했지만 자본주의적 생산에는 편입되지 않았다. 제국주의는 이것을 변화시켰다. 제국주의는 무엇보다도 자본의 수출이다. 자본주의적 생산은 점점 더 빠른 속도로 식민지에 이식되고 있다. 식민지들은 유럽의 금융자본에 대한 종속에서 벗어날 수 없다. 팽창의 견지에서뿐만 아니라 군사적 견지에서도 식민지의 분리독립은 일반적으로 사회주의하에서만 실현 가능하고, 자본주의하에서는 오직 예외로서만, 또는 식민지와 식민 모국 양쪽 모두에서의 일련의 봉기와 혁명이라는 대가를 치르고서만 실현 가능하다.

유럽 내 종속 민족들 중 다수는 식민지들보다 자본주의적으로 발전했다(알바니아인들과 러시아 내 많은 비러시아계 민족들은 예외다). 그러나 바로 이것이 민족적 억압과 병합에 대한 더욱 큰 저항을 낳는다! 바로 이 이유로 분리독립을 포함한 어떠한 정치적 조건에서도 유럽이 식민지보다는 자본주의가 발전하기에 더 안정적이다. 폴란드 동지들은 식민지에 대해서 다음과 같이 말한다(1장 4절). "거기에서 자본주의는 여전히 독자적으로 생산력을 발전시켜야 할 과제를 앞에 두고 있다." 이것은 유럽에서 훨씬 더 많이 감지된다. 자본주의가 인도, 투르케스탄, 이집트 등의 직접적인 식민지에서보다도, 폴란드, 핀란드, 우크라이나, 알자스에서 생산력을 더 힘차고 급속하게 그리고 독자적으로 발전시키고 있다는 것은 의심의 여지가 없다. 상품생산 사회에서는 어떠한 독자적 발전도, 또는 다른 어떠한 종류의 발전도 자본 없이는 불가능하다. 유럽 내 종속 민족들은 그들 자신의 자본을 가지고 있을 뿐만 아니라, 자본을 쉽게 입수할 수 있는 조건의 폭도 넓다. 식민지는 말할 필요조차 없이 자신의 자본을 갖고 있지 못하며, 금융자본하에서는 어떠한 식민지도 정치적으로 굴복하는 조건으로 말고는 자본을 입수할 길이 없다. 그러면 이 모든 사실을 놓고 볼 때 식민지를 즉각적이고 무조건적으로 해방시키라는 요구의 의미는 무엇인가? 그것은 비속한, 희화화된 '마르크스주의적' 의미에서 '공상적'인, 말하자면 스트루베들, 렌쉬들, 쿠노들이 사용한, 여기에 불행히도 폴란드 동지들이 그들의 뒤를 이어 사용하고 있는 바로 그 의미에서 '공상적'이라는 것이 명백하지 않은가? 일체의 혁명적인 것에 대해서는 물론이고, 일상적이고 평범한 것으로부터의 어떠한 이탈에 대해서도 여기에서는 '공상주의'라는 딱지가 붙는다. 그러나 민족운동을 포함한 모든 종류의 혁명운동들은 식민지에서보다도 유럽에서 더 가능성이 있으며, 더 실행 가능하고 완강하며, 더 의식적이며, 패퇴시키기 더 어렵다.

폴란드 동지들은 다음과 같이 말한다(1장 3절). 사회주의는 "식민지의 저발전된 인민들을 지배하지 않고서도 그들에게 사심 없는 문화적 원조를 해줄 수 있을 것이다." 이 말은 전적으로 옳다. 그러나 사회주의로 넘어간 대민족, 대국가가 "사심 없는 문화적 원조"를 수단 삼아 유럽 내 피억압 소민족을 끌어들이는 것이 가능하지 않을 거라고 가정하는 근거는 무엇인가? 폴란드 사회민주주의자들이 식민지에 '부여한' 분리의 자유야말로 유럽의 피억압 소민족들——개화되어 있고 정치적으로 정밀한——을 사회주의 대국가와의 연합으로 끌어들이는 핵심적인 유인(誘因)이 될 것이다. 왜냐하면 사회주의하에서 대

68

국가란 더 적은 하루의 노동시간과 더 많은 하루의 보수를 의미할 것이기 때문이다. 근로인민 대중이 부르주아지의 멍에로부터 해방되었을 때, 어제의 억압자들이 오랜 기간 억압당한 민족들의 고도로 발달된 민주주의적 자존감을 침해하지 않는다면, 그리고 그러한 민족들이 국가 건설, 즉 '그들 자신의' 국가를 조직하는 경험을 포함한 모든 것에 대한 평등을 부여 받는다면, 근로인민 대중은 그러한 '문화적 원조'를 위해 선진적인 사회주의 대민족과의 연합과 통합으로 거부할 수 없이 이끌려갈 것이다. 자본주의하에서는 이 '경험'이 전쟁과 고립과 쇄국, 그리고 특혜 받은 소민족(네덜란드, 스위스)의 편협한 이기주의를 의미한다. 사회주의하에서는 근로인민 스스로 앞서 말한 순전히 경제적인 동기를 위해서만 분리에 동의하는 일은 어디에서도 없을 것이다. 반면 다양한 정치적 형태들, 분리의 자유, 국가 조직에서의 경험——이 모든 것들은 국가(그 모든 형태의)가 고사할 때까지 존재할 것이다——이 번영된 문화적 생활의 토대가 되고, 점점 더 빠른 속도로 민족들이 보다 긴밀히 접근하고 통합할 진정한 토대가 될 것이다.

폴란드 동지들은 식민지를 따로 떼어내어 그것을 유럽에 대비시킴으로써 자신들의 잘못된 논거 전체를 곧장 무너뜨리는 모순에 빠져들고 있다.

7. 마르크스주의인가, 프루동주의인가

우리가 아일랜드의 분리에 대한 마르크스의 태도를 인용한 것에 대해 우리의 폴란드 동지들은 간접적으로가 아니라 직접적으로 받아넘기고 있는데, 이런 일은 아주 예외적인 경우다. 그들의 반론은 무엇인가? 그들은 1848년부터 1871년까지의 마르크스의 입장에 대한 인용을 "조금도 가치가 없다"고 말한다. 몹시도 화가 난 이 위압적인 주장을 뒷받침하기 위해 제출된 논거는 "그와 동시에" 마르크스가 "체코인, 남슬라브인 등"의 독립운동을 반대했다는 것이다.[14]

그들이 그토록 화를 내고 있는 것은 자기 주장의 논거가 너무도 빈약하기 때문이다. 폴란드 마르크스주의자들에 따르면 마르크스는 '한 입으로' 상반되는 것을 말하는 멍청이에 불과했다! 이것은 전혀 진실이 아니며 확실히 마르크스주의도 아니다. 우리의 폴란드 동지들이 강하게 주장하면서 정작 자신은 적용하지 않고 있는 '구체적' 분석에 대한 요구로 인해 우리는 각각의 구체적 '민족' 운동에 대한 마르크스의 상반되는 태도가 하나의 동일한 사회주의적 관점에서 나온 것인지, 그렇지 않은지 조사해볼 필요가 있다.

마르크스는 유럽의 민주주의가 차리즘의 권력과 영향——

14   1849년 2월 15일과 16일자 《신라인 신문》 222·223호에 실린 엥겔스의 「민주주의적 범슬라브주의」.―원서 편집자

또는 그 전능한 힘과 우세한 반동적 영향——에 대항하는 투쟁에서 유리하도록 폴란드의 독립에 찬성했던 것으로 알려져 있다. 이러한 태도가 올바른 것이었다는 것은 러시아의 농노 군대가 헝가리의 민족해방과 혁명적 민주주의적인 반란을 짓밟아버렸던 1849년에 아주 분명하게 실제적으로 증명되었다. 이때부터 마르크스가 죽을 때까지, 심지어 더 나중에 프랑스와 연합한 차리즘이 비제국주의적이고 민족적으로 독립되어 있던 독일을 겨냥해 반동적인 전쟁을 하려 했던 1890년까지 엥겔스는 차리즘에 대항하는 투쟁의 선두에 섰던 것이다. 마르크스와 엥겔스가 체코인과 남슬라브인의 민족운동을 반대했던 것은 바로 이런 이유, 오로지 이런 이유에서였다. 그저 마르크스주의를 일축하려는 것이 아니라 진심으로 마르크스주의에 관심을 갖고 있는 사람이라면 누구나 마르크스와 엥겔스가 1848년과 1849년에 쓴 글을 간단히 훑어보기만 해도 당시에 마르크스와 엥겔스가 유럽에서 '러시아의 전초 부대'로서 봉사하던 '반동적 민족들 전체'와 독일인, 폴란드인, 헝가리인과 같은 '혁명적 민족'을 분명하고 확고하게 구별했다는 것을 확인할 수 있을 것이다. 이것은 사실이다. 그리고 당시에 이론의 여지가 없는 진실이 그것을 입증해주기도 했다. 1848년에 혁명적 민족들은 해방을 위해 싸웠고, 그들의 으뜸가는 적은 차리즘이었다. 반면 체코인 등은 실제로 반동적 민족이었고 차리즘의 전초 부대였던 것이다.

만약 마르크스주의에 정말 충실하고자 한다면 **구체적으로 분석되어야만 하는** 이 구체적 예로부터 **끌어내야** 할 교훈은 무엇인가? (1)유럽의 많은 대민족 및 초대민족의 해방의 이익이 소민족들의 해방운동의 이익보다도 더 상위에 있다는 점과 (2)민주주의 요구가 고립적으로가 아니라 전 유럽적 규모에서——오늘날에는 전세계적 규모에서라고 말해야겠지만——고려되어야만 한다는 점, 그뿐이다.

그 외에는 아무것도 없다. 폴란드인들은 망각했지만 마르크스는 언제나 충실했던 그 초보적인 사회주의적 원칙——어떤 민족도 다른 민족을 억압하는 한 자유로울 수 없다는 것——이 부인됐던 흔적은 전혀 없다. 만일 차리즘이 국제 정치를 지배했던 당시에 마르크스가 맞닥뜨렸던 구체적 상황이 되풀이된다면, 예를 들어 몇몇 민족들은 (부르주아 민주주의 혁명이 유럽에서 1848년에 시작되었던 것처럼) 사회주의 혁명을 시작하고 다른 민족들은 부르주아적 반동의 주요 보루로 봉사하는 형태가 다시 전개된다면, 우리는 역시 후자에 대항하는 혁명적 전쟁을 찬성해야 하며, 소민족의 운동이 그들 내부에서 일어나고 있다 할지라도 그들의 모든 전초 부대를 '분쇄'하고 파괴하는 데 찬성해야만 할 것이다. 따라서 마르크스의 전술의 실례들 그 어느 것 하나 거부하지 말고——거부하는 것은 말로는 마르크스주의를 공언하면서 실천에서는 그것을 내던져버리는 것을 의미할 것이다——그 실례들을 구체적으로 분석하고, 그로부터 미래를 위한 귀중한 교훈을 도출해야만 한다. 자결을 포함하여 민주주의의 몇몇 요구들은 일반 민주주의적(이제는 일반 사회주의적)인 전세계 운동의 절대적인 부분이 아니라, 단지 작은 부분일 뿐이다. 개개의 구체적인 경우에 부분은 전체와 모순될 수도 있는데, 만약 그렇다면 부분은 거부되어야 한다. 한 나라에서의 공화제적 운동이 단지 타국의 교권적 또는 금융적·군국제적 음모의 도구가 될 수도 있다. 만약 그렇다면 우리는 이 특수한 구체적 운동을 지원해서는 안 된다. 그러나 그걸 근거 삼아 국제 사회민주주의의 강령으로부터 공화제 요구를 삭제하는 것은 어리석은 일이다.

1848~71년의 기간과 1898~1916년의 기간(나는 스페인-미국 간의 제국주의 전쟁으로부터 유럽의 제국주의 전쟁까지의 시기를 제국주의의 가장 중요한 지표로 삼는다) 사이에 구체적 정세는 어떤 식으로 변화했는가? 차리즘이 반동의 주된 기둥이기를 분명하고 확실하게 그만둔 것은, 첫째로 국제 금융자본, 특히 프랑스 금융자본에 의해 지탱되고 있기 때문이고, 둘째는 1905년 혁명 때문이다. 당시에 대민족국가들——유럽의 민주주의 국가들——의 체제는 차리즘에도 불구하고 전세계에 민주주의와 사회주의를 가져오고 있었다.[5] 마르크스와 엥겔스는 생전에 제국주의 시대를 보지 못했다. 지금의 체제는 각기 다른 민족들을 억압하는 (다섯 또는 여섯 개의) 한 줌의 제국주의 '대'국들의 체제다. 그리고 이러한 억압은 자본주의의 붕괴를 인위적으

로 지연시키는 근원이자, 세계를 지배하는 제국주의적 민족들 내에서 기회주의와 사회배외주의를 인위적으로 지탱해주는 근원이기도 하다. 이 시기에 대민족들을 해방시키고 있던 서유럽 민주주의는, 반동적 목적을 위해 몇몇 소민족들의 운동을 이용한 차리즘과 대립했다. 오늘날 배외주의자들, 즉 '사회제국주의자들'과 혁명가들로 분열되어 있는 사회주의적 프롤레타리아트는, 차리즘적 제국주의와 선진 자본주의적인 유럽 세국주의의 **동맹**——이 동맹은 다수의 민족들에 대한 그들 공통의 억압에 기반을 두고 있다——을 마주하고 있다.

바로 이 점이 정세상의 구체적 변화이며, 폴란드 사회민주주의자들이 구체적이고자 했음에도 불구하고 무시한 것도 바로 이것이다! 따라서 동일한 사회주의적 원칙들을 적용하는

15 레닌 주 라자노프(Ryazanov)는 그륀베르크(Grünberg)의 《사회주의 역사의 기록》(1916년 1호)에, 1866년에 엥겔스가 논한 폴란드 문제에 대한 매우 흥미로운 논문을 실었다. 엥겔스는 프롤레타리아트가 유럽의 주요 대민족의 정치적 독립과 '자결'(right to dispose itself, 이 말은 원래 영어로 씌어 있다)을 승인해야 한다고 강조하고, '민족 원칙'(특히 보나파르트주의적으로 적용된 원칙), 즉 소민족을 이들 대민족과 같은 수준에 올려놓는 원칙의 불합리성을 지적하고 있다. "러시아로 말할 것 같으면, 최후의 심판일에 토해내게 될 거액의 도난당한 재산(즉 피억압 민족들)의 불법 점유자로서만 오직 거론될 수 있을 것이다"라고 엥겔스는 말했다(1866년 3월 24일, 31일 그리고 5월 5일자 《커먼웰스*Commonwealth*》 2부에 실린 엥겔스의 「노동자계급은 폴란드와 어떤 관계를 맺고 있는가」 참조). 보나파르트주의와 차리즘 모두 유럽의 민주주의에 대항하여, 자신의 이익을 위해 소민족의 운동을 이용하고 있다.

데서 생기는 구체적 변화는 다음과 같다. 전에는 주된 임무가 '차리즘에 맞서서'(그리고 차리즘이 비민주주의적인 목적을 위해 이용하고 있던 몇몇 소민족의 운동에 맞서서), 서구의 보다 큰 민족의 혁명적 인민들에 동조하여 투쟁하는 것이었다. 그러나 오늘의 주된 임무는 제국주의 대국들·제국주의 부르주아지·사회제국주의자들의 단일한 연합전선에 대항하는 것, 그리고 제국주의에 반대하는 모든 민족운동들을 사회주의 혁명의 목적을 위해 활용하는 것이다. 지금의 일반적인 제국주의 전선에 반대하는 투쟁이 순수하게 프롤레타리아적일수록 '어떠한 민족도 다른 민족을 억압하는 한 자유로울 수 없다'는 국제주의적 원칙이 더욱 절실하다는 것은 분명한 사실이다.

프루동주의자들은 자신들의 공론적인 사회 혁명 개념을 내세워 폴란드의 국제적 역할을 무시하고 민족운동을 내팽개쳐버렸다. 사회제국주의자들에 대항하는 투쟁의 국제적 전선을 해체하고, 병합 문제에 관해 동요를 보임으로써 (객관적으로) 사회제국주의자들을 도와준 폴란드 사회민주주의자들의 태도도 그들과 마찬가지로 공론적이다. 왜냐하면 소민족들의 구체적 지위와 관련하여 변화한 것은 바로 프롤레타리아 투쟁의 국제적 전선이기 때문이다. 즉 그 당시(1848~71년)에 소민족들은 '서구 민주주의'와 혁명적 민족들한테나, 차리즘한테나 어느 쪽한테든 잠재적 동맹군으로서 중요했다. 하지만 오늘날 (1898~1914년)에는 더 이상 그렇지 않다. 즉 오늘날 소민족들은

'지배 민족들'의 기생성(parasitism)을 위한, 따라서 사회제국주의를 위한 영양분 섭취 수단 중의 하나로서 중요하다. 중요한 것은 사회주의 혁명 전에 소민족들의 50분의 1이 해방되느냐, 아니면 100분의 1이 해방되느냐가 아니라, 제국주의 시대에 객관적 원인들로 인해 프롤레타리아트가 두 개의 국제적 진영으로 분열되었다는 사실이다. 그 중 한 진영은 지배 민족의 식탁에서 떨어진——무엇보다도 소민족들을 이중, 삼중으로 착취해서 만들어진——빵 부스러기로 인해 부패해버렸고, 다른 한 진영은 소민족을 해방하지 않고서는, 대중을 반배외주의적·반병합주의적·'자결주의적' 정신으로 교육하지 않고서는 자신을 해방시킬 수 없게 되었다.

문제의 가장 중요한 측면인 바로 이 점을 폴란드 동지들은 무시했는데, 그들은 사태를 제국주의 시대의 가장 중요한 문제 지점인 국제 프롤레타리아트의 두 진영으로의 분열이라는 관점에서 바라보지 않고 있는 것이다.

그들의 프루동주의를 보여주는 그 밖의 몇 가지 구체적인 예들이 있다. (1)1916년 아일랜드 반란에 대한 그들의 태도(이에 대해서는 나중에 다룰 것이다), (2)사회주의 혁명 슬로건은 "어느 것에 의해서도 뒤로 밀려선 안 된다"는 테제(2장 3절 3항의 마지막 부분)에서의 선언. 사회주의 혁명 슬로건이, 모든 문제——민족 문제를 포함하여——에 대한 일관된 혁명적 입장과 결부됨으로써 '뒤로 밀릴' 수 있다는 생각은 확실히 근본적으로 반마르크스주의적이다.

폴란드의 사회민주주의자들은 우리의 강령이 '민족 개량 주의적' 강령이라고 생각한다. 다음 두 가지의 실천적 안들을 비교해보라. ⑴자치 찬성(폴란드 테제 3장 4절)과 ⑵분리의 자유 찬성. 바로 이 점에, 단 하나 이 점에 강령상의 차이가 있다! 그리고 개량주의적인 것은 두 번째 강령이 아니라 첫 번째 강령이라는 것이 분명하지 않은가? 개량주의적 변화는 지배계급 권력의 기초를 손대지 않은 채 그대로 두는 변화이며, 그 권력을 손상시키지 않는 채로 남겨놓는 양보에 불과하다. 혁명적 변화는 권력의 기초를 뒤흔든다. 개량주의적 민족 강령은 지배 민족의 모든 특권을 철폐하지 않는다. 즉 완전한 평등을 확립하지 않는다. 즉 모든 형태의 민족적 억압을 철폐하지 않는다. '자치' 민족은 '지배' 민족과 동등한 권리를 누리지 못한다. 우리의 폴란드 동지들이 (우리의 구 경제주의자들처럼) 정치적 개념과 범주를 분석하길 한사코 회피하지 않았더라면 이 점을 깨닫지 못하는 일은 없었을 것이다. 1905년까지 스웨덴의 일부로서 자치 노르웨이는 가장 폭넓은 자치를 누리긴 했지만, 스웨덴과 동등하지는 못했다. 오직 자유로운 분리에 의해서만 노르웨이의 평등은 실제로 손에 잡히게 되었고 증명되었다.(그리고 권리의 평등에 기초하여 보다 친밀하고 보다 민주주의적인 연합의 토대를 만들어낸 것도 바로 이러한 자유로운 분리였다는 사실을 덧붙여 말해 누자). 노르웨이가 단지 자치에 머물러 있었을 때 스웨덴 귀족은 하나의 추가적 특권을 가지고 있었다. 그런데 분리는 이 특권을 '완화'가 아니라(개량주의의 본질은 악을 완화하는 데 있지, 그것을 파괴하는 데 있지 않다), **완전히 제거했다**(강령의 혁명적 성격을 가름하는 주된 기준).

덧붙여 말하자면, 개량으로서의 자치는 혁명적 조처로서의 분리의 자유와 원칙적으로 다르다. 여기에는 의문의 여지가 없다. 그러나 누구나 알고 있듯이, 실제로 개량은 종종 혁명으로 나아가는 한 걸음이다. 한 국가의 국경 내에 강제로 속박되어 있는 민족이 하나의 민족으로 확고히 서서 자신의 힘을 결집하고 평가하고 조직하여 '노르웨이' 정신으로 다음과 같이 선언할 최적의 순간을 선택할 수 있게 해준 것이 바로 자치다. '우리, 이러이러한 민족 또는 이러이러한 지역의 자치의회는 전 러시아의 황제가 더 이상 폴란드의 왕이 아님을 선언한다.' 이에 대한 통상적인 '반론'은 그러한 문제들이 선언에 의해서가 아니라 전쟁에 의해서 결정된다는 것이다. 그렇다. 대부분의 경우 그런 문제들은 전쟁에 의해 결정된다(대국가들의 정부 형태 문제가 대부분 오직 전쟁과 혁명에 의해서 결정되는 것과 마찬가지로). 그러나 혁명 정당의 정치 강령에 대한 그러한 '반론'이 과연 논리적인가를 생각해보는 것은 결코 해롭지 않을 것이다. 프롤레타리아트에게 정의롭고 유익한 것을 위한, 민주주의와 사회주의를 위한 전쟁과 혁명을 우리가 반대해야 하는가?

'그러나 우리는 인구가 1천만이나 2천만 정도인 소민족의

미심쩍은 해방을 위하여, 대민족들 간의 전쟁과 2천만 명의 학살에 찬성할 수는 없다!' 물론 찬성할 수 없다! 그리고 그것은 우리가 완전한 민족적 평등을 우리의 강령에서 빼버리는 것이 아니라, 한 나라의 민주주의적 이익이 몇몇 또는 모든 나라의 민주주의적 이익에 종속되어야 한다는 것을 의미한다. 두 개의 대군주국 사이에 소군주국이 하나 있는데 그 소국의 군주가 혈연이나 그 밖의 유대로 두 대국의 군주에게 '매여 있다'고 가정해보자. 나아가 이 소국에서 공화제가 선언되고 그 군주가 추방될 경우, 그 군주(또는 다른 군주)를 복위시키기 위한 전쟁이 두 대국 사이에서 일어날 것이라고 가정해보자. 그 소국의 진정으로 국제주의적인 사회민주주의 부위와 모든 국제 사회민주주의는 군주제를 공화제로 대체하는 것에 반대할 것이라는 점에는 의심의 여지가 없다. 군주제를 공화제로 대체하는 것은 절대적인 요구가 아니라, 전체 민주주의의 이익에 종속되는(게다가 사회주의적 프롤레타리아트의 이익에 종속되는 것은 물론이고) 민주주의적 요구들 중의 하나다. 이러한 경우라면 어느 나라에서도 사회민주주의자들 사이에 불일치가 전혀 생기지 않을 것이다. 그러나 이러한 근거들로 인해 어떤 사회민주주의자가 공화제 요구를 국제 사회민주주의의 강령으로부터 다 삭제해버리자고 제의한다면, 확실히 그는 완전히 미친 걸로 간주될 것이다. 그는 결국 일반적인 것과 특수한 것 사이의 초보적인 논리적 차이를 망각해서는 안 된다는 얘기를 듣게 될 것이다.

이 예는, 조금 다른 각도에서 보면 우리를 노동자계급의 국제주의적 교육이라는 문제로 이끈다. 그러한 교육——이 교육의 필요성과 절박한 중요성에 대해 치머발트 좌파 내에 견해 차이가 있다는 건 상상도 할 수 없다——이 억압하는 대민족과 억압받는 소민족에게서, 병합 민족과 피병합 민족에게서 **구체적으로 동일할 수 있을까?**

동일할 수 없다는 게 분명하다. 공통의 목적——모든 민족의 완전한 평등과 가장 긴밀한 연합과 궁극적인 **융합**——으로 향하는 길은 각각의 구체적인 경우에 서로 다른 루트를 따라 뻗어 있을 것이다. 말하자면 이 페이지의 중심점으로 가는 길이 상단 오른쪽에서 하단 왼쪽으로, 상단 왼쪽에서 하단 오른쪽으로 뻗어 있듯이 말이다. 만약 억압·합병 대민족의 사회민주주의자가 모든 민족의 융합을 내걸면서 한 순간이라도 '자'국의 니콜라이 2세, '자'국의 빌헬름, '자'국의 조지, '자'국의 푸앵카레 등도 **역시** 소민족과의 **융합**(병합에 의한)에 **찬성한다**——니콜라이 2세는 갈리치아와의 '융합'에, 빌헬름 2세는 벨기에 등과의 '융합'에 찬성한다——는 사실을 잊는다면, 그 사회민주주의자는 이론적으로는 한심한 공론가일 것이며, 실천적으로는 제국주의의 교사범일 것이다.

억압국의 노동자들에 대한 국제주의적 교육에서 강조해야 할 점은 그들이 반드시 피억압국의 분리의 자유를 옹호하고 그것을 위해 싸워야 한다는 것이다. 이것 없이는 국제주의도 있을 수 없다. 그러한 선전을 수행하지 않는 억압 민족의 사회민주주의자가 있다면, 그가 누구든 모리배이자 제국주의자로 취급하는 것이 우리의 권리고 의무다. 이것은 심지어 사회주의가 들어서기 전에는 분리가 '이루어질 수 있는' 확률이 1,000분의 1밖에 되지 않는 곳에서도 마찬가지다.

노동자들에게 민족적 차이에 '무관심'하라고 가르치는 것은 우리의 의무다. 여기에는 의문의 여지가 없다. 그러나 그것이 병합주의자의 무관심이어서는 안 된다. 억압 민족의 성원은 소민족이 어느 국가든 그들의 공감이 놓이는 곳에 따라 그의 국가에 속할지, 또는 이웃 국가에 속할지, 또는 그들 자신에 속할지에 대해 '무관심'해야 한다. 그러한 '무관심'이 없으면 그는 사회민주주의자가 아니다. 국제주의적 사회민주주의자이기 위해서는 자신의 민족만을 생각해서는 안 되고, 모든 민족의 이익, 공동의 자유와 평등을 자신의 민족보다 위에 두어야 한다. 누구나 이것을 '이론'으로는 받아들이지만, 실천에서는 병합주의적 무관심을 보여주고 있다. 여기에 악의 뿌리가 있다.

다른 한편으로, 소민족의 사회민주주의자는 자신의 선동에서 우리의 일반적 정식 가운데 두 번째 말, 즉 민족들의 '자발적 통합'을 강조해야 한다. 그는 국제주의자로서의 자신의 임무를 망각함 없이, 자민족의 정치적 독립도, X국, Y국, Z국 등의 이웃 국가와의 통합도, 어느 것이든 다 찬성할 수 있을 것이다. 그러나 그는 어느 경우든 소민족의 편협성, 쇄국, 고립에 반대하여 싸워야 하며, 전체와 일반을 고려하여 특수한 이익을 일반적 이익에 종속시켜야 한다.

이 문제를 철저히 검토해보지 않은 사람은, 억압 민족의 사회민주주의자가 '분리의 자유'를 주장하는 반면 피억압 민족의 사회민주주의자는 '통합의 자유'를 주장하는 것이 '모순된다'고 생각한다. 그러나 조금만 잘 생각해보면 국제주의와 민족들의 융합에 이르는 그 어떤 다른 길도, 주어진 상황에서 이 목표에 이르는 그 어떤 다른 길도 없으며, 있을 수도 없다는 것을 알게 될 것이다.

이제 우리는 네덜란드와 폴란드 사회민주주의자의 특수한 입장을 검토할 시간이다.

8. 네덜란드와 폴란드의 국제주의적 사회민주주의자의 입장에서 특수한 것과 일반적인 것

자결에 반대하는 네덜란드와 폴란드의 마르크스주의자들이 국제 사회민주주의에서 최량의 혁명적이고 국제주의적인 분자들에 속한다는 것은 조금도 의심의 여지가 없다. 그렇다면 우리가 본 바와 같은 그들의 이론적 논거가 오류투성이라는 사실은 어떻게 가능한 것인가? 단 하나의 올바른 일반적 논거도 존재하지 않으며, 오직 제국주의적 경제주의만이 있을 뿐이다!

그것은 결코 네덜란드와 폴란드 동지들의 주체적 자질이 특별히 나빠서가 아니다. 그것은 그들 나라의 **특수한 객관적 조건들**에 기인한다. 두 나라 모두 ⑴현 강대국 '체제' 속에서 약소국으로서 무력하다는 점, ⑵지리적으로 둘 다 가장 격렬한 경쟁 관계에 놓여 있는 강대한 제국주의 강도들(영국과 독일, 독일과 러시아) 사이에 위치해 있다는 점, ⑶두 나라에는 모두 그들 자신이 대국이었던 시절, 즉 네덜란드는 한때 영국보다 더 큰 식민 대국이었고 폴란드는 러시아와 프로이센보다 더 개화되고 더 강한 대국이었던 시절에 대한 강렬한 기억과 전통이 있다는 점, ⑷오늘날까지 두 나라 모두 타민족에 대한 억압에서 비롯하는 특권을 보유하고 있다는 점(네덜란드 부르주아지는 매우 부유한 네덜란드령 동인도 제도를 소유하고 있고, 폴란드 지주들은 우크라이나와 벨로루시아의 농민들을, 폴란드 부르주아지는 유대인을 억압하고 있다) 등이 그 조건들이다.

이 네 가지 점의 조합이 가져온 특수성은 아일랜드, 포르투갈(한때 스페인에 병합), 알자스, 노르웨이, 핀란드, 우크라이나, 라트비아, 벨로루시아 등에서는 찾아볼 수 없는 것이다. 그리고 바로 이 특수성이 문제의 **진정한 본질**이다! 네덜란드와 폴란드 사회민주주의자들이 **일반적 논거들**, 즉 제국주의 일반, 사회주의 일반, 민주주의 일반, 민족적 억압 일반과 관련한 논거들을 사용하여 자결에 반대하는 논리를 펼 때 우리는 그들이 오류에서 헤어날 생각이 없다고 진실로 말할 수 있을 것이다. 그러나 네덜란드와 폴란드의 특별한 입장이 이해할 만하고 아주 정당한 것이 되기 위해서는 일반적 논거들의 이 명백히 잘못된 외피를 벗겨내고, 현재 네덜란드와 폴란드의 특수한 조건의 견지에서 문제의 본질을 조사하기만 하면 된다. 역설적으로 들릴 것을 조금도 두려워할 필요 없이 우리는 다음과 같이 말할 수 있을 것이다. 네덜란드와 폴란드의 마르크스주의자들이 자결에 반대하여 싸울 때 그들은 자신이 의도한 것 그대로 말하지 않고 있거나, 다르게 표현하면 자신들이 말한 것 그대로 의도하지 않고 있다.[16]

우리는 이미 우리의 테제에서 하나의 예를 인용한 바 있다.[17] 호르터르(Gorter)는 자기 나라의 자결에는 반대하지만, 네덜란드령 동인도 제도에 대해서는 그것이 '자기' 민족에 의해 억압받고 있음에도 그것의 자결에 찬성한다! 독일의 카우츠키나 러시아의 트로츠키, 마르토프처럼 입으로만 위선적으로 자결을 인정하는 사람들이 아니라 그에게서 위선적이지 않은 진정한 국제주의자를, 우리와 같은 동지를 보게 되는 것이 놀라운가? 마르크스주의의 일반적이고 근본적인 원칙들은 의심할

---

16 레닌주 폴란드의 모든 사회민주주의자들이 치머발트 선언에서 자결권 일반을 승인했다는 사실을 떠올려보자. 비록 그들의 정식화가 조금 다르긴 했지만 말이다.

17 레닌주 「사회주의 혁명과 민족자결권」 참조.

바 없이 '자기' 민족에 의해 억압받는 민족의 분리의 자유를 위해 투쟁할 의무를 지시하고 있지만, 특별히 네덜란드, 즉 그 편협하고 냉담하고 이기적이고 답답하리만치 단조로운 쇄국으로 인해 가장 고통받고 있는 네덜란드의 독립이 특별히 최고의 중요성을 갖는 문제가 되어야 한다——전세계가 불타게 놔둬라. 우리는 그 모든 것으로부터 저만치 물러서서 있을 것이다. '우리'는 우리의 오랜 전리품이자 부유한 '유산'인 동인도 제도에 만족한다. '우리'는 그밖에 아무것도 관심이 없다——고 지시하고 있진 않다.

여기에 또 다른 예가 있다. 개전 이래 독일 사회민주주의 내에서 국제주의를 위한 단호한 투쟁으로 특히 큰 공헌을 한 폴란드 사회민주주의자 카를 라데크는 「민족자결권」(1915년 12월 5일《리히트슈트랄렌*Lichtstrahlen*》[18] 3권 3호에 실렸다. 그 잡지는 프로이센 검열 당국에 의해 발행이 금지된 좌익급진파의 월간지로 보르하르트(J. Borchardt)가 편집했다)이라는 제목의 글에서 자결에 대해 맹렬한 공격을 퍼부었다. 그는 여기에 덧붙여, 자신의 주장을 뒷받침하는 네덜란드와 폴란드의 권위자들만을 인용하고 있으며, "독립을 위한 그 어떤 투쟁도 지지하는 것이 이른바 사회민주주의자들의 임무다"라는 생각을 자결이 조장한다는 주장을

[18] '광선'이라는 뜻. 보르하르트가 편집한 독일 좌익 사회민주주의자의 기관지(월간). 1913년부터 1921년까지 부정기적으로 베를린에서 발행되었다.—원서 편집자

특히 내세우고 있다.

일반 이론의 관점에서 이러한 주장은 터무니없는데, 왜냐하면 이것은 명백히 비논리적이기 때문이다. 첫째, 특수가 일반에 종속되지 않으면 어떠한 민주주의적 요구도 남용되는 것을 피할 수가 없다. 우리는 독립을 위한 '어떠한' 투쟁이든 '다', '어떠한' 공화제적 또는 반교권적 운동이든 '다' 지지해야 할 의무가 있는 것은 아니다. 둘째, 민족적 억압에 반대하는 투쟁을 위한 어떠한 정식도 그와 동일한 '결함'을 띨 수밖에 없다. 라데크 자신은 《베르너 타그바흐트》(1915년, 253호)에서 다음과 같은 정식을 사용했다. "신구 병합 반대." 폴란드 민족주의자라면 누구나 이 정식으로부터 정당하게 다음과 같은 결론을 연역해 낼 것이다. "폴란드는 피병합국이다. 나는 병합에 반대한다. 즉 나는 폴란드의 독립에 찬성한다." 또 나는 로자 룩셈부르크가 1908년에 쓴 글[19]에서 "민족적 억압 반대"라는 정식이 아주 적절하다고 했던 것을 기억한다. 그러나 그 어느 폴란드 민족주의자도 병합은 결과적으로 민족적 억압 형태 중의 하나라고 전적으로 정당한 말을 할 것이다.

그러나 이러한 일반적 논거 대신에 폴란드의 특수한 조건──오늘날 폴란드의 독립은 전쟁이나 혁명 없이는 '실현 불

19 로자 룩셈부르크, 「민족 문제와 자치」, 《사회민주주의 평론*Przeglad Socjaldemokratyczny*》 6, 7, 8~9, 10, 12, 14~15호, 1908년과 1909년.─원서 편집자

가능'하다는——에 주목해보자. 단지 폴란드 독립을 위해 전 유럽의 전쟁에 찬성하는 것은 가장 나쁜 종류의 민족주의자가 되는 것이며, 소수의 폴란드인의 이익을 전쟁으로 고통받는 수억 인민의 이익보다 우선시하는 것이다. 정말이지, 그러한 일은 '프라키'[20]만이 할 수 있는 일이다. 그들은 말로만 사회주의자들이며, 그들과 비교할 때 폴란드의 사회민주주의자들은 천 배나 옳다. 오늘날 폴란드 독립 문제를 인접 제국주의 열강의 현존 세력 관계에 맞춰서 제기하는 것은 실제로는 도깨비불을 좇는 것처럼 허망한 것이고, 편협한 민족주의에 빠져드는 것이며, 전 유럽 혁명 또는 최소한 러시아와 독일 혁명의 필수적 전제조건을 망각하는 것이다. 러시아에서의 결사의 자유를 1908~14년에 독립적 슬로건으로 제기한다면, 그것 또한 도깨비불을 좇는 것을 의미했을 것이고, 객관적으로는 스톨리핀 노동당(지금은 포트레소프-그보즈됴프(Gvozdyov) 당이지만, 말하자면 똑같은 것이다)을 돕는 꼴이 되었을 것이다. 그러나 그렇다고 결사의 자유 일반을 사회민주주의의 강령에서 제거하겠다고 한다면 그것은 미친 짓일 것이다!

세 번째의, 아마도 가장 중요한 예가 있다. 우리는 폴란드인의 테제(3장 2절의 마지막 부분)에서 완충국으로서의 독립 폴란드라는 생각이 "무력한 작은 그룹들의 어리석은 공상"이라는 이

---

20 소부르주아 민족주의 정당인 폴란드 사회당(1892년에 창당)의 우파.—원서 편집자

유로 거부되고 있는 것을 보게 된다. "그러한 생각이 실행된다면, 그것은 어느 일단의 대국들의 군사 식민지, 그들의 군사적 또는 경제적 이해관계의 노리개, 외국 자본에 의해 착취되는 영역, 미래 전쟁의 전쟁터 등이 될 폴란드 국가의 작은 조각을 만들어내는 것을 의미할 것이다." 오늘날 폴란드 독립 슬로건에 반대하는 논거로 사용될 때 이것은 완전히 올바른데, 왜냐하면 폴란드 한 나라만으로는 심지어 혁명조차도 아무것도 바꿀 수가 없고, 오직 폴란드에서 대중들의 주의를 가장 **중요한** 것——그들의 투쟁과 러시아 및 독일 프롤레타리아트의 투쟁 간의 연관——에서 벗어나게 할 뿐이기 때문이다. 오늘날 폴란드 프롤레타리아트는 **협소한** 폴란드의 민족주의자들에 대항하여 이웃 나라들의 프롤레타리아트와 어깨 걸고 함께 투쟁하는 것으로만 사회주의와 자유——**폴란드의 자유를 포함하여**——의 대의에 이바지할 수 있다는 것은 역설이 아니라 사실이다. 민족주의자들에 대항하는 투쟁에서 폴란드 사회민주주의자들이 한 위대한 역사적 공헌은 부정될 수 없을 것이다.

　그러나 현 시대에 폴란드의 **특수한** 조건이라는 견지에서는 옳은 이 동일한 논거들은 그것들이 제시되는 일반적 형태에서는 전혀 옳지 않다. 전쟁이 존재하는 한 언제나 폴란드는 독일과 러시아 사이의 전쟁에서 전쟁터로 남아 있게 될 테지만, 그렇다고 그것이 전쟁과 전쟁 **사이의** 시기의 더 큰 정치적 자유에 반대하는(따라서 정치적 독립에 반대하는) 논리가 될 수는 없다. 동일한 것이 외국 자본에 의한 착취, 그리고 외국 이해관계의 노리개로서 폴란드의 역할에 관한 논거들에도 적용된다. 폴란드 사회민주주의자들은 지금 폴란드 독립 슬로건을 내걸 수 없는데, 왜냐하면 프롤레타리아 국제주의자로서 폴란드인들은 '프라키'마냥 제국주의적 군주국들 중 하나에게 하찮은 노예로서 몸을 구부리지 않고는 폴란드 독립에 관해 할 수 있는 게 아무것도 없기 때문이다. 그러나 폴란드가 독립하는가, 아니면 독일·러시아의 노동자들이 폴란드를 병합하는 데 참가하는가(그리고 이것은 러시아·독일의 노동자, 농민이 가장 비열한 악행에 참가하고, 타국 인민을 살육하는 망나니 역할을 맡는 것에 동의하도록 교육시키는 것을 뜻할 것이다)는 독일·러시아의 노동자들과 무관한 것이 아니다.

정말이지, 상황은 혼란스럽다. 그러나 모든 참가자가 국제주의자로 남아 있을 수 있는 출구가 하나 있는데, 그것은 러시아와 독일의 사회민주주의자들이 폴란드를 위해 무조건적인 '분리의 자유'를 요구하는 것이고, 폴란드의 사회민주주의자들은 일정 시대 또는 일정 시기 동안 폴란드 독립 슬로건을 제기하지 않고 소국과 대국 모두에서 프롤레타리아 투쟁의 단결을 위해 노력하는 것이다.

9. 엥겔스가 카우츠키에게 보낸 편지

당시만 해도 아직 마르크스주의자였던 카우츠키는 자신의 소책자 『사회주의와 식민지 정책』(베를린, 1907년)에서 1882년 9월 12일에 엥겔스가 그에게 쓴 편지를 공개했는데, 이 편지에는 지금 토론 중인 문제와 관련하여 굉장히 흥미로운 내용이 포함되어 있다. 다음은 편지의 주요 부분이다.

"내 생각에는 본래적인 식민지, 즉 캐나다, 희망봉, 오스트레일리아 등 지금 유럽 출신 주민이 차지해서 거주하고 있는 나라들은 모두 독립국이 될 것이다. 반면 인도와 알제리, 네덜란드령, 포르투갈령, 스페인령 등 원주민이 거주하고 있고 단지 정복만 당한 나라들은 당분간 프롤레타리아트가 떠맡아 가능한 한 빠르게 독립으로 인도해야 한다. 이러한 과정이 어떻게 진행될 것인지는 말하기 어렵다. 아마도 인도는 혁명을 일으킬 개연성이 정말 아주 큰 곳이다. 자기 해방의 과정에 있는 프롤레타리아트가 어떠한 식민지 전쟁도 담당할 수 없을 때는 혁명이 방해 받지 않고 자기 길을 가도록 허용되어야 할 것이다. 물론 혁명이 모든 종류의 파괴 없이 이뤄지지는 않겠지만, 그런 종류의 일은 모든 혁명에 필수적으로 따르는 일이다. 동일한 일이 다른 곳에서도, 예를 들어 알제리와 이집트에서도 일어날지 모르며, 이러한 일들은 확실히 **우리를** 위해 최상의 일이 될 것이다. 우리에게는 본국에서 할 일이 충분히 많을 것이다. 일단 유럽과 북아메리카가 재조직된다면, 반(半)문명국들이 스스로 따라올 정도의 거대한 힘과 본보기가 되어줄 것이다. 다름 아닌 경제적 필요가 그렇게 하도록 할 것이다. 그러나 이 반문명국들이 사회주의적 조직에 도달하기 전에 어떠한 사회적·정치적 단계를 거쳐야 할 것인가에 대해서는, 지금 우리는 그리 유용치 못한 가설들만을 제시할 수 있을 거라고 생각한다. 한 가지만은 확실하다. 승리한 프롤레타리아트가 타민족에게 어떠한 종류의 축복이든 그것을 받아들이도록 강요하는 것이 가능한 경우란 그렇게 함으로써 자기 자신의 승리를 스스로 무너뜨리는 경우뿐이다. 물론 그렇다고 해서 결코 다양한 종류의 방위 전쟁을 배제하는 것은 아니다."[21]

엥겔스는 '경제적인 것' 혼자서 모든 어려움을 직접적으로 제거해줄 것이라는 생각은 전혀 하고 있지 않다. 경제적 혁명은 모든 인민들이 사회주의를 지향하도록 자극제가 될 것이다. 그러나 동시에 혁명——사회주의 국가에 대항하는——과 전쟁도 가능하다. 정치는 불가피하게 경제에 적응하겠지만, 즉시 또는 순조롭게, 단순하게, 직접적으로 그렇게 되는 것은 아니다. 엥겔스는 단 하나의, 절대적으로 국제주의적인 원칙을 '확실한' 것으로 거론하고 있는데, 이것을 그는 모든 '타민족'에게——즉 식민지 민족에게만이 아니라——적용한다. 타민족에

21 마르크스·엥겔스, 『마르크스·엥겔스 서간집Selected Correspondence』, 모스크바, 1955년, 423쪽.—원서 편집자

게 축복을 받아들이도록 강요하는 것은 프롤레타리아트의 승리를 무너뜨리는 것을 뜻한다는 원칙이 그것이다.

프롤레타리아트가 사회 혁명을 수행했다는 이유 하나로 성스럽게 되거나, 오류와 약점이 사라지는 것은 아니다. 그러나 프롤레타리아트는 있을 수 있는 오류들(그리고 이기적인 이익과 남에게 부담을 주는 시도들)에 의해 불가피하게 이 진리를 깨닫게 될 것이다.

우리 치머발트 좌파는 모두, 카우츠키가 1914년에 배외주의 옹호를 위해 마르크스주의를 버리기 전에 지니고 있었던 것과 같은 신념, 즉 사회주의 혁명이 매우 가까운 미래에——카우츠키 자신이 한때 말했듯이 '어느 날에든'——완전히 가능할 것이라는 신념을 갖고 있다. 민족적 반감은 그렇게 빨리 사라지지는 않을 것이다. 자신을 억압했던 자들에 대한 피억압 민족의 증오는 한동안 지속될 것이며, 그 증오는 전적으로 정당하다. 그 증오는 사회주의가 승리한 후에야, 그리고 민족 사이에 완전히 민주주의적인 관계가 최종적으로 확립되고 난 후에야 비로소 사라질 것이다. 우리가 사회주의에 충실하려면, 지금이라도 국제주의적 정신으로 대중을 교육해야 한다. 그리고 이것은 억압 민족 속에서 피억압 민족을 위한 분리의 자유를 옹호하지 않고서는 불가능하다.

10. 1916년의 아일랜드 반란

우리의 테제는 아일랜드 반란이 일어나기 전에 작성되었는데, 이 반란은 우리의 이론적 견해의 시금석이 틀림없다.

자결을 반대하는 사람들의 견해는 다음과 같은 결론으로 이어진다. 제국주의에 의해 억압받는 소민족은 이미 활력이 사라져서 제국주의에 대항하는 데 있어 어떠한 역할도 할 수 없고, 그들의 순전히 민족적인 열망을 지지한들 아무 성과도 얻을 수 없다는 것이다. 그러나 1914~6년의 제국주의 전쟁은 그들의 이런 결론을 논박하는 사실들을 제공했다.

전쟁은 서유럽의 민족들에게, 그리고 제국주의 전체에게 위기의 시대임을 증명했다. 모든 위기는 인습을 폐기해버리며, 겉포장을 찢어버리고, 폐물을 쓸어버리고, 근저에 깔린 생명력과 힘들을 드러낸다. 전쟁은 피억압 민족의 운동의 견지에서 볼 때 무엇을 드러냈는가? 식민지에서는 억압 민족이 당연히 군 검열을 통해 최대한 은폐하려고 한 수많은 반란의 시도들이 있어왔다. 그럼에도 다음과 같은 사실들이 알려져 있다. 싱가포르에서는 영국인들이 그들의 인도인 부대 내에서 일어난 항명 반란을 잔인하게 진압했고, 프랑스령 안남(《나셰 슬로보*Nashe Slovo*》참조)과 독일령 카메룬(『유니우스 팸플릿』참조)에서는 반란의 시도가 있었으며, 그리고 유럽에서도 한편으로는 감히 징병을 아일랜드에까지는 확대시키지 못했던 '자유 애호' 영국인들이 처형에 의해 진압한 아일랜드의 반란이 있었으며, 오스트리아 정부는 체코 의회의 의원들에게 '반역죄'로 사형을 선고하고 체코인 부대 전체를 동일한 '죄'로 총살했다.

물론 이러한 것들은 단지 일부에 지나지 않는다. 그러나 그 일부만으로도 제국주의의 위기로 인해 민족 봉기의 불길이 식민지와 유럽 양쪽에서 모두 타오르고 있으며, 가혹한 위협과 탄압 조처들에도 불구하고 민족적 동정과 반감이 표현되고 있다는 사실을 증명하고 있다. 이 모든 것이 제국주의의 위기 이전에 그 정점에 도달했다. 제국주의적 부르주아지의 힘은 아직 약화되지 않았으며('소모전'이 그런 상황을 가져올 수도 있지만, 아직은 일어나지 않고 있다), 제국주의 나라들에서 프롤레타리아 운동은 여전히 매우 미약했다. 전쟁이 완전한 소진을 야기할 경우, 또는 적어도 하나의 국가에서──1905년의 차리즘처럼──부르주아지의 힘이 프롤레타리아 투쟁의 타격으로 흔들릴 경우, 무슨 일이 일어날 것인가?

1916년 5월 9일, 좌파의 일부를 포함한 치머발트 그룹의 기관지 《베르너 타그바흐트》에는 「그들의 노래는 끝났다」라는 글이 실렸다. K. R.[22]이라는 이니셜로 서명된 그 글은 아일랜드 반란을 다룬 것이었다. 그 글은 아일랜드 반란이 하나의 '폭동' 이상도, 이하도 아니라고 했는데, 왜냐하면 저자의 주장에

---

22 카를 라데크.─원서 편집자

따르면 "아일랜드 문제는 농업 문제"이며, 농민들은 개량으로 무마되었고, 민족주의적 운동은 "그것이 불러일으킨 센세이션에도 불구하고 많은 사회적 지지를 받지 못한" 단지 "순 도시 소부르주아 운동"으로 남아 있기 때문이라는 것이다.

이 몹시도 공론적이고 현학적인 평가가 러시아의 민족적 자유주의자 카데트 당원인 A. 쿨리셔(Kulisher) 씨(《레치》[23] 102호, 1916년 4월 15일)의 평가와 일치하고 있는 것은 놀랍지도 않은데, 그 또한 이 반란에 '더블린 폭동'이라는 딱지를 붙였다.

'아무에게도 이롭지 않은 바람이란 있을 수 없다'[24]는 속담처럼 '자결'을 부인하고 소민족의 민족운동을 경멸로 대함으로써 자신들이 빠지고 있는 난국을 깨닫지 못하고 있는 많은 동지들이 사회민주주의자와 제국주의적 부르주아지의 이 '우연한' 의견일치를 보고 부디 눈을 똑바로 뜨기를!!

과학적인 의미에서 '폭동'이라는 용어는 봉기의 시도가 음모가들이나 어리석은 광분자들의 서클만을 드러내고는, 대중들 사이에 아무 공명도 불러일으키지 못했을 때에만 사용될 수 있을 것이다. 수백 년에 걸쳐 계급 이익의 다양한 단계와 조합을 통과해온 아일랜드의 민족운동은 아일랜드 독립을 요구

---

23 '말'이라는 뜻. 카데트 당의 중앙기관지. 1906년 2월부터 페테르부르크에서 일간으로 발행되다가 1917년 10월 26일 페트로그라드 소비에트의 혁명군사위원회에 의해 폐간되었다. 그러나 1918년 8월까지 다른 제호로 계속 발행됐다.—원서 편집자

24 우리의 손실이 적들의 이득이 된다는 뜻이다.—옮긴이

한 대중적인 아일랜드 민족회의(Irish National Congress)로 특히 나타났다(《포어베르츠》, 1916년 3월 20일). 또한 오랜 기간의 대중 선동, 시위, 신문 발행 금지 등이 있은 뒤에 도시 소부르주아지 일부와 **노동자 일부**의 가두투쟁으로도 나타났다. 그러한 반란 을 '폭동'이라고 부르는 자는 그 누구든 냉담한 반동파가 아니 면, 사회 혁명을 생동하는 현상으로 직시할 수 없는 공론가다.

식민지와 유럽의 소민족들에 의한 봉기 없이도, 모든 편견 을 갖고 있는 소부르주아지 일부에 의한 혁명적 분출 없이도, 지주와 교회와 군주제에 의한 억압 및 민족적 억압에 반대하 는 정치적으로 각성되지 못한 프롤레타리아·반(半)프롤레타리 아 대중의 운동 없이도 사회 혁명이 **가능하다**고 상상하는 것 은 **사회 혁명을 부정**하는 것이다. 한 쪽의 군대가 어느 한 장소 에 정렬하여 "우리는 사회주의에 찬성한다"고 말하고, 다른 한 쪽의 군대가 다른 한 장소에 정렬하여 "우리는 제국주의에 찬 성한다"고 말하는 것, 이것이 사회 혁명일 것이다! 이와 같이 우스꽝스럽게 현학적인 견해를 가진 자들만이 아일랜드 반란 을 '폭동'이라고 부름으로써 그것을 비난할 수 있을 것이다.

'순수한' 사회 혁명을 기대하는 자는 누구든 살아서는 **결코** 그것을 볼 수 없을 것이다. 그런 사람은 혁명이 무엇인지도 모 르면서 혁명에 립서비스만 하고 있는 사람이다.

1905년 러시아 혁명은 부르주아 민주주의 혁명이었다. 그 것은 주민 가운데 불만이 있는 모든 계급들과 집단들과 분자들이 참가한 일련의 전투들로 이루어졌다. 그들 가운데에는 가장 조야한 편견에 물들어 있는, 가장 모호하고 가장 환상적인 투쟁 목적을 가진 대중들이 있었다. 일본의 자금을 받은 소집단들이 있었고, 투기꾼과 한탕을 꿈꾸는 사람도 있었다. 그러나 **객관적으로** 대중운동은 차리즘의 기반을 타격하고 민주주의를 위한 길을 닦고 있었다. 이러한 이유에서 계급적으로 각성한 노동자들이 그 대중운동을 이끈 것이다.

유럽에서의 사회주의 혁명은 억압받고 불만을 가진 모든 분자들의 대중투쟁이 터져나오는 것 외의 다른 어떤 것일 수 없다. 불가피하게 소부르주아지와 후진적 노동자 부위들이 거기에 참여할 것이며——그들의 참여가 없이는 대중투쟁은 **불가능하며**, 어떠한 혁명도 가능하지 않다——마찬가지로 불가피하게 그들은 자신들의 편견과 반동적 환상, 약점과 오류를 운동 속으로 가져올 것이다. 그러나 **객관적으로** 그들은 **자본**을 공격할 것이다. 그리고 계급적으로 각성한 혁명 전위인 선진적 프롤레타리아트는 잡다한 색조와 갖가지 불협화음이 뒤섞여서 외견상 파편화 되어 있는 대중투쟁의 이러한 객관적 진실을 표현하면서, 이 대중투쟁을 하나로 묶어세워서 지도하고, 권력을 잡고, 은행을 접수하고, (서로 다른 이유에서일지라도!) 모두가 증오하는 트러스트를 몰수하고, 그 밖의 독재적 조처들을 실시할 수 있을 것이다. 이 모든 조처들은 하나의 총체로서 부르주아지의 타도와 사회주의의 승리를——결코 대중투쟁에서 소부르주아적 잔재를 당장 '털어내'지는 못하겠지만──구성할 것이다.

폴란드 테제(1장 4절)에서 우리는 다음과 같은 구절을 읽게 된다. 사회민주주의는 "유럽에서 혁명적 위기를 첨예화하기 위해 유럽의 제국주의에 대항하는 젊은 식민지 부르주아지의 투쟁을 활용해야 한다."(강조는 저자)

유럽과 식민지를 이러한 측면에서 대비시키는 것은 결코 해서는 안 되는 일이라는 것이 분명하지 않은가? 유럽에서의 피억압 민족들의 투쟁, 봉기와 시가전으로까지 발전하여 군대의 철의 규율과 계엄령을 허물어뜨릴 수 있는 투쟁은 머나먼 식민지에서의 훨씬 발전된 반란보다도 비교할 수 없으리만치 더 거대한 정도로 "유럽에서의 혁명적 위기를 첨예화할" 것이다. 아일랜드의 반란이 영국의 제국주의적 부르주아지의 권력에 가한 타격은 아시아나 아프리카에서 동일한 힘이 가한 타격보다 정치적으로는 백 배나 더 유의미한 것이다.

최근 프랑스의 배외주의적 신문은 벨기에에서 비합법 잡지 《자유 벨기에*Libre Belgique*》[25] 80호가 발행됐다고 보도했다. 프랑스의 배외주의적 신문은 너무도 자주 거짓말을 하지만, 이 보도는 사실인 것으로 보인다. 배외주의적이고 카우츠키주의적인 독일 사회민주주의가 전쟁 기간 2년 동안 스스로 자유로

---

25 벨기에 노동당의 비합법 잡지로 브뤼셀에서 1915~8년에 발행됐다.─원서 편집자

운 언론을 세우지 못하고 순순히 군 검열의 멍에를 받아들인 데 반해(오직 좌익급진파만이 명예롭게도 검열을 무릅쓰고 소책자와 선언문을 발행했다), 이 개화된 피억압 민족은 유례 없이 잔혹한 군사적 억압에 맞서 혁명적 항거의 기관지를 세워내는 것으로 대응했다! 소민족들이 비록 제국주의에 대항하는 투쟁에서 하나의 **독립적** 요인으로서는 무력하다 할지라도, **진정한** 반제국주의 세력인 사회주의적 프롤레타리아트가 무대에 등장하도록 돕는 하나의 효소, 하나의 세균으로서 **역할**을 한다는 것, 이것이 역사의 변증법이다.

현 전쟁에서 교전국 총참모부들은 적 진영의 어떠한 민족적·혁명적 운동이라도 이용하려고 전력을 다하고 있다. 독일인들은 아일랜드의 반란을 이용하고 프랑스인들은 체코의 운동을 이용한다. 그들은 그들 자신의 관점에서 완전히 올바르게 행동하고 있는 것이다. 적의 가장 사소한 약점까지도 유리한 쪽으로 이용하지 않는다면, 그리고 굴러들어오는 모든 기회를 붙잡지 않는다면, 심각한 전쟁이 심각하게 취급되지 않고 말 것인데, 이는 어느 순간에, 어느 곳에서, 어떠한 힘으로 화약고가 '폭발'할지 미리 알 수 없기 때문에 더더욱 그러하다. 우리가 사회주의를 위한 프롤레타리아트의 위대한 해방 전쟁에서, 제국주의가 위기를 심화·확대시키기 위해 불러오는 단 하나의 재앙에 대해서도 그것에 대항하는 모든 인민 운동을 이용하는 방법을 모른다면, 우리는 매우 가련한 혁명가일 것이다. 우리가 한편으로는 수천 가지 어조로 모든 민족적 억압에 '반대한다'는 선언을 되풀이하면서, 다른 한편으로는 피억압 민족 중 어떤 계급의 가장 기동성 있고 계몽된 부분이 그 억압자들에 대항하여 일어선 영웅적인 반란을 '폭동'이라고 묘사한다면, 우리는 카우츠키주의자들과 같은 수준의 어리석음으로 빠져버릴 것이다.

아일랜드인들이 프롤레타리아트의 유럽 내란이 성숙할 시간을 갖기 전에 너무 빨리 봉기한 것은 그들의 불운이다. 자본주의는 다양한 반란의 원천들이 역전과 패배 없이 즉각 저절로 한 곳에 모아질 수 있을 만큼 조화롭게 짜여져 있지 않다. 반란들은 서로 다른 시간에, 서로 다른 장소에서 터져나오며, 그 종류도 서로 다르다는 바로 그 사실이 일반적 운동에 폭과 깊이를 보장해준다. 그러나 때이르고 개별적이고 산발적이며, 따라서 성공적이지 못한 혁명적 운동들 속에서만 대중은 경험을 얻고 지식을 습득하고 힘을 모으고 그들의 진정한 지도자인 사회주의적 프롤레타리아트를 알게 되며, 그리고 그렇게 하여 총공격을 위한 준비를 하게 된다. 파업과 시위(전국적, 지역적), 군대 내 항명 반란, 농민들의 반란 등이 1905년의 총공격을 위한 길을 준비했던 것처럼 말이다.

11. 맺으며

폴란드 사회민주주의자들의 그릇된 주장과는 반대로, 민족자결 요구는 우리 당의 선동에서, 예컨대 인민무장, 국가로부터 교회의 분리, 인민에 의한 공복들의 선출, 그 밖에 속물들이 '공상적'이라고 비난한 조항들 못지않게 중요한 역할을 해왔다. 오히려 1905년 이후 민족운동이 강화됨에 따라 자연스럽게 우리 당의 선동도 더욱 활기차게 진행되었다. 1912~3년의 일련의 논문들과, 이 문제의 내용에 대해 정확한 '반(反)카우츠키주의적'(순전히 말뿐인 '승인'을 용인하지 않는) 규정을 내려준 1913년 우리 당의 결의[26]가 바로 그러한 민족자결 관련 선동들이다.

당시 일찌감치 드러났던 다음과 같은 사실들을 그냥 지나친다고 해서 도움이 되지는 않을 것이다. 각 민족의 기회주의자들, 우크라이나의 요르케비치(Yorkevich), 분트 파 리프만(Liebman), 셈콥스키(Semkovsky), 러시아의 앞잡이 포트레소프 일파 등, 모두가 자결에 반대하는 로자 룩셈부르크의 주장에 찬성한다고 말했다! 폴란드의 사회민주주의자인 로자 룩셈부르크에게는 단지 폴란드 운동의 특수한 조건에 대한 부정확한 이론적 일반화였던 것이, 작은 국가 대신 큰 국가의 보다 확대

26 레닌주「민족 문제에 대한 데제Theses on the National Question」(이 전집 53권에 수록—편집자) 참조.

된 환경과 조건들에 실제 적용되었을 때, 즉 협소한 폴란드 규모 대신 국제적 규모에 적용되었을 때 객관적으로 그것은 대러시아 제국주의에 대한 기회주의적 지지로 되어버렸다. 정치사상에서의 제 조류(개인들의 견해가 아니라, 그와는 구별되는)의 역사는 우리 강령의 올바름을 입증해왔다.

렌쉬와 같은 거리낌 없는 사회제국주의자들은 여전히 병합 폐지와 자결 둘 다를 맹렬히 비난하고 있다. 카우츠키주의자들로 말할 것 같으면, 그들은 위선적으로 자결을 승인한다. 트로츠키와 마르토프는 여기 러시아에서 같은 길을 가고 있다. 두 사람 다 카우츠키와 마찬가지로 자신들은 자결에 찬성한다고 말한다. 그러나 실제로는 무슨 일이 일어나고 있는가? 《나셰 슬로보》에 실린 트로츠키의 「민족과 경제」를 보면, 예의 그 절충주의, 즉 한편으로 경제는 민족들을 통일시키고 다른 한편으로 민족적 억압은 민족들을 분리시킨다는 주장을 보게 된다. 결론은 무엇인가? 결론은 지금 널리 만연해 있는 위선이 여전히 폭로되지 않은 채 남아 있고, 선동은 생기 없이 따분하며, 가장 중요하고 기본적이며 유의미하고 실천과 밀접히 결합된 문제——'자'민족에 의해 억압받고 있는 민족에 대한 태도——를 건드리지 않고 있다는 것이다. 마르토프를 비롯한 재외 서기들은 그들의 동료이자 같은 성원인 셈콥스키의 자결에 반대하는 투쟁을 그냥 잊어버리는 쪽——편리한 건망증이군!——을 택했다. 그보즈됴프 파의 합법 신문《나셰 골로스》에서 마르토프는 자결에 찬성한다면서, 제국주의 전쟁 동안에는 자결이 아직 참전을 뜻하지는 않는다는 등의 자명한 진리를 지적하고 있다. 그러나 가장 중요한 것, 즉 **평화 시에조차** 러시아는 훨씬 더 잔인하고 중세적이며 경제적으로 후진적이며 군사적·관료적인 제국주의로서 제 민족에 대한 억압에서 세계 신기록을 세웠다는 사실을 그는 회피하고──그는 비합법의 자유로운 출판물에서도 이를 회피한다!──있다. 플레하노프 씨와 포트레소프 씨 일파가 민족자결을 승인하는 식으로, 즉 차리즘에 의해 억압받는 민족들의 분리의 자유를 위해 투쟁하느라 애쓰는 것 없이 그냥 입으로만 민족자결을 '승인'하는 러시아 사회민주주의자는 실제로는 제국주의자이며 차리즘의 종복이다.

트로츠키와 마르토프의 주관적으로 '좋은' 의도가 어떠하든 간에, 그들의 회피는 객관적으로 러시아 사회제국주의에 대한 **지지**다. 제국주의 시대는 모든 '대'국을 많은 민족들에 대한 억압자로 전화시켰고, 또한 제국주의의 발전은 불가피하게 국제 사회민주주의 내에서도 이 문제에 관한 제 조류의 더욱 분명한 분화를 낳을 것이다.

| 1916년 7월에 집필
1916년 10월 《스보르니크 소치알 데모크라타》 1호에 발표

발생하고 있는
제국주의적 경제주의 경향

이 글 및 이 글 다음에 이어지는 두 글(「키엡스키(Kievsky)에게 보내는 회답」, 「맑시즘의 희화와 제국주의적 경제주의」)은 부하린(Bukharin)—퍄타코프(Pyatakov)—보시(Bosh) 그룹의 비마르크스주의적·반볼셰비즘적인 태도를 겨냥하여 쓴 글들이다. 이 그룹은 《코뮤니스트*Kommunist*》의 발행이 준비되고 있던 1915년 봄에 꼴을 갖추기 시작했다. 《코뮤니스트》는 《사회민주주의자》와 협동하여 내기로 했다. Y. L. 퍄타코프(P. 키엡스키)와 Y. B. 보시가 잡지 발행을 위한 재정을 맡았고, 부하린이 편집위원으로 참여했다. 1915년 9월에 《코뮤니스트》 1·2호가 나온 뒤에 이 그룹과 레닌의 차이가 불거졌다. 부하린, 퍄타코프, 보시는 《사회민주주의자》에 보낸 자신들의 테제 「민족자결 슬로건에 대하여On the Self-Determination Slogan」에서 레닌의 사회주의 혁명 이론에 반대하여, 제국주의 시대의 민주주의를 위한 투쟁을 부정했고, 당에게 민족자결 요구를 폐기할 것을 요구했다.

이 그룹은 이론적 차이에 머무르지 않고, 공공연하게 당의 정책과 슬로건을 공격했다. 이들은 자신들의 분파적 목적을 촉진하는 데 《코뮤니스트》를 이용하려 했고, 《사회민주주의자》 편집국에 지시를 내리려는 시도를 했다. 퍄타코프와 보시는 중앙위원회 재외사무국에게 자신들을 중앙위원회에 책임지지 않는 독자 그룹으로, 그리고 러시아 국내의 중앙위원회 성원들과의 독자적 커넥션을 유지하고 전단을 비롯한 그 밖의 문헌을 발행할 권한을 갖는 독자 그룹으로 인정해줄 것을 요구했다. 이 요구가 거부되었음에도 이 그룹은 러시아 내의 중앙위원회 사무국과의 접촉선을 만들려고 시도했다.

레닌은 퍄타코프—보시—부하린 테제를 강하게 반대하며, "우리는 직접적으로든 간접적으로든 그들을 책임질 수 없다. 그들에게 동등한 권리를 부여하는 것은 고사하고, 당내에 그들을 품는 것조차 장담할 수 없다"고 말했다. 레닌은 부하린, 퍄타코프, 지노비예프(Zinoviev), 실리아프니코프(Shlyapnikov)에게 보낸 편지들에서 이 그룹의 견해와 반당적·분파적 행동을 냉엄하게 비판했고, 지노비예프와 실리아프니코프의 타협적 태도를 비난했다. 레닌의 제의로, 《사회민주주의자》 편집국과 이 그룹이 합동으로 《코뮤니스트》를 발행하는 것은 중단되었다.

레닌이 이 글을 집필한 시점은 《사회민주주의자》 편집국이 「사회주의 혁명과 민족자결권」이라는 테제에 대한 부하린의 논평을 접수했을 때다. 이 글은 당시에는 발표되지 않았다.—원서 편집자

1894~1902년의 구 경제주의[1]의 논리는, 나로드니키[2]는 부

I   경제주의는 19~20세기 전환기의 러시아 사회민주주의 내 기회주의적 경향으로, 국제 기회주의의 러시아 변종이었다. 경제주의자들은 노동자계급 운동의 임무를 임금 인상과 노동조건 개선 등을 위한 경제투쟁으로 제한했으며, 정치투쟁은 자유주의적 부르주아지에게 맡겨야 한다고 주장했다. 그들은 노동자계급 당의 지도 역할을 부정했다. 노동자계급 운동의 자연발생성을 물신숭배하며 혁명적 이론의 중요성을 깎아내렸다. 또한 마르크스주의 당이 노동자계급 운동에 사회주의적 의식을 도입해주어야 할 필요를 부정함으로써 부르주아 이데올로기를 위한 길을 닦았다. 그들은 사회민주주의 대열 내 현존의 분산 상태와 혼란과 편협한 아마추어적 접근법을 옹호하며, 중앙집권적인 노동자계급 당의 창건에 반대했다.
경제주의적 입장에 대한 레닌의 전면적인 비판으로는 다음의 글들을 보라. 「러시아 사회민주주의자의 항의A Protest by Russian Social-Democrats」(본 전집 10권에 수록─편집자), 「러시아 사회민주주의 내 후퇴적 경향A Retrograde Trend in Russian Social-Democracy」, 「신앙고백에 관하여Apropos of the Profession de Foi」(두 글은 본 전집 11권에 수록─편집자), 「경제주의 옹호자와의 대화A Talk With Defenders of Economism」(본 전집 14권에 수록─편집자). 경제주의를 이데올로기적으로 완전히 궤멸시킨 것이 레닌의 『무엇을 할 것인가?*What Is To Be Done?*』(본 전집 15권에 수록─편집자)다. 《이스크라》 또한 경제주의자들과의 투쟁에서 주요한 역할을 했다.─원서 편집자

정되었고 러시아에서는 자본주의가 승리했으므로 정치 혁명에 대해서는 거론할 필요가 없다는 것이다. 이런 논리로부터 다음과 같은 두 가지 중 하나의 실천적 결론이 뒤따랐다. 하나는 '노동자는 경제투쟁을, 자유주의자는 정치투쟁을!'인데, 이것은 우(右)로의 널뛰기다. 다른 하나는 '정치혁명 대신 사회주의적 변혁을 위한 총파업!'이다. 이 좌로의 널뛰기는 1890년대 말의 한 경제주의자가 쓴, 지금은 잊혀진 소책자[3]에 의해 대표되었다.

그런데 지금 새로운 경제주의가 태어나고 있다. 그 논리는

2   1860년대와 70년대에 러시아 혁명운동에서 등장한 소부르주아적 경향인 나로디즘(Narodism, 인민주의)의 지지자들. 나로드니키는 전제(專制) 타도를 내걸었고, 지주의 토지를 농민에게 이전할 것을 요구했다. 동시에 그들은 러시아에서 자본주의는 발전의 전망이 없는 일시적인 현상이라고 믿었다. 따라서 그들은 프롤레타리아트가 아니라 농민이 러시아에서 혁명의 주요 동력이라고 보았다. 그들은 촌락 공동체 미르(mir)를 사회주의의 맹아로 간주했다. 농민을 분기시켜 전제에 대항하는 투쟁으로 이끈다는 목적을 가지고 농촌으로 들어가는 '브나로드(인민 속으로)' 운동을 전개했지만, 전혀 지지를 받지 못했다.
     1880~90년대에 나로드니키는 차리즘과의 화해 정책을 취했고, 부농인 쿨락의 이익을 대변하면서 마르크스주의와 격렬한 투쟁을 벌였다.—원서 편집자

3   경제주의자 사닌(A. A. Sanin)의 소책자 『누가 정치 혁명을 수행할 것인가?』. 이 글은 처음 1899년에 우랄 사회민주주의자 그룹이 간행한 논집 『프롤레타리아 투쟁』 1권에 실렸다. 같은 해에 키에프 위원회에 의해 소책자로 발행되었다. 저자 사닌은 노동자계급의 독자적인 당 결성과 정치혁명의 필요를 부정했다. 그는 당면 과제로서 러시아의 사회주의적 변혁은 무장봉기가 아닌 총파업을 통해 실현될 수 있다고 주장했다.—원서 편집자

구 경제주의와 비슷하게 두 개의 널뛰기에 기초하고 있다. '우'로의 널뛰기 : 우리는 '자결권'에 반대한다(즉 피억압 민족의 해방에 반대하며, 병합에 반대하는 투쟁에 반대한다――아직 거기까지는 깊이 생각한 것이 아니거나, 명확히 언명하지는 않았거나다). '좌'로의 널뛰기 : 우리는 최소강령에 반대한다(즉 개량과 민주주의를 위한 투쟁에 반대한다). 사회주의 혁명과 '모순되기' 때문이다.

이 발생기에 있는 경향이 1915년 봄 베른 회의에 참석한 동지들 앞에 그 모습을 드러낸 지 이제 1년이 넘게 지났다. 당시에는 다행히도, 이러한 제국주의적 경제주의 사상을 회의 끝까지 내내 주장한 동지는 한 사람뿐이었다. 그 동지는 전원 반대에 부닥치자 이 사상을 특별 '테제'의 형태로 정식화하여 문서로 제출했다. 아무도 이 테제에 찬성하지 않았다.[4]

그후, 자결권에 반대하는 이 동지의 테제[5]에 다른 두 명[6]이 (이 문제가 위 '테제'의 일반적 방향과 불가분하게 연결되어 있다는 것을 의식하지 못한 채) 찬성했다. 그러나 1916년 2월, '네덜란드 강령'[7]이 출현하여 《국제사회주의위원회 회보》 3호에 실리면서 즉각 이 잠복해 있던 '오해'를 수면 위로 끌어냈고, 그 최초 '테제'의 필자로 하여금 그의 제국주의적 경제주의를――이번에도 전체로서 (단지 이른바 '부분적인' 일 문제에 대한 적용으로서가 아니라)――새삼 다시 꺼내들지 않을 수 없게 했다.

이 동지들에게 그들은 스스로 수렁에 빠졌고, 그들의 '사상'은 마르크스주의와도, 혁명적 사회민주주의와도 아무 관련이 없

다고 반복해서 경고하는 것이 절대적으로 필요하다. 문제를 더
이상 '그냥 내버려둘' 수가 없게 됐다. 그냥 내버려두는 것은 이

4   이 회의는 1915년 2월 14~9일(2월 27일-3월 4일)에 베른에서 열린 러
     시아 사회민주노동당 재외지부 회의를 말한다. 레닌의 발의로 소집된 이
     회의는 전쟁 중에 당 대회도, 전국 협의회도 열릴 수 없었던 조건에서
     당 총회의 성격을 띠었다.
     회의에는 러시아 사회민주노동당 중앙위원회 및 중앙기관지(《사회민주
     주의자》)와 사회민주주의 여성조직의 대표자들, 그리고 러시아 사회민
     주노동당의 파리, 취리히, 베른, 로잔, 제네바, 런던 등의 재외지부 대의
     원들이 출석했다. 보기(Baugy) 그룹은 참관 자격으로 출석했다. 레닌은
     중앙위원회와 중앙기관지를 대표해서 출석했다.
     주요 의제(전쟁과 당의 임무)를 제출한 레닌은 중앙위원회 선언 「전쟁과
     러시아 사회민주주의The War and Russian Social-Democracy」(본 전
     집 58권 『마르크스』에 수록—편집자)에서 제시한 명제들을 보다 상세히
     개진했다. 몽펠리에(Montpellier) 그룹 및 특히 보기 그룹이 상정한 결
     의안은 일부 당원들이 내란에 관한 레닌의 명제에 담긴 함의를 파악하
     지 못하고 있음을 드러냈다. 그들은 '자'국 정부 패배 슬로건에 반대하여
     자신들의 평화 슬로건을 제출하면서, 중앙파의 중도주의에 맞서 싸울
     필요와 그 중요성을 제대로 인식하지 못하고 있음을 드러냈다. 이 모든
     문제가 철저히 검토, 심의되어, 결국 레닌의 테제가 전원일치 찬성을 받
     았다. 부하린만이 끝까지 보기 그룹 결의안의 그릇된 견해들을 지지했
     고, 레닌이 정식화한 슬로건에 반대했다. 부하린은 민족자결권과 최소강
     령 요구 일반에도 반대 의사를 표하며, 그것이 사회주의 혁명과 '모순된
     다'고 주장했다. 그러나 아무도 회의에서 부하린을 지지하지 않았다.—
     원서 편집자
5   부하린의 테제 「자결 슬로건에 관하여」. 1915년 11월에 작성되어, 부하
     린, 퍄타코프, 보시의 연서명으로 《사회민주주의자》 편집국에 제출되었
     다.—원서 편집자
6   퍄타코프와 보시.—원서 편집자

데올로기적 혼란을 부추기고, 그 혼란을 얼버무림과 '사적' 분쟁과 끊임없는 '알력' 등과 같은 최악의 길로 유도하는 것이 될 뿐이다. 우리가 해야 할 일은, 제기된 문제를 숙고하고 철저히 규명할 의무가 있다는 것을 최대한 강하고 단호한 태도로 주장하는 것이다.

《사회민주주의자》[8] 편집국은 자결에 관한 테제[9](독일어로도 나와 있다. 《포어보테》[10] 2호에 전재되었다)에서 의도적으로 비개성적

---

7 「네덜란드 혁명적 사회주의자 동맹 및 사회민주노동당의 강령 초안」. 롤란트-홀스트와 비서 등의 서명으로 《국제사회주의위원회 회보》 3호 (1916년 2월 29일)에 발표되었다.
베른 소재 국제사회주의위원회의 회보는 1915년 9월 5~8일에 치머발트에서 열린 국제주의자들의 1차 사회주의자회의에서 창설된 국제사회주의위원회의 기관지다. 영어, 프랑스어, 독일어로 1917년 1월까지 6호가 나왔다.―원서 편집자

8 러시아 사회민주노동당 중앙기관지로서 비합법 신문이다. 1908년 2월부터 1917년 1월까지 발행됐으며 전부 58호가 나왔다. 첫호는 러시아 국내에서 나왔지만, 그후 출판소를 국외로 옮겨, 2호부터 32호(1909년 2월~1913년 12월)는 파리에서, 33~58호(1914년 11월~1917년 1월)는 제네바에서 발행했다. 1911년 12월부터 레닌이 편집했다. 레닌의 글 80여 편이 실렸다.
1차 세계대전 동안 《사회민주주의자》는 국제 기회주의와 민족주의와 배외주의에 대한 투쟁에서 두드러진 역할을 수행했다. 또한 노동자계급과 근로인민 일반을 각성시켜 제국주의 전쟁에 대한 투쟁과 차르 전제 및 자본주의에 대한 투쟁으로 떨쳐 일어서게 했다. 사회민주주의운동 내 국제주의적 세력을 통합하는 데서도 주요한 역할을 했다.―원서 편집자

9 레닌 주 「사회주의 혁명과 민족자결권The Socialist Revolution and the Right of Nations to Self-Determination」(본 전집 62권에 수록―편집자).

인 문체를 사용하여 그 문제를 아주 상세하게 다뤘다. 그 글은 개량을 위한 투쟁과 민주주의를 위한 투쟁의 문제, 정치적 측면을 무시하는 것을 용인할 수 없는 문제 등과 같은 **일반적 문제**와 자결의 문제가 결부되어 있음을 특히 강조했다. 최초 테제(제국주의적 경제주의)의 저자는 《사회민주의자》 편집국의 테제에 대한 논평에서 자신은 네덜란드 강령과 같은 의견임을 표명했으며, 그렇게 함으로써 자결 문제는 발생하고 있는 경향의 주창자들이 말하는 것처럼 '부분적인' 문제가 결코 아니라 일반적이고 기본적인 문제임을 스스로 분명하게 보여주었다.

1916년 2월 5~8일에 열린 국제사회주의위원회 베른 회의[11]에서 치머발트 좌파[12] 대표자들 앞에 네덜란드 강령이 제출되었다. 치머발트 좌파의 성원 중 단 한 명도, 심지어 라데크도 그 강령을 찬성하는 발언을 하지 않았다. 왜냐하면 그 강령은 '은행의 수탈', '무역관세의 철폐', '상원의 폐지' 등과 같은 조항을 난잡하게 결합시켜놓고 있기 때문이다. 치머발트 좌파의 대표자들 모두 전원일치로, 아무 논평 없이——실제로는 그저 어깨를 움츠리는 것으로——네덜란드 강령을 기각했다.

10 '선구자'라는 뜻. 치머발트 좌파의 이론기관지였다. 1916년 베른에서 발행됐으며 두 호만 나왔다. 공식 발행인은 롤란트 홀스트와 안톤 파네쿡(Anton Pannekoek)이었다. 레닌의 「기회주의와 제2인터내셔널의 붕괴 Opportunism, and the Collapse of the Second International」(본 전집 60권 『사회주의와 전쟁』에 수록—편집자)와 「사회주의 혁명과 민족자결권」이 실렸다.—원서 편집자

그러나 1915년 봄에 작성된 원래 테제의 필자는 그 강령을 워낙 좋아해서 다음과 같이 공언했다. "사실상 이것이 내가 말한(1915년 봄에 말한) 모든 것이다.""네덜란드인은 참으로 제대로 생각했다.""그들에게 경제적 측면은 은행과 대규모 생산〔기업〕의 수탈이고, 정치적 측면은 공화제 등이다. 완전히 옳다!"

그러나 실제로는 네덜란드인은 "제대로 생각"한 것이 아니라, 제대로 생각하지 못한 강령을 내놓았다. 최신의 참신함 속에 있는 바로 이 제대로 생각하지 않은 점에 손을 내밀 것이 있다는 게 우리 러시아가 슬퍼해야 할 일이다.

1915년 테제의 필자는 《사회민주주의자》 편집국이 제8절

II 이 회의에는 독일, 러시아, 이탈리아, 노르웨이, 오스트리아, 폴란드, 스위스, 불가리아, 루마니아와 그 밖의 몇 나라의 국제주의적 사회주의자들을 대표하여 22명이 참석했다. 회의의 구성은 좌파에 유리하게 세력 관계가 변화된 것을 보여준다. 첫 번째 치머발트 회의 때처럼 여전히 대표자 다수는 중앙파였지만 말이다.

이 회의는 모든 가맹 당 및 그룹들에게 보내는 호소문을 채택했다. 볼셰비키와 그 밖의 좌파 세력으로부터의 압력의 결과로 호소문에는 치머발트 좌파의 정책을 반영하는 수정 조항들이 포함되었다. 호소문은 사회주의자가 부르주아 정부에 입각하는 것을 규탄하고, 제국주의 전쟁에서의 '조국 방위' 슬로건과 전쟁공채 찬성을 비난했다. 또한 제국주의 전쟁에 대한 대중적인 혁명적 행동을 준비해야 함을 강조했다. 그러나 호소문은 사회배외주의 및 기회주의와의 단절을 요구하지 않는 등, 불철저했다. 레닌의 수정안 전부가 채택된 것이 아니었다. 치머발트 좌파는 호소문이 모든 면에서 만족스러운 것은 아니라고 생각하면서도 첫 번째 치머발트 회의의 결정과 비교할 때 한 걸음 전진한 것이라고 판단해 찬성표를 던졌다. —원서 편집자

('구체적 조치')에서 '스스로' '은행의 수탈'을 내걸고, 여기에 '즉
각'이라는 말 (플러스 '독재적 조치')까지 덧붙여서 모순에 빠졌다
고 믿고 있다. "그런데 베른에서 나는 바로 이것 때문에 얼마나
욕을 먹었던가!"라고 1915년 테제의 필자는 분개하여 외치며,
1915년 봄 베른에서의 논쟁을 상기시킨다.

그는 이 '대단치 않은' 일을 잊어버렸거나, 거기까지는 생
각이 미치지 못한 모양이다. 《사회민주주의자》편집국은 8절에

12 1915년 9월 치머발트에서 열린 국제 사회주의자 회의에서 레닌의 발의
로 결성. 러시아 사회민주노동당, 스웨덴, 노르웨이, 스위스, 독일의 좌익
사회민주주의자, 폴란드 사회민주당 반대파, 라트비아 사회민주주의자
를 대표하는 8명의 회의 파견자들로 구성되었다. 레닌의 주도로 치머발
트 좌파는 치머발트 회의의 다수파인 중앙파에 맞서 싸웠다. 좌파의 결
의 초안과 선언 초안은 전쟁을 규탄했고, 사회배외주의자의 배반 행위
를 폭로했으며, 전쟁에 대항하여 능동적으로 투쟁해야 한다고 강조했다.
다수파인 중앙파는 이를 거부했다. 그러나 치머발트 좌파는 자신의 초
안에 있던 일련의 중요한 항목들을 회의가 채택한 선언문에 포함시키는
데 성공했다. 좌파는 선언문을 제국주의 전쟁에 대한 투쟁에서의 첫걸
음으로 간주하여 그것에 찬성 투표를 했지만, 특별 성명을 통해 그것의
불충분함과 불철저함을 지적했다. 동시에 치머발트 운동의 일부로 남아
있을 것이며, 남아 있는 동안 계속해서 자신의 견해를 전파하고 독자적
인 활동을 국제적으로 수행할 것임을 밝혔다. 치머발트 좌파의 사무국
에 레닌, 지노비예프, 라데크가 선출되었다. 기관지로 《포어보테》를 발행
했다.
볼셰비키는 일관된 국제주의적 입장을 취한 유일한 세력으로서 치머발
트 좌파에서 주도적인 역할을 했다. 레닌은 라데크의 기회주의적 동요와
싸웠고, 좌파의 다른 성원들의 오류를 비판했다.
치머발트 좌파는 전세계 사회민주주의운동 내 국제주의적 분자들을 결
집시키는 거점이 되었다.—원서 편집자

서 분명히 두 가지 경우를 구분하여 검토하고 있다. 하나는 사회주의 혁명이 시작된 경우다. 이 경우에는 '은행의 즉각 수탈' 등이 언급되고 있다. 다른 하나는 사회주의 혁명이 시작되지 않은 경우인데, 그때는 이렇게 훌륭한 것을 이야기하는 것은 나중으로 미루어야 할 것이다.

현재는 위에서 말한 의미의 사회주의 혁명이 시작되지 않은 것이 분명하므로 네덜란드 강령은 사리에 맞지 않는다. 그런데 테제의 필자는 정치적 요구('상원의 폐지' 같은?)를 '사회 혁명의 정치적 정식(定式)'으로 전환시키는 자신의 기존 오류로 되돌아감으로써(그는 항상 같은 지점에서 미끄러진다!) 문제를 '심오하게' 만든다.

그는 만 1년 동안이나 제자리걸음을 하다가 자신의 옛 오류로 되돌아간 것이다. 여기에 그의 불행의 '근원'이 있다. 그는 제국주의의 도래를 개량 및 민주주의를 위한 투쟁과 어떻게 연결시킬 것인가의 문제를 풀 수 없다. 과거에 경제주의가 자본주의의 도래를 민주주의를 위한 투쟁과 연결시킬 수 없었던 것처럼 말이다.

이로부터, 제국주의하에서의 민주주의적 요구의 '실현 불가능'이라고 하는 완전한 혼란이 생겨난 것이다.

이로부터, 언제나처럼, 오늘 지금의, 즉각 해야 할 정치투쟁을 무시하는——마르크스주의자에게는 허용될 수 없는(《라보차야 미슬Rabochaya Mysl》[13] 파의 경제주의자에게만 시의에 맞는) 것이지만——결과가 생겨난 것이다.

이로부터, 제국주의의 승인에서 제국주의의 **변호**로 '미끄러지는'(과거에 경제주의자가 자본주의의 승인에서 자본주의의 변호로 미끄러진 것처럼) 완고한 버릇이 생겨난 것이다.

기타 등등.

1915년 테제 필자가 자결에 관한《사회민주주의자》편집국의 테제를 비판하면서 범한 오류를 하나하나 다 검토하는 것은 불가능한데, 왜냐하면 어느 문구 하나 옳은 게 없기 때문이다! 제국주의적 경제주의의 주창자들이 만 1년이나 제자리걸음을 하느라 시간을 보낸 이상, 그리고 그들이 정치적 문제를 진지하게 대하고자 한다면 마땅히 자신의 필수적인 당 의무——그들이 '우리의 차이'라고 칭했던 것에 대해 깊이 생각해보고 세세히 밝히는 것——에 신경을 써야 함에도 불구하고 그것을 완강히 거부하고 있는 이상, 그 '비판'에 답하여 소책자든 책이든 쓰는 것은 가능하지 않다.

따라서 나는 필자가 자신의 기본적인 오류를 어떻게 적용하고 있는지, 또는 그것을 어떻게 '보완'하고 있는지에 대해서만 간단히 지적하겠다.

13 '노동자의 사상'이라는 뜻. 1897년 10월부터 1902년 12월까지 러시아에서 한 경제주의자 그룹이 발행한 신문. 레닌은 『무엇을 할 것인가?』에서 이 신문을 러시아판 국제 기회주의의의 대표자라고 비판했다.— 원서 편집자

그는 내가 자기모순에 빠졌다고 믿고 있다. 내가 1914년에는 (《프로스베슈체니에Prosveshcheniye》[14]에서) "서유럽 사회주의자의 강령들 속에서"[15] 자결을 찾는 것은 터무니없는 것이라고 썼으면서, 1916년에는 자결이 특히 긴요하다고 공언했기 때문이다.

그는 이들 '강령'이 1875년, 1880년, 1891년에 씌어진 것[16]임을 생각해보지도 못한 것이다!!

14 '계몽'이라는 뜻. 볼셰비키의 합법 잡지(월간 이론지). 1911년 12월부터 1914년 6월까지 페테르부르크에서 발행됐다. 배포부수가 5천 부에 달했다. 레닌은 파리에 있을 때, 그리고 나중에는 크라코프와 포로닌에 거주할 때 이 잡지를 지도했고, 잡지에 실리는 글들을 편집하면서 정기적으로 잡지 편집부 성원들과 서신을 주고받았다. 《프로스베슈체니에》에 발표된 레닌의 글들로는 다음과 같은 것들이 있다. 「선거 캠페인의 기본적인 문제들Fundamental Problems of the Election Campaign」(본 전집 47권에 수록—편집자), 「마르크스주의의 세 가지 원천과 세 가지 구성 요소The Three Sources and Three Component Parts of Marxism」(본 전집 52권에 수록—편집자), 「민족 문제에 대한 비판적 각서Critical Remarks on the National Question」(본 전집 54권에 수록—편집자), 「민족자결권」, 「통일을 소리치는 것에 의해 은폐된 통일의 파괴Disruption of Unity Concealed by Shouts for Unity」(본 전집 56권에 수록—편집자), 「노동자에 대한 부르주아 지식인의 투쟁 방법 The Methods of Struggle of the Bourgeois Intellectuals Against the Workers」(본 전집 57권에 수록—편집자).—원서 편집자

15 레닌 주 「민족자결권The Right of Nations to Self-Determination」(본 전집 57권에 수록—편집자) 참조.

16 여기서 말하는 강령들은 프랑스 노동당의 1880년 강령, 독일 사회민주당의 1875년 고타 강령과 1891년 에어푸르트 강령을 말한다.—원서 편집자

이제 그의 반론(자결에 관한 《사회민주주의자》 편집국 테제에 대한)을 각 절(節)별로 다뤄보자.

1절. 정치적 문제를 찾아내서 제기하는 것에 대한 예의 '경제주의적' 거부. 사회주의는 정치적 영역에서의 민족적 억압의 철폐를 위한 경제적 토대를 만들어내므로, 그 이유로 우리의 필자는 이 영역에서의 우리의 정치적 임무를 정식화하는 것을 거부한다! 참으로 터무니없다!

승리한 프롤레타리아트는 타국의 부르주아지와의 전쟁을 부정하지 않으므로, 그 이유로 필자는 민족적 억압과 관련한 우리의 정치적 임무를 정식화하는 것을 거부한다!! 하나같이 마르크스주의와 논리를 완전히 훼손하는 예들이다. 또는 제국주의적 경제주의의 근본 오류의 논리가 표현된 것이라고 해도 좋다.

2절. 자결의 반대자들은 '실현 불가능'이라는 것을 꺼내서 헤어나올 길 없이 혼란에 빠져버렸다.

《사회민주주의자》 편집국은 실현 불가능이라는 것에는 두 가지 해석이 가능하다는 것을, 그리고 이 두 경우 모두에서 자결의 반대자들이 어떤 오류를 범하고 있는지를 그들에게 설명하고 있다.

그런데 1915년 테제의 필자는 '실현 불가능'이라는 것을 자신이 어떻게 이해하고 있는지 명확히 하려고도 하지 않고서, 여기서는 두 가지 서로 다른 것이 혼란스럽게 뒤섞여 있다는 우리의 설명을 받아들이면서도 한사코 이 혼란을 고수하고 있는 것이다!!

그는 공황을 '제국주의적' '정치'와 결부시키고 있다. 우리의 경제학 전문가는 공황이 제국주의 전에도 있었다는 것을 잊은 것이다.

자결이 경제적으로 실현 불가능하다고 주장하는 것은 문제를 혼란스럽게 만드는 것이라고 편집국은 설명하고 있다. 필자는 여기에 대답하지도 않고 있고, 자신은 자결을 경제적으로 실현 불가능한 것으로 보고 있다고 밝히지도 않는다. 정치적으로는 공화제도, 자결과 똑같이 제국주의하에서는 '실현 불가능'하다고 더할 나위 없이 분명하게 그를 향해 말해주었음에도 불구하고 그는 논쟁의 대상이 된 입장을 버리고 정치로 건너뛰고 있다('그래도' 그것은 실현 불가능하지만).

여기서 코너에 몰린 필자는 다시 한 번 '건너뛴다'. 그는 공화제도, 최소강령 전체도 '사회 혁명의 정치적 정식'으로서만 승인한다!!

그는 자결이 '경제적'으로 실현 불가능하다는 것을 옹호하길 단념하고, 정치로 건너뛰어버린다. 그는 정치적으로 실현 불가능하다는 것을 최소강령 전체의 문제로 몰고 간다. 여기에는 또다시, 제국주의적 경제주의의 논리 외에는 티끌만큼의 마르크스주의도, 티끌만큼의 논리도 없다.

필자는 (스스로는 생각하지 않으며, 자신의 강령을 작성하는 노력은 없이, 무엇 하나 정리된 것을 내놓지 않은 채) 사회민주당 최소강령을 슬그머니 내버리길 원한다!!

카우츠키주의와의 투쟁이라는 문제는, 이것 또한 부분적인 문제가 아니라, 오늘날의 **일반적·기본적** 문제다. 필자는 이 투쟁을 이해하지 못한다. 경제주의자들이 나로드니키와의 투쟁을 자본주의에 대한 변호로 전환시킨 것처럼 필자는 카우츠키주의와의 투쟁을 제국주의에 대한 변호로 전환시켰다(이것은 3절에도 적용된다).

카우츠키주의자들의 오류는 그들이, 혁명적 방식으로밖에는 제출될 수 없는, 그와 같은 요구들을——그것도 그와 같은 혁명적 시기에——개량주의적인 방식으로 제출한다는 데 있다(그러나 필자는 카우츠키주의자들의 오류가 이러한 요구들을 모두 함께 제출한 데 있다는 입장으로 빠져든다. 경제주의자들이 '전제 타도' 슬로건은 나로드니키주의다라는 의미로 나로드니키주의와의 투쟁을 '이해'했던 것처럼 말이다).

카우츠키주의의 오류는, **올바른** 민주주의적 요구들을 앞으로, 사회 혁명 쪽으로 향하도록 하는 것이 아니라, 뒤로, 평화로운 자본주의 쪽으로 향하도록 한다는 데 있다.(그러나 필자는 이 요구들 자체를 올바르지 않은 것으로 간주하는 입장으로 빠져든다.)

3절. 위를 참조. '연방제' 문제도, 필자는 **똑같이** 건너뛴다. 동일한 구 경제주의 동일한 구 근본 오류. 즉 **정치적 문제**를 제기하는 데 무능력하다.[7]

4절. "자결이라는 것에서 조국 방위가 생겨 나온다." 필자는 완강하게 되뇌고 있다. 여기서 그의 오류는 그가 조국 방위에 대한 부정(否定)을 집단의 암구호(shibboleth) 같은 것으로 변모시켜버렸다는 데 있다. 그는 조국 방위 부정을 주어진 전쟁의 구체 역사적 특수성으로부터 끌어내지 않고, '일반적으로' 그것을 적용한다. 이것은 마르크스주의가 아니다.

이것은 이미 오래전에 필자에게 했던 말인데 그는 이에 대해 논박하지 못했다. 과연, 민족적 억압 또는 민족적 불평등에 대한 투쟁의 정식(定式)으로, '조국 방위'를 정당화하지 않는 정식이 있는지 생각해내보라. 당신은 그와 같은 정식을 만들어낼 수 없으며, 필자는 이에 도전한 적도 없다.

이것이 민족적 억압에 대한 투쟁에 반대한다는 것을 의미하는가? (민족적 억압에 대한 투쟁에는 조국 방위의 의미가 담겨 있는 것으로 해석이 가능한데도 말이다.)

아니다. 왜냐하면 우리는 '조국 방위' '일반'에 반대하는 것이 아니라(우리 당의 결의[18]를 보라), 이 기만적인 슬로건으로 현

---

17 레닌 주 "우리는 국가 해체를 두려워하지 않는다." "우리는 국경을 방어하지 않는다." 필자는 이렇게 썼다. 그럼 시험 삼아 여기에 정확한 정치적 정식화를 부여해보자!! 당신에게는 그것이 가능하지 않다는 것, 여기에 문제의 핵심이 있다. 정치적 민주주의 문제에 대한 경제주의적 맹목이 당신을 방해하고 있는 것이다.

18 레닌 주 「러시아 사회민주노동당 재외지부 회의The Conference of the R.S.D.L.P. Groups Abroad」(본 전집 59권 『제2인터내셔널의 붕괴』에 수록—편집자) 참조.

제국주의 전쟁을 미화하는 것에 반대하기 때문이다.

필자는 '조국 방위' 문제를 기본적으로 그릇된, 비역사적인 방식으로 제기하고 싶어한다(그러나 그에게는 그것이 가능하지 않다. 만 1년이나 해봤지만 제자리걸음이었다).

그가 말하는 '이원론'이라는 것을 보면, 그가 일원론과 이원론의 차이를 이해하지 못하고 있음을 알 수 있다.

만약 구둣솔과 포유동물을 '하나로 묶으'면, 그것은 '일원론'일까?

만약 목표 a에 이르기 위해,

$$ⓒ \longrightarrow a \longleftarrow ⓑ$$

ⓑ점으로부터 좌측으로, ⓒ점으로부터 우측으로 나아가야 한다면, 그것은 '이원론'일까?

민족적 억압과 관련하여, 억압 민족에게서나 피억압 민족에게서나 프롤레타리아트의 입장은 동일한가? 아니다. 입장이 동일하지 않다. 경제적으로, 정치적으로, 이데올로기적으로, 정신적으로, 그 밖의 등등으로 동일하지 않다.

그러므로?

그러므로 동일한 목표(민족들의 융합)를 향해 서로 다른 출발점으로부터 누구는 이 길로, 다른 누구는 저 길로 갈 것이다. 이것을 부정하는 것은 구둣솔과 포유동물을 하나로 묶는 '일원론'이다.

"피억압 민족의 프롤레타리아에게 이렇게 말하는 것(즉 자결 찬성을 권고하는 것)은 적절하지 않다." 이것이 필자가 편집국 테제를 '해석'하는 방식이다.

희한하다!! 테제에는 전혀 그런 말이라곤 없다. 필자는 테제를 끝까지 읽지 않았거나, 아니면 그에 대해 전혀 생각해보지 않은 것이다.

5절. 위의 카우츠키주의에 대한 언급을 보라.

6절. 필자는 세계의 나라들 가운데 세 가지 유형이 있다는 이야기를 듣는다. 그는 '특수 사례'를 들어 '반박'한다. 이것은 궤변론이지 정치가 아니다.

당신은 구체적인 '사례'를 원한다. '벨기에는 어떤가?'

레닌과 지노비예프가 함께 쓴 소책자[19]를 보라. 거기에는 이 구체적인 전쟁이 지금과는 다른 것이라면, 우리는 벨기에의 방어(전쟁에 의해서라도)에 찬성할 것이라고 적혀 있다.[20]

당신은 여기에 동의하지 않는가?

동의한다면, 말해주기 바란다!!

당신은 왜 사회민주주의자가 '조국 방위'에 반대하는지의 문제를 숙고해보지 않았다.

---

19 「사회주의와 전쟁Socialism and War」(본 전집 60권 『사회주의와 전쟁』에 수록—편집자)을 뜻한다.—원서 편집자

20 레닌 주 「사회주의와 전쟁」 참조.

우리가 '조국 방위'에 반대하는 것은 당신이 믿고 있는 이유 때문이 아니다. 당신의 문제 제기(진정한 제기가 아니라 제자리걸음)는 비역사적이다. 이것이 필자에 대한 나의 답변이다.

민족적 억압을 타도하기 위한 전쟁을 시인하면서, 교전국 쌍방 모두 민족적 억압을 강화하기 위해 벌이고 있는 현 제국주의 전쟁을 시인하지는 않는다는 것은 '궤변'일 뿐이라고 필자는 말한다. 이것은 '강한' 단어는 쓰지만, 조금도 문제를 생각해보지 않고 있다는 것을 의미한다.

필자로서는 '조국 방위' 문제를 '보다 좌익적으로' 제기하고 싶어하지만, 결과는 (벌써 만 1년 동안이나) 완전한 혼란이다!

7절. 필자는 이렇게 비판한다. "'강화 조건' 문제는 전혀 다루어지지 않고 있다."

이상한 비판이다. 우리가 제기도 하지 않은 문제를 다루는 데 실패했다니!!

"다루어"지고 토론된 것은, 제국주의적 경제주의자들이——이번에는 네덜란드인 및 라데크와 함께——완전히 혼동에 빠져 있는 **병합** 문제다.

당신은 신구(新舊) 병합 반대라는 당면 슬로건(식민지에서도, 유럽에서도 제국주의하에서는 자결에 못지않게 '실현 불가능'한 슬로건)을 부정하든가, 아니면 그 슬로건을 인정하든가(라데크가 출판물에서 했듯이)다. 전자의 경우라면 당신의 제국주의 변호론은 은폐된 변호론에서 공공연한 변호론으로 넘어가는 것이다.

후자의 경우라면 당신은 민족자결을 다른 이름으로 인정하는 것이다!!

8절. 필자는 '서유럽적 규모로의 볼셰비즘'("여러분의 입장이 아니다"라고 그는 덧붙인다)을 선언하고 있다.

나는 '볼셰비즘'이라는 말에 집착하는 이런 욕망에 아무 의의도 두지 않는다. 왜냐하면 나는 신(神)이여, 그들로부터 우리를 구하소서라고 말하고 싶은 그런 '고참 볼셰비키들'을 알고 있기 때문이다. 내가 말할 수 있는 것은, 필자가 선언한 '서유럽적 규모의 볼셰비즘'은 볼셰비즘도, 마르크스주의도 아닌——나는 깊이 확신한다——동일한 구 경제주의의 B급 변종이라는 것이다.

내 생각으로는, 새로운 볼셰비즘을 선언하면서 만 1년 동안이나 선언 외에는 아무것도 하지 않았다는 것은 극히 참기 어려우며 경박하기 짝이 없는 비(非)당적인 것이다. 문제를 숙고하여 그 '서유럽적 규모의 볼셰비즘'을 조리 있게, 짜임새 있게 기술한 무언가를 동지들에게 제시해야 할 때가 아닌가?

식민지와 유럽의 피억압 민족의 차이를, 필자는 (이 문제에 적용하여) 증명하지 않았고, 앞으로도 증명하지 못할 것이다.

네덜란드인과 폴란드 사회민주당이 자결을 부정하는 것은 혼란의 결과일 뿐 아니라, 혼란이라기보다는 차라리——왜냐

하면 호르터르도, 폴란드인의 치머발트 성명[21]도 사실상 자결
을 인정하고 있기 때문에──그들의 민족이 점한 특수한 지위
(수백 년의 오랜 전통과 스스로 대국이라는 자부심을 가진 약소국)의 결
과다.

인민을 속이는 민족주의적 부르주아지와의 수십 년에 걸친
투쟁 속에서 생성된 것, 타민족에게서 생성된 것을 기계적으
로, 무비판적으로 모방하고 되뇌는 것은 생각 없는 순진함의
극치다. 우리의 제국주의적 경제주의자들은 바로 이 흉내 내서
는 안 되는 것을 흉내 내고 있는 사람들이다.

| 1916년 8~9월에 집필

1929년《볼셰비키*Bolshevik*》15호에 처음으로 발표

---

21 '1915년 치머발트 회의에서의 폴란드 사회민주주의자 대표단의 성명'을
가리킨다. 이 성명은 "폴란드 지방을, 미래에 배상을 둘러싼 교섭에서의
담보물로 간주하여, 폴란드 인민이 스스로 자신의 운명을 결정할 기회
를 박탈하고 있는" 차르 정부와 독일 및 오스트리아 정부의 억압적 정책
에 대한 항의를 표하고 있다. 성명은 또 이렇게 밝히고 있다. "그리고 이
억압적 정책은 대중을 살육장으로 내보내면서 동시에 향후 수 세대 동
안의 민족들의 운명을 자의적으로 정하고 있는 자본가 정부들의 정책의
바로 그 본질을 지극히 역겹게 드러내고 있다." "오직 사회주의를 위한
국제적인 혁명적 프롤레타리아트의 임박한 투쟁에──민족적 억압의 족
쇄를 깨고, 그 어떤 형태든 외세의 지배를 분쇄할 투쟁에──참가하는
것에서만 폴란드 인민에게도 민족들의 연합의 대등한 성원으로서 전면
적으로 발전할 기회가 보장될 것임을 폴란드 사회민주주의자는 확신하
는 바다."─원서 편집자

키엡스키에게 보내는 회답

이 글은 Y. L. 퍄타코프(P. 키엡스키)의 글 「금융자본 시대의 프롤레타리아트와 '민족자결권'」(1916년 8월)에 대한 답변으로 쓴 것이다. 이 글의 원고에는 '자결에 관한 키엡스키의 논문과 레닌의 회답'이라는 레닌의 여백 주가 달려 있다. 두 글 모두 《스보르니크 소치알 데모크라타》 3호에 수록될 예정이었다. 얼마 뒤에 레닌은 키엡스키에 대한 회답으로 「맑시즘의 희화와 제국주의적 경제주의」(이 책에 수록―편집자)라는 또 하나의 글을 썼다. 그러나 재정상의 어려움으로 인해 《스보르니크 소치알 데모크라타》 3호는 발간되지 못했고, 레닌의 이 글도 인쇄되지 못했다. 하지만 이 글은 해외에 거주하는 볼셰비키와 많은 좌익 사회민주주의자들에게 초고 상태로 널리 알려졌다.―원서 편집자 전쟁은, 한 사람의 인생이나 민족의 역사에서 일어나는 모든 위기가 그렇듯이 어떤 사람들은 억누르고 망가뜨리지만 어떤 사람들은 단련시키고 계몽한다.

이 진리는 전쟁에 대한, 전쟁과 관련한 사회민주주의적 사고에 있어서도 뚜렷이 나타나고 있다. 고도로 발달한 자본주의에서 비롯한 제국주의 전쟁의 원인과 의의, 그 전쟁과 관련한 사회민주주의적 전술, 사회민주주의운동 내 위기의 원인 등을 근본적으로 사고하는 것과, 전쟁 때문에 사고가 억눌리고 전쟁의 끔찍한 인상과 고통스러운 결과나 양상의 무게에 짓눌려 판단과 분석을 중단하는 것은 전혀 다르다.

전쟁으로 인해 인간의 사고가 **억눌리거나 짓밟힌** 하나의 형태는 민주주의에 대해 제국주의적 경제주의가 취하고 있는 경멸적인 태도다. P. 키엡스키는 전쟁이 불러일으킨 이런 억눌림, 두려움, 분석에 대한 거부가 한 가닥 붉은 실처럼 그의 논리 전체를 관통하고 있다는 것을 깨닫지 못한다. 우리가 이토록 끔찍한 대학살의 한가운데에 있는 마당에 조국 방위에 대해 논하는 것이 무슨 의미가 있는가? 도처에서 대놓고 교살이 자행되고 있는 마당에 민족들의 권리를 논하는 것이 무슨 의미가 있는가? 민족의 자결과 '독립', 그 자결과 독립이 '독립국' 그리스에서 무엇을 이루어놓았는지를 보라! 군국주의자들의 이익을 위해 도처에서 권리들이 유린당하고 있는 마당에 '권리'에 대해 말하고 생각하는 것이 무슨 소용이 있는가! 가장 민주주의적인 공화제와 가장 반동적인 군주제 사이에 조금의 차이도 없는 마당에, 전쟁이 차이의 흔적마저도 지워버린 마당에 공화제에 대해 말하고 생각하는 것이 무슨 의미가 있는가!

키엡스키는 자신이 민주주의 일반을 거부할 정도로 두려움에 깊이 굴복했다는 지적을 받으면 몹시 화를 낸다. 그는 분노하며 다음과 같이 반박한다. 나는 민주주의를 반대하는 것이 아니라, 단지 내가 '나쁘다'고 생각하는 하나의 민주주의적 요구만 반대할 뿐이다. 그러나 키엡스키가 기분 나빠하는 것이나 그가 자신은 결코 민주주의를 '반대하지' 않는다고 우리를(그리고 아마 자신 자신을) '설득'하는 것과는 상관 없이, 그의 논리는──아니, 보다 정확히 말해 그의 논리의 끝없는 오류들은──정반대의 것을 증명한다.

조국 방위는 제국주의 전쟁에서는 거짓말이지만, 민주주의적 전쟁과 혁명적 전쟁에서는 거짓말이 아니다. '권리'에 대해 떠드는 모든 얘기들이 전쟁 중에 터무니없어 보이는 것은 하나같이 모든 전쟁이 직접적이고 노골적인 폭력으로 권리를 대체하기 때문이다. 그러나 이 사실 때문에 우리가 역사상 과거에 다음과 같은 전쟁도 있었다(그리고 미래에도 아주 있을 법하고, 또 있어야만 한다)는 것을 잊어서는 안 된다. 모든 종류의 '권리'와 모든 종류의 민주주의를 전시의 폭력으로 대체해 놓았지만, 그럼에도 불구하고 그 사회적 내용과 함의에서는 민주주의를 따른, 따라서 사회주의의 대의에 봉사한 전쟁들(민주주의적 전쟁과 혁명적 전쟁) 말이다. 그리스의 사례는 언뜻 보면 모든 민족자결을 '뒤집는' 듯이 보인다. 그러나 멈춰 서서 문제를 생각하고 분석하고 신중히 고려한다면, 들리는 말들에 귀를 막고 스스로 외면하며 악몽 같은 전쟁의 인상으로 인해 두려움에 빠져 위축되거나 하지 않는다면, 이 사례는 공화제에 대한 조소와 마찬가지로, 즉 '민주주의적'인, 가장 민주주의적인 공화국이——프랑스뿐만 아니라 미국, 포르투갈, 스위스도—— 이 전쟁 중에 러시아와 똑같은 군국주의적 폭정을 이미 도입했거나 도입하고 있다는 이유로 공화제를 조소하는 것과 마찬가지로, 진지하지도 않고 설득력도 없다는 것을 알게 될 수밖에 없다.

제국주의 전쟁이 공화제와 군주제 사이의 차이를 지워버린다는 것은 사실이다. 그러나 그로 인해 공화제를 거부하거나 심지어 경멸하는 태도를 취하는 것은 전쟁으로 인한 두려움에 빠지는 것이며, 전쟁에 대한 공포로 자신의 사고를 위축시키는 것이다. 바로 이것이 '군비철폐' 슬로건의 많은 지지자들(롤

란트-홀스트〔Henriette Roland-Holst〕, 스위스의 청년 사회민주주의자
들, 스칸디나비아 '좌파' 등)¹의 심리적 상태다. 그들은 넌지시 묻는
다. 이 전쟁에서 공화제의 민병과 군주제의 상비군 사이에 아
무 차이가 없는 마당에, 그리고 군국주의가 도처에서 무시무시
한 작업을 벌여나가고 있는 마당에 군대나 민병의 혁명적 이용
을 논하는 것이 무슨 소용이 있는가?

이것은 모두 하나의 사고 트렌드이며, 키엡스키가 매번 자
신도 모르는 사이에 저지르는 하나의 동일한 이론적·실천적
정치 오류다. 그는 자신이 자결에만 반대하여 논쟁하고 있는

I   네덜란드의 좌파 사회민주당 당원인 헨리에테 롤란트-홀스트가 쓴 「민
    병이냐, 군비철폐냐?」는 '군비철폐' 슬로건을 지지하는 대표적인 글이다.
    이 글은 스위스의 사회민주주의 잡지 《노이에스 레벤Neues Leben》('새
    생활'이라는 뜻의 이름) 10호, 11호(1915년 10월, 11월)와 12호(1915년
    12월)에 실렸다.
    레닌이 스위스의 청년 사회민주주의자들이라고 지칭한 대상은 스위스
    에서 발행된 국제 사회주의 청년 조직 연합의 기관지 《유겐트 인터나치
    오날레Jugend-Internationale》를 주로 염두에 둔 것이다. 《유겐트 인터나
    치오날레》는 스위스 사회민주당의 좌파 세력을 대변했다. 이 잡지 3호에
    사설 「인민군이냐 군비철폐냐?」가 실렸다.
    이 문제에 대한 스칸디나비아(스웨덴과 노르웨이) 좌파 사회민주주의자
    들의 태도는, 카를 킬봄(Karl Kilbom)의 글 「스웨덴 사회민주주의와 세
    계 전쟁」과 아르비드 한센(Arvid Hansen)의 글 「현 시기 노르웨이 노
    동운동의 몇 가지 측면」에 제시되어 있다. 두 글 모두 《스보르니크 소치
    알 데모크라타》 2호에 실렸다.
    레닌은 「프롤레타리아 혁명의 군사 강령」과 「'군비철폐' 슬로건에 대하
    여」(두 편 모두 이 책에 수록—편집자)에서 '군비철폐' 슬로건에 대해 논
    했다.—원서 편집자

것이라고 생각한다. 그는 자결에만 반대하여 논쟁하는 것을 원한다. 그러나 그가 제시한 논거들 가운데에는 동일한 이유에서 민주주의 일반에 반대할 때 제시되지 못할 논거가 단 하나도 없다(참으로 기이하게도, 그의 의지와 의식에 반하여 결과는 이렇게 나왔다)!

그의 모든 기이한 논리적 오류와 혼동——그런데 이것은 자결뿐만 아니라 조국 방위, 이혼, '권리' 일반에도 적용된다——의 진정한 근원은 전쟁이 그의 사고를 억누른 데 있다. 전쟁이 그로 하여금 민주주의에 관한 마르크스주의적 입장을 완전히 왜곡하도록 한 것이다.

제국주의는 고도로 발달한 자본주의다. 제국주의는 진보적이며, 제국주의는 민주주의의 부정이다. '그러므로' 민주주의는 자본주의에서는 '실현 불가능'하다. 제국주의 전쟁은 뒤떨어진 군주제에서든 앞서나가는 공화제에서든 모든 민주주의를 극심하게 파괴한다. '그러므로' '권리'(즉 민주주의!)에 대해 이야기하는 것은 아무 의미가 없다. 제국주의 전쟁에 '대당(對當)'할 수 있는 것은 '단지' 사회주의뿐이다. '출구'는 사회주의밖에 없다. '그러므로' 우리의 최소강령 속의 민주주의적 슬로건들을 내거는 것은, 즉 자본주의하에서 이 슬로건들을 내거는 것은 사기 또는 환상이거나, 사회주의 혁명 슬로건을 모호하게 하거나 뒤로 미루는 것이다.

키옙스키가 깨닫지 못하고 있다 할지라도, 바로 이것이 그의 모든 불행의 진정한 근원이다. 바로 이것이 그의 기본적인 논리상의 오류다. 이 오류는 그것이 기본적인 것인데다 저자가 깨닫지 못하고 있기 때문에 펑크 난 자전거 타이어처럼 매 걸음마다 '터져나온다.' 이때는 조국 방위 문제에서, 저때는 이혼 문제에서, 또 이때는 '권리'에 대한 언급 가운데에서, '권리'가 문제가 아니라 해묵은 노예 제도의 파괴가 문제라고 하는 멋진 ('권리'에 대한 심한 경멸로나, 문제를 이해하지 못하는 심한 무능력으로나 어느 모로나 멋진) 언사 속에서 그 오류는 '뜻하지 않게 튀어나오는' 것이다!

이와 같은 언사는 그가 자본주의와 민주주의의 관계, 사회주의와 민주주의의 관계를 이해하지 못하고 있음을 보여준다.

일반적으로 자본주의는, 특히 제국주의는 민주주의를 환상으로 만든다. 그럼에도 동시에 자본주의는 대중들 사이에서 민주주의적 열망을 낳고, 민주주의적 제도를 만들어내며, 제국주의의 민주주의 부정과 대중의 민주주의 지향 사이의 적대를 격화시킨다. 제국주의와 자본주의는 오직 경제적 혁명에 의해서만 타도될 수 있지, 그것이 가장 '이상적인' 것일지라도 민주주의적 개조로는 타도될 수 없다. 그러나 민주주의를 위한 투쟁에서 훈련되지 않은 프롤레타리아트는 경제적 혁명을 수행할 능력이 없다. 은행을 접수하지 않고서, 생산수단의 사적소유를 폐지하지 않고서 자본주의를 완전히 때려눕히는 것은 불가능하다. 그러나 이러한 혁명적 조치들은, 부르주아지로부터 빼앗은 생산수단을 민주주의적으로 관리하기 위해 전체 인민을 조직하지 않고서는, 그리고 전체 근로인민 대중, 즉 프롤레타리아·반(半)프롤레타리아와 소농민을 끌어들여서 그들의 대열, 그들의 힘, 그들의 국가 업무에의 참가를 민주주의적으로 조직하지 않고서는 실행될 수 없다. 제국주의 전쟁은 3중의 의미에서 민주주의에 대한 부정이다(a. 모든 전쟁은 '권리'를 폭력으로 대체한다. b. 제국주의 자체가 민주주의의 부정이다. c. 제국주의 전쟁은 공화제를 군주제와 아무 차이 없게 만들어버린다). 그러나 제국주의에 대한 사회주의적 반항의 각성과 성장은, 민주주의적 저항과 소요의 고조와 뗄 수 없이 연결되어 있다. 사회주의는 모든 국가의 사멸을, 따라서 또한 모든 민주주의의 사멸을 가져오지만, 사회주의는 오직 프롤레타리아트의 독재를 통해서만 실행될 수 있다. 프롤레타리아트 독재는 주민 가운데 소수인 부르주아지에 대한 폭력과 민주주의의 **완전한** 발전——즉 전체 주민 대중이 모든 국가 업무와 자본주의를 폐지하는 모든 복잡한 문제에 진실로 동등하게, 진실로 전면적으로 참가하는 것——을 결합시키는 것이다.

민주주의에 관한 마르크스주의적 교의를 잊어버린 키엡스키가 스스로를 혼란에 빠뜨린 것은 바로 이들 '모순'에서다. 비유적으로 말한다면, 전쟁이 그의 사고력을 너무 억누른 나머지, 그는 '제국주의를 포기하라'라는 선동적 외침으로 모든 사고하는 노력을 대체해버린다. '식민지에서 손을 떼라'라는 외침으로, 문명 민족이 경제적·정치적으로 '식민지에서 손을 떼는' 것이 무엇을 의미하는지에 대한 분석을 대체해버린 것처럼 말이다.

민주주의 문제의 마르크스주의적 해결책은, 부르주아지의 타도를 준비하고 승리를 보장하기 위해 부르주아지에 대항하는 계급투쟁에서 프롤레타리아트가 모든 민주주의적 제도와 열망 들을 이용하는 것이다. 그것들을 이용하는 것이 쉬운 일은 아니다. 경제주의자, 톨스토이주의자 등에게 그것은——'금융자본 시대에' 민족자결을 옹호하는 것이 키옙스키에게는 부르주아적 견해에 그릇되게 양보를 하는 것으로 보이듯이—— 종종 '부르주아적'이고 기회주의적인 주장에 그릇되게 양보를 하는 것처럼 보인다. 마르크스주의는 우리에게 다음과 같이 가르치고 있다. 현재의 자본주의 사회의, 부르주아지에 의해 만들어져 왜곡되고 있는 민주주의적 제도의 이용을 거부함으로써 '기회주의와 싸운다'는 것은 기회주의에 완전히 항복하는 것이라고!

사회주의를 위한 내란이라는 슬로건이야말로 제국주의 전쟁에서 벗어나는 가장 빠른 출구를 안내해주며, 우리의 전쟁반대 투쟁과 기회주의 반대 투쟁을 연결시켜준다. 내란 슬로건은 전시의 특수성——전쟁이 장기화되고 있고, 전쟁이 아예 한 '시대'(전쟁의 시대)가 되어버릴 조짐까지 보이고 있다——과, 기회주의(그것의 평화주의, 합법주의, '자'국 부르주아지에 대한 영합과 함께)에 대립하는 우리 활동의 총체적 성격을 올바르게 고려하고 있는 단 하나의 슬로건이다. 게다가 부르주아지에 대한 내란은 소수의 유산자를 적으로 하는 무산대중이 민주주의적으로 조직되어 민주주의적으로 수행하는 전쟁이다. 그러나 다른 모든 전쟁과 마찬가지로 내란도 불가피하게 권리를 폭력으로 대체하지 않을 수 없다. 하지만 다수의 이익과 권리의 이름으로 수행하는 폭력은 완전히 다른 성격을 지닌다. 즉 그것은 착취자인 부르주아지의 '권리'를 짓밟는 것이며, 군대와 '후방'을 민주주의적으로 조직하지 않고서는 실현 불가능하다. 내란은 일거에, 그리고 가장 먼저 은행, 공장, 철도, 대농장 등을 무력으로 수탈한다. 그러나 이 모든 것을 수탈하기 위해서는 인민이 모든 관료와 장교를 선출하는 선거를 도입해야 하고, 부르주아지에 대항하여 전쟁을 수행하는 군대를 주민 대중과 완전히 융합시켜야 하며, 식량의 공급, 생산과 분배 등의 관리를 완전히 민주화해야 할 것이다. 내란의 목적은 은행, 공장 등을 탈취하고 부르주아지의 모든 저항 가능성을 분쇄하고 부르주아지의 군대를 파괴하는 것이다. 그러나 그와 동시에 우리가 전시 동안 우리의 군대 내부와 우리의 '후방'에 민주주의를 도입하고 확대하지 않는다면, 그 목적은 군사적 측면에서도, 경제적 측면에서도, 정치적 측면에서도, 어느 한 측면에서도 달성될 수 없을 것이다. 우리는 이제 대중에게 다음과 같이 말한다(그리고 대중은 우리가 옳다는 것을 본능적으로 느낀다). "저들은 민주주의의 위대한 슬로건들로 위장한 전쟁에서, 제국주의적 자본주의를 위해 싸우게 하려고 여러분들을 속이고 있습니다. 여러분들은 진정한 민주주의와 사회주의의 성취를 위해 부르주아지를 **적으로** 하는 **진정으로** 민주주의적인 전쟁을 수행해야 하고, 수행하게 될 것입니다." 지금의 전쟁은 폭력과 금융적 종속을 수단으로 하여 민족들을 연합체로 결합시키고 '융합'시키고 있다. 부르주아지에 맞서는 우리의 내란에서 우리는 루블의 힘이 아니라, 곤봉의 힘이 아니라, 폭력이 아니라, 자발적인 동의에 의해, 착취자에 대항하는 근로인민의 연대에 의해 민족들을 결합시키고 융합시킬 것이다. 부르주아지에게서 모든 민족의 동등한 권리 선언은 사기가 되어버렸다. 우리에게서는 그 선언이 모든 민족을 우리 쪽으로 끌어당기는 것을 용이하게 해주고 가속화시켜 줄 진실이 될 것이다. 민족 간의 민주주의적 관계를 실제로 조직하지 않고서는——따라서 분리의 자유 없이는——모든 민족의 노동자와 근로인민 일반이 부르주아지에 대항해 내란을 일으키게 하는 것은 **불가능하다.**

부르주아 민주주의의 이용을 통해서, 부르주아지와 기회주의에 반대하는 프롤레타리아트를 사회주의적이고 일관되게 민주적으로 조직화해 나가는 것, 이 외의 다른 길은 없다. 이 외의 활로는 **없다.** 현실의 생활이 그것을 모르는 것처럼, 마르크스주의도 이 외의 다른 활로를 알지 못한다. 민족들의 자유로운 분리와 자유로운 결합을, 우리는 이 길 속에 품어야 한다.

그러한 분리와 결합을 회피하려 해서는 안 되며, 그로 인해 우리의 경제적 목표의 '순수함'을 '더럽히게' 될까 봐 두려워해서도 안 된다.

| 1916년 8~9월에 집필

1929년 《프롤레타르스카야 레볼루치야》 7호에 처음으로 발표

맑시즘의 희화와
제국주의적 경제주의

「키엡스키에 대한 회답」(이 책에 수록—편집자)에 대한 원서 편
집자의 설명글을 보시오.—옮긴이

"혁명적 사회민주주의가 스스로 명예를 떨어뜨리지 않는 한, 어느 누구도 혁명적 사회민주주의의 명예를 떨어뜨릴 수 없다." 이 경구는, 마르크스주의의 주요한 이론적·전술적 명제가 승리하고 있을 때, 그런 명제가 당면 의제가 되었을 때, 적이라는 것이 확실한 자들 외에 아군들에 의해 마르크스주의가 폄하되고 희화화되며 공격받을 때 모두 머릿속에 떠올리고 가슴에 새겨야 하는 문구다. 진영 내부의 인물들이 마르크스주의의 명예를 떨어뜨리는 절망적인 상황은 러시아 사회민주주의운동의 역사에서 되풀이하여 발생해왔다. 1890년대 초 혁명운동에서 마르크스주의의 승리는 경제주의 또는 '파업주의'의 모습을 한 마르크스주의의 희화의 출현을 가져왔다. 경제주의에 맞서는 장기간의 투쟁이 없었다면 이스크라 파'는 소부르주아 나로디즘(나로드니키주의)에 대해서도, 부르주아 자유주의에 대해서도 그에 대항하는 프롤레타리아 이론과 정치의 근본을 지켜낼 수 없었을 것이다. 러시아 혁명의 핵심 전투들이 치러지고 있던 1905년 가을, 두마[2] 보이콧 슬로건의 올바른 적용

덕분에 1905년의 대중적 노동운동에서 볼셰비즘이 승리를 일군 것도 그런 경우다. 1908~10년 알렉신스키와 그 밖의 사람들이 3차 두마 참가를 소란스럽게 반대했을 때, 볼셰비즘은 또 다른 마르크스주의의 희화에 직면하여 투쟁으로 그것을 극복해야 했다.[3]

1 이스크라 파는 레닌의 신문 《이스크라》의 지지자들로, 가장 일관된 혁명적 사회민주주의자들이었다.
   《이스크라》는 1900년 12월에 창간된 최초의 러시아 전국 비합법 마르크스주의 신문으로 국외에서 인쇄되어 비밀리에 러시아로 보내졌다. 1903년 멘셰비키에게 장악되어 52호부터는 더 이상 혁명적 마르크스주의의 기관지가 아니었고, 볼셰비키의 구 《이스크라》와 구별하여 신 《이스크라》로 알려지게 되었다.—원서 편집자

2 불리긴 두마는 그 명칭이 내무장관 A. G. 불리긴(Bulygin)에게서 유래한다. 불리긴은 두마 소집 및 선거 관련 법안을 기초했다. 차르는 두마를 자문 기관으로 둘 셈이었다. 볼셰비키는 두마를 적극적으로 보이콧 하자고 호소했고 무장봉기, 혁명군, 임시혁명정부 등의 슬로건에 선전을 집중했다. 그들은 모든 혁명적 세력을 결집하고 대중 정치파업을 수행하고 무장봉기를 준비하는 데 보이콧 캠페인을 이용했다. 1905년 10월의 전국적 규모의 정치총파업과 혁명의 고조로 인해 선거는 무산되었고 두마는 소집되지 못했다. 레닌은 「제헌시장The Constitutional Market-Place」(본 전집 23권에 수록—편집자), 「불리긴 두마의 보이콧과 봉기The Boycott of the Bulygin Duma and Insurrection」, 「차르와 인민의 동일성, 그리고 인민과 차르의 동일성Oneness of the Tsar and the People, and of the People and the Tsar」, 「군주제적 부르주아지의 뒤를 따를 것인가, 혁명적 프롤레타리아트와 농민의 선두에 설 것인가?In the Wake of the Monarchist Bourgeoisie, or in the Van of the Revolutionary Proletariat and Peasantry?」(세 글은 본 전집 26권에 수록—편집자) 등의 글들에서 불리긴 두마에 대해 논하고 있다.—원서 편집자

지금도 마찬가지다. 현재의 전쟁이 제국주의 전쟁임을 인정하고 자본주의의 제국주의 시대와 이 전쟁의 긴밀한 연관성을 강조하다 보면, 단호한 적들뿐만 아니라 우유부단한 아군들과도——제국주의라는 단어는 이들에게 대유행이 되어 있다——마주치게 된다. 이들은 그 단어를 암기하지만, 노동자들에게 혼란스러운 이론들을 제공하면서 구 경제주의의 낡은 오류들을 많은 부분 재연하고 있다. 1894~1901년에 구 경제주의자들은 '자본주의는 승리했다. 따라서 정치적인 문제에 신경쓰는 것은 무의미하다'는 논리를 펴면서 러시아에서의 정치투

3   여기서 레닌이 말하고 있는 것은 소환파와 최후통첩파에 대한 것이다.
   소환파는 1908년 볼셰비키의 한 분파 가운데서 나타난 기회주의 그룹으로, A. A. 보그다노프(Bogdanov), G. A. 알렉신스키, A. V. 소콜로프(Sokolov), A. V. 루나차르스키(Lunacharsky), M. N. 랴도프(Lyadov) 등으로 구성되었다. 그들은 혁명적 언사를 가장하여 3차 두마에서 사회민주주의 의원들을 소환해야 한다고 요구했다. 또한 반동이 휘몰아치는 조건에서 당은 오로지 비합법 활동에 국한되어야 한다고 주장하면서, 합법 조직——노동조합과 협동조합을 비롯한 그 밖의 대중조직——에서 활동하는 것을 반대했다. 소환파는 실제로 당에 막대한 피해를 끼쳤다. 그들의 정책대로였다면 당은 대중으로부터 고립되어버렸을 것이며, 종국에는 종파주의 조직으로 변질되어버렸을 것이다.
   최후통첩파는 형태만 달랐을 뿐 소환파의 변종이다. 최후통첩파는 사회민주주의 의원들에게 최후통첩——당 중앙위원회의 결정에 완전히 복종할 것인가, 아니면 두마로부터 소환당할 것인가?——을 보내자고 주장했다. 최후통첩파는 사회민주주의 의원들이 자신의 오류들을 극복하면서 철저한 혁명적 노선을 취하도록 돕기 위한 각고의 노력을 기울일 필요가 있다는 것을 이해하지 못했다. 최후통첩파는 사실상 위장된 소환파였다. 레닌은 최후통첩파를 '수줍은 소환파'라고 불렀다.—원서 편집자

쟁을 거부하는 입장으로 빠졌다. 오늘날의 제국주의적 경제주의자들은 '제국주의는 승리했다. 따라서 정치적 민주주의 문제에 신경 쓰는 것은 무의미하다'는 논리를 편다. 앞에 실린 키옙스키의 글은 이러한 생각을 보여주는 표본으로, 마르크스주의의 한 희화로서 주목할 만하다. 말하자면 그 글은 1915년 이후 우리 당의 몇몇 재외 서클들에서 나타나고 있는 동요를 완결적으로 보여주는 문헌적 설명서를 제시하려는 최초의 시도라고 간주할 만한 것이다.

만일 현재 사회주의가 대위기를 겪고 있는 가운데, 사회배외주의를 단호하게 반대하고 혁명적 국제주의에 찬성해온 마르크스주의자들 사이에 제국주의적 경제주의가 퍼져나간다면, 그것은 우리 조류와 당에 매우 심각한 타격을 입히게 될 것이다. 왜냐하면 그것은 우리 당 내부, 우리 자신의 대열에서부터 우리 당의 명예를 실추시키고, 당을 희화화된 마르크스주의의 전달 수단으로 만들 것이기 때문이다. 따라서 적어도 키옙스키의 수많은 오류들 중 가장 중요한 것을 철저히 검토할 필요가 있다. 그 작업이 너무나 '재미없을'지라도, 사려 깊고 주의 깊은 독자라면 1914~5년 우리의 문헌을 통해 익히 알고 있을 기초적인 진실들을 지루하게 설명해야 할지라도 말이다.

제국주의적 경제주의라는 이 새로운 조류의 '본질'로 독자들을 안내하기 위해 키옙스키 글의 '중심' 항목에서부터 논의를 시작하겠다.

1. 전쟁과 '조국 방위'에 대한 마르크스주의적 태도

키엡스키는 자신이 동의하지 않는 것은 민족자결을 다루고 있는 우리 당 강령 제9조만이라고 확신하고 있고, 자기 독자들도 그렇게 확신시키고 싶어한다. 그가 민주주의 문제에서 마르크스주의의 근본 일반으로부터 이탈하고 있으며, 기본적인 문제들에서 마르크스주의를 "배반했다"(성난 듯한 인용부호는 키엡스키의 것이다)는 고발에 대해, 그는 매우 화를 내면서 논박하려고 한다. 그러나 문제는, 우리의 저자가 개별 문제에서 자신의 이른바 부분적인 부동의 지점에 대해 논하는 순간, 즉 그가 자신의 논거, 생각 등을 제시하는 순간, 그가 모든 면에서 마르크스주의로부터 벗어나 있음이 곧장 드러나는 것이다. 그의 글 b절(2절)을 보자. 우리의 저자는 "이 요구(민족자결)는 직접적으로(!!) 사회애국주의로 귀결된다"고 선언하면서 "배반적인" 조국 방위 슬로건은 "민족자결권으로부터 완전히(!) 논리적으로(!)" 도출된다고 설명한다. 그는 자결이 "이러한 독립(프랑스와 벨기에의 민족적 독립)을 무력으로 옹호하고 있는 프랑스와 벨기에 사회애국주의자들의 배반 행위를 인가해준다"고 생각한다! "그들은 '자결'의 지지자들이 입으로만 말하고 있을 뿐인 것을 **행동**으로 옮기고 있다." "조국 방위는 우리의 최악의 적들의 병기고에 있는 무기다." "어떻게 조국 방위에 반대하면서 **동시에** 자결에 찬성할 수 있는지, 조국에 반대하면서 동시에 조국에 찬성할 수 있는지 이해하기를 단호히 거부한다."

이것이 키엡스키의 입장이다. 현 전쟁에서 조국 방위 슬로건에 반대하는 우리의 결의를 그가 이해하지 못한 것이 분명하다. 따라서 우리의 결의에 그리도 분명하게 제시되어 있는 것의 의미를 다시 설명할 필요가 있다.

1915년 3월 베른 회의에서 채택된 우리 당의 결의 중 '조국 방위' 슬로건4 항목은 "이 전쟁의 본질은"이란 말로 시작한다.

결의가 현 전쟁을 취급하고 있다는 것을 보여주는, 이보다 더 분명한 표현은 없을 것이다. '본질은'이라는 말은, 우리가 외견적인 것과 실제적인 것을, 현상과 본질을, 말과 행동을 구별해야 한다는 것을 가리킨다. 이 전쟁에서 조국 방위 운운하는 모든 담론의 의도는, 식민지 분할과 타국 영토의 약탈 등을 위해 수행되고 있는 1914~6년의 제국주의 전쟁을 민족 전쟁으

---

4   레닌 주 「러시아 사회민주노동당 재외지부 회의The Conference of the R.S.D.L.P. Groups Abroad」의 "회의의 결의" 절부터 "'조국 방위' 슬로건" 절(본 전집 59권 『제2인터내셔널의 붕괴』 110~2쪽—편집자)까지의 내용 참조.

로 위장하려는 것이다. 그리고 우리의 견해를 왜곡할 작은 가능성조차 배제하기 위해, 우리는 "특히('특히'는 '오로지'라는 의미가 아니다!) 1789년에서 1871년 사이에 일어난 진정한 민족 전쟁들"에 관한 특별 단락을 결의에 덧붙였다.

이들 "진정한" 민족 전쟁의 "기저"에는 "대중적 민족운동, 절대주의와 봉건제에 대항하는 투쟁, 민족적 억압의 타도 …… 등의 오랜 과정이 깔려 있었다"고 결의는 설명하고 있다.

그것은 명백하지 않은가. 지금의 제국주의 전쟁은 제국주의 시대의 일반적 조건들에서 비롯된 것이며, 우연적이지도 예외적이지도 않고, 일반적·전형적인 것으로부터 이탈하지도 않았다. 따라서 조국 방위를 들먹이는 것은 인민을 기만하는 것이다. 왜냐하면 이 전쟁은 민족 전쟁이 아니기 때문이다. 진정한 민족 전쟁에서 '조국 방위'라는 말은 기만이 아니며, 우리는 그것에 반대하지 않는다. 그러한(진정으로 민족적인) 전쟁이 '특히' 1789~1871년에 일어났고, 우리의 결의는 그러한 전쟁이 지금도 가능하다는 것을 조금도 부인하지 않으면서, 기만적인 민족적 슬로건으로 가려져 있는 제국주의 전쟁으로부터 진정한 민족 전쟁을 어떻게 구별해야 하는지 설명하고 있다. 특히 둘을 구별하기 위해서 우리는 전쟁의 "기저"에 "대중적 민족운동", "민족적 억압의 타도 …… 등의 오랜 과정"이 깔려 있는지 살펴야 한다.

'평화주의'에 관한 결의는 명시적으로 다음과 같이 언명하고 있다. "사회민주주의자는 혁명 전쟁, 즉 제국주의 전쟁이 아니라 예를 들어('예를 들어'에 주의하라) 1789~1871년에 민족적 억압을 철폐시킬 목적으로 수행되었던 것과 같은 전쟁의 적극적인 의의를 간과할 수 없다." 만약 1789년에서 1871년 사이에 일어났던 민족적인 전쟁이 오늘날에도 역시 가능하다고 여기지 않았다면, 1915년 당 결의안이 그러한 전쟁들을 언급하고 그 전쟁의 적극적인 의의를 부인하지 않는다고 말할 수 있었을까? 물론 그럴 수 없었을 것이다.

우리 당의 결의에 대한 논평이나 대중적 설명이 레닌과 지노비예프의 소책자 『사회주의와 전쟁Socialism and War』에 제시되어 있다. 5쪽을 보면, "사회주의자는 '조국 방위를 위한' 전쟁 또는 '방위적인' 전쟁을" 오직 "외국 억압의 타도"라는 의미에서만 "적법하며 진보적이고 정당한 전쟁으로 간주하고 있다"고 분명히 씌어 있다. 거기서는 러시아에 대항한 페르시아 "등"의 예를 인용하면서, "선제공격을 누가 하느냐와 관계 없이 그 전쟁들은 '정의전', '방어전'이 될 것이며, 사회주의자들은 모두 피억압 국가, 종속 국가, 불평등한 관계에 있는 국가가 억압 국가, 노예 소유주 국가, 약탈 국가 등의 '대'국에게 승리하는 것에 동조할 것이다"라고 서술하고 있다.[5]

이 소책자는 1915년 8월에 출판되었고, 독일어와 프랑스어

5   레닌 주 「사회주의와 전쟁」의 "공격 전쟁과 방어 전쟁의 차이" 절(본 전집
    60권 『사회주의와 전쟁』 31~2쪽—편집자) 참조.

번역본이 있다. 키엡스키는 그 소책자의 내용을 완벽하게 알고 있다. 그리고 키엡스키나 다른 누구도 조국 방위 슬로건에 대한 결의, 평화주의에 대한 결의, 그에 대한 소책자의 해설에 이의를 제기한 적이 없다. 결코 단 한 번도! 따라서 우리는 다음과 같이 질문할 권리가 있다. 1915년 3월 초에는 전쟁에 관한 당의 견해에 이의를 제기하지 않았던 키엡스키가 1916년 8월 현재 자결에 관한 글에서, 즉 이른바 부분적 문제에서 **일반적** 문제에 대한 놀랄 정도의 이해 결여를 드러내고 있는 것을 가리켜, 그가 마르크스주의를 전혀 이해하지 못하고 있다고 말한다면 그를 중상모략하는 것인가?

키엡스키는 조국 방위 슬로건이 "배반적"이라고 말한다. 우리는 슬로건의 의미를 이해하지도 못하고 제대로 생각해보지도 않은 채 그것을 기계적으로 되뇌는 자에게는, 또 그것에 담긴 함의를 분석하지도 않은 채 말을 단지 암송하기만 하는 자에게는, 어떤 슬로건이든 다 "배반적"이고 또 언제나 "배반적"일 것이라고 자신 있게 확언할 수 있다.

일반적으로 '조국 방위'란 무엇인가? 그것이 경제학이나 정치학 등과 관련된 과학적인 개념인가? 아니다. 그것은 많은 사람들의 입에 오르내리며 유행하는 표현이자, 때때로 **전쟁을 정당화하기 위한** 의도로 사용되는 속물적인 문구에 불과하다. 그 이상 아무것도 아니다. 절대로 아무것도 아니다! "배반적"이라는 용어가 적용될 수 있는 것은 오직 다음과 같은 의미로서만이다. 즉 속물적인 수준에 굴복하여 스스로를 타락시키지 않는 마르크스주의로서는, 이 특정 전쟁이 진보적인 것으로 간주될 수 있는지, 또 그것이 민주주의와 프롤레타리아트의 이익에 봉사하는지, 그리고 이런 면에서 적법하고 정의로운 것인지 등의 여부를 결정하기 위해 각각의 전쟁에 대한 역사적 분석을 요하는 데 반해, 속물들에게는 "우리는 조국을 방위하고 있다"는 답변으로 어떠한 전쟁도 정당화시키는 것이 가능하다는 그러한 의미로서만이다.

사람들이 개개의 전쟁의 의미와 함의를 분석하고 그것을 역사적으로 조망할 능력이 없는 경우에는, 조국 방위 슬로건은 사람들이 알아차리지 못하는 사이에 번번이 전쟁을 정당화하는 수단으로 속물적으로 이용된다.

마르크스주의는 이런 분석을 통해 다음과 같이 말한다. 만약 어떤 전쟁의 '본질'이 예를 들어 외국 억압의 타도(1789~1871년의 유럽에 특히 전형적이었던)라면, 그 전쟁은 피억압 국가나 민족에 관한 한 진보적이다. 그러나 만약 어떤 전쟁의 '본질'이 식민지의 재분할, 노획물의 분배, 외국 영토의 약탈이라면(1914~6년의 전쟁처럼), 모든 조국 방위 담론은 '인민에 대한 완전한 기만'이다.

그렇다면 그 전쟁의 '본질'이 무엇인지를 우리가 어떻게 밝혀내고 정의할 수 있을까? 전쟁은 정치의 계속이다. 따라서 우리는 전쟁에 앞서 추구되었던 정치, 전쟁으로 귀결되었고 전쟁을 야기한 정치가 어떤 것인지 조사해야 한다. 만약 그것이 제국주의 정치, 즉 금융자본의 이익을 보호하고 식민지와 타국을 약탈하고 억압하려는 목적을 띤 정치라면, 그것으로부터 비롯하는 전쟁은 제국주의적인 전쟁이다. 만약 그것이 민족해방 정치, 즉 민족적 억압에 대항하는 대중운동을 표현하는 정치라면, 그 정치로부터 비롯하는 전쟁은 민족해방 전쟁이다.

속물들은 전쟁이 '정치의 계속'이라는 것을 깨닫지 못하고, 따라서 그 전쟁에서 무슨 쟁점이 걸려 있고 어느 계급이 어떠한 정치적 목표로 그 전쟁을 수행하고 있는가에 대해 멈춰 서서 생각하지 않은 채 '적이 우리를 공격했다', '적이 우리나라를 침략했다'는 공식에 자신을 한정한다. 키엡스키가 다음과 같이 공언할 때, 그는 그러한 속물의 수준으로 자신을 낮추고 있는 것이 된다. 벨기에가 독일군에게 점령당했다. 그러므로 민족자결의 견지에서 볼 때 "벨기에 사회애국주의자들은 옳다." 또는, 독일군이 프랑스의 일부를 점령했다. 그러므로 "게드는 만족할 수 있다." 왜냐하면 "그에게 문제는 그의 민족이〔타민족이 아니라〕 거주하는 영토기" 때문이다.

속물들에게 중요한 것은, 어디에 군대가 있고 지금 누가 이기고 있는가 하는 점이다. 마르크스주의자에게 중요한 것은 어떠한 쟁점이 이 전쟁——이 전쟁 동안에는 어느 쪽 군대도 승리자가 될 수 있다——에 걸려 있느냐다.

현 전쟁은 무엇을 놓고 싸우고 있는가? 그 대답은 우리의 결의 (전쟁에 앞서 수십 년 동안 교전국들이 추구해온 정치에 근거한) 속에 제시되어 있다. 영국과 프랑스, 러시아는 그들이 틀어쥐고 있는 식민지를 유지하고 터키 등을 강탈하기 위해 싸우고 있다. 독일은 이 식민지들을 인계받고 터키 등을 자신이 강탈하기 위해 싸우고 있다. 독일군이 파리나 페트로그라드를 장악했다고 가정해보자. 이것이 현 전쟁의 성격을 바꿔놓을까? 전혀 그렇지 않다. 독일의 목적은——그리고 더 중요하게는 독일이 승리를 거둔다면 현실화될 정치는——식민지를 탈취하고 터키에 대한 지배를 확립하고 타민족들이 거주하고 있는 지역, 예를 들어 폴란드 등을 병합하는 것이다. 절대로 프랑스나 러시아를 외국 지배하에 두는 것이 아니다. 이 전쟁의 진정한 본질은 민족적인 것이 아니라 제국주의적인 것이다. 다시 말해 어느 편이 유지하려고 하는 민족적 억압을 다른 편이 타도하기 위해 싸우고 있는 것이 아니다. 그것은 노획물의 분배를 놓고, 누가 터키와 식민지를 강탈할 것인가를 놓고 벌이는 두 그룹의 억압자, 두 강도 사이의 전쟁이다.

요약하면, 제국주의 대국(모든 민족들을 억압하고 그들을 금융자본에 대한 종속의 그물로 얽어매는 대국) 간의 전쟁, 또는 그들 대국과의 **동맹** 속에서 벌이는 전쟁은 제국주의 전쟁이다. 바로 1914～6년 전쟁이 그러하다. 이러한 전쟁에서 '조국 방위'는 기만이고 전쟁을 정당화하려는 시도다.

피억압(예를 들어 식민지) 민족이 제국주의 국가, 즉 억압 국가에 대항하는 전쟁은 진정한 민족 전쟁이다. 그러한 전쟁은 오늘날에도 가능하다. 억압 국가에 대항하여 피억압 민족이 수행하는 전쟁에서 '조국 방위'는 기만이 아니다. 사회주의자는 그러한 전쟁에서의 '조국 방위'에 반대하지 않는다.

민족자결은 완전한 민족해방과 완전한 독립을 위한 투쟁, 병합에 반대하는 투쟁과 동일한 것이며, 사회주의자는──사회주의자이기를 그만두지 않는 한──봉기나 전쟁에 이르기까지 그 형태가 어떠하든 그러한 투쟁을 거부할 수 없다.

키엡스키는 자신이 플레하노프에 반대하는 주장을 펴고 있다고 생각한다. 자결과 조국 방위의 연관성을 지적한 사람이 바로 플레하노프기 때문이다! 키엡스키는 이 연관이 플레하노프가 그려내고 있는 그대로의 것이라고 믿었다. 그리고 플레하노프가 말하는 것을 믿었기 때문에 키엡스키는 놀랐고, 그의 결론으로 빠지지 않기 위해서는 자결을 거부해야만 한다고 결정했다. 플레하노프에 대한 큰 믿음과 큰 놀람이 있을 뿐, 플레하노프의 오류의 본질에 대해 숙고한 흔적은 없다!

사회배외주의자들은 이 전쟁을 민족적인 전쟁으로 보이게 하기 위해 자결을 내세운다. 그들과 싸우는 단 하나의 올바른 방법이 있다. 이 전쟁이 민족들을 해방시키기 위해서가 아니라, 대강도들 가운데 어느 강도가 더 많은 민족들을 억압할 것인가를 결정하기 위해 치러지고 있다는 것을 보여주어야 한다. 실제로 민족들을 해방시키기 위해서 수행되는 전쟁을 부인하는 것은, 가능한 마르크스주의의 희화 가운데 최악의 것이다. 플레하노프와 프랑스 사회배외주의자들은 독일 군주제에 대항하는 프랑스의 '방위'를 정당화하기 위해 프랑스가 공화제임을 되풀이해서 말하고 있다. 만일 우리가 키엡스키의 논리 전개를 따른다면, 우리는 공화제에 반대하든가, 실제로 공화제 방위를 위해 수행되고 있는 전쟁에 반대하든가 해야 할 것이다!! 독일 사회배외주의자들은 차리즘에 대항하는 자국의 '방위'를 정당화하기 위해 자국의 보통선거와 기초의무교육을 내세운다. 만일 우리가 키엡스키의 논리 전개를 따른다면, 우리는 보통선거와 기초의무교육에 반대하든가, 또는 정치적 자유를 폐지하려는 시도에 반대하여 **실제로** 정치적 자유 수호를 위해 수행되고 있는 전쟁에 반대하든가 해야 할 것이다!

1914~6년 전쟁 이전에 카를 카우츠키는 마르크스주의자였고, 그의 주요 저작과 선언들 중 많은 것이 변함 없이 마르크스주의의 모범으로 남아 있을 것이다. 1910년 8월 26일, 그는 임박해 있는 전쟁과 관련하여 《노이에 차이트》에 다음과 같이 썼다.

"독일과 영국 간의 전쟁에서, 문제는 민주주의가 아니라 세계 지배, 즉 세계의 착취다. 이 문제는 사회민주주의자가 자기 민족의 착취자들 편에 설 수 있는 문제가 아니다."《노이에 차이트》제28권, 제2책, 776쪽)

여기에서 여러분은 뛰어난 마르크스주의적 정식화를 보

게 된다. 우리의 정식화와 완전히 일치하는 것이다. 이는 또한 마르크스주의자에서 사회배외주의의 옹호자로 변신한 **현재의** 카우츠키를 완전히 폭로하는 것이다. 이 정식화(다른 논문들에서 우리는 이 정식화로 돌아갈 기회를 갖게 될 것이다)는 전쟁에 대한 마르크스주의적 태도에 깔린 원칙을 분명하게 밝혀주는 정식화다. 전쟁은 정치의 계속이다. 따라서 민주주의를 위한 투쟁이 존재한다면 민주주의를 위한 전쟁도 **가능하다.** 민족자결은 민주주의적 요구들 중 하나일 뿐이며, 그 밖의 민주주의적 요구들과 원칙적으로 다른 것이 아니다. '세계 지배'는 한마디로 제국주의 정치의 본질이며, 제국주의 전쟁은 그 정치의 계속이다. 민주주의적 전쟁에서 '조국 방위'를 거부하는 것, 그런 전쟁에 참가하기를 거부하는 것은 마르크스주의와는 아무 공통점도 없는 어리석은 짓이다. 제국주의 전쟁에 '조국 방위' 개념을 들이미는 것으로, 즉 제국주의 전쟁을 민주주의 전쟁으로 제시하는 것으로 제국주의 전쟁을 미화하는 것은 노동자들을 속이고 반동적인 부르주아지의 편에 서는 것이다.

2. '새로운 시대에 대한 우리의 이해'

이 장의 제목은 키옙스키의 것이다. 그는 끊임없이 '새로운 시대'를 말하지만, 불행히도 여기에서도 그의 논거들은 틀렸다.

우리 당의 결의는 현 전쟁을 제국주의 시대의 일반적 조건들에서 비롯한 것이라고 말한다. 우리는 '시대'와 '현 전쟁' 간의 관계에 대해 다음과 같이 올바른 마르크스주의적 정의를 내린다. 마르크스주의는 각각의 개별 전쟁에 대해 구체적 평가를 요구한다. 제국주의 전쟁, 즉 정치적 의미에서 철저하게 반동적이고 반민주주의적인 전쟁이 왜 1789~1871년에 민주주의를 위한 투쟁의 선두에 섰던 대국들 간에 발발할 수 있었고 발발할 수밖에 없었는가를 이해하기 위해서 우리는 제국주의 시대의 일반적 조건을, 즉 선진국 자본주의의 제국주의로의 전화의 일반적 조건들을 이해해야 한다.

키옙스키는 '시대'와 '현 전쟁' 간의 관계를 아주 드러나게 왜곡시켰다. 그의 논리에 따르면, 문제를 구체적으로 사고한다는 것은 '시대'를 조사하는 것을 의미한다. 여기에 바로 그의 오류가 있다.

1789~1871년의 시대는 유럽에게 특별한 의의가 있는 시대다. 이것은 반박의 여지가 없다. 우리가 그 시대의 일반적 조건들을 이해하지 못한다면, 그 시대에 특히 전형적이었던 단 하나의 민족해방 전쟁도 이해할 수 없다. 이것이 그 시기 **모든 전쟁**이 민족해방 전쟁이었음을 의미하는가? 물론 아니다. 이런 관점을 고수하는 것은, 문제 전체를 불합리성에 빠뜨리고 각각의 개별 전쟁에 대한 구체적 분석 대신에 우스꽝스러운 판에 박힌 문구를 적용하는 것이다. 1789~1871년에도 식민지 전쟁이 있었고, 여러 민족들을 억압하는 반동적 제국들 사이의 전쟁도 있었다.

선진 유럽(및 미국)의 자본주의는 제국주의라는 새로운 시대로 들어섰다. 그러나 그렇다고 해서, 이제는 오직 제국주의 전쟁만 가능하다는 결론이 나오는가? 그런 식의 주장 그 어떤 것도 터무니없는 것으로, 주어진 시대에 있을 수 있는 모든 다양한 현상들의 총체로부터 하나의 구체적 현상을 구별해낼 능력이 없음을 드러낸다. 하나의 시대가 시대로 불리는 것은, 바로 그것이 다종다양한 현상들과 전쟁들——전형적이든 비전형적이든, 크든 작든, 선진국들에 독특한 것이든 후진국들에 독특한 것이든——의 총합을 포괄하고 있기 때문이다. 키엡스키의 방식대로 '시대'에 관한 일반적 문구들에 의존함으로써 이 구체적 문제들을 무시하는 것은 '시대' 개념 자체를 남용하는 것이다. 그리고 이 점을 증명하기 위해 우리는 많은 예들 중 하나를 인용할 것이다. 우선 좌파 그룹 중 하나인 독일의 인터나치오날레 그룹이 《베른 집행위원회 회보》 3호(1916년 2월 29일)에 발표한 테제 5항에서 다음과 같은 명백히 잘못된 명제를 제출했음을 우리는 주목해야 한다. "이러한 고삐 풀린 제국주의 시대에는 민족 전쟁은 더 이상 가능하지 않다." 우리는 이 성명을 《스보르니크 소치알 데모크라타》[6]에서 분석했다.[7] 국제주의적 운동을 걸어온 사람이라면 누구나 이러한 이론적 명제에 오래전부터 익숙해져 있음에도 불구하고(우리는 1916년 봄에 베른집행위원회 확대회의에서 그것에 대해 단호히 반대했다), 단 하나의 그룹도 그것을 따르거나 받아들이지 않았다는 사실에 주목할 필요가 있다. 그리고 1916년 8월에 쓴 키엡스키의 논문에는 이 명제 또는 그와 유사한 명제의 글은 단 한 줄도 없다.

이 점에 주목해야 하는데, 다음과 같은 이유 때문이다. 만약 이 명제 또는 그와 유사한 이론적 명제가 제시되었다면, 우리는 이론적 차별점을 이야기할 수 있었을 것이라는 것이다. 그러나 그러한 명제라곤 아무것도 제시된 바 없어서, 우리는 다음과 같이 말할 수밖에 없다. '시대' 개념에 대한 서로 다른 해석이나 이론적 차별점이 있는 것이 아니라, 단지 부주의하게

6 《스보르니크 소치알 데모크라타》는 레닌이 창간한 논집으로, 《사회민주주의자》 편집국이 발행을 담당했다. 1916년 10월, 11월에 두 권이 나왔다.―원서 편집자

7 레닌주 「유니우스 팸플릿에 대하여」(이 책에 수록―편집자) 참조.

표명된 문구, 단지 '시대'라는 단어의 남용만이 있을 뿐이라고.

여기에 하나의 예가 있다. 키엡스키는 다음과 같은 물음으로 글을 시작한다.

"이것〔자결〕은 화성에 있는 1만 에이커의 땅을 무료로 받을 수 있는 권리와 같은 것이 아닌가? 이 질문에 대한 답은 아주 구체적인 방식으로만, 현 시대의 성격과의 관련 속에서만 찾을 수 있다. 당시 수준에서 생산력 발전의 최상의 형태였던 민족국가 형성 시대의 민족자결권과, 민족국가 형태가 생산력 발전에 질곡으로 작용하게 된 현재의 민족자결권은 전혀 다른 것이다. 자본주의와 민족국가가 들어서는 시대와 민족국가가 붕괴하는 시대이자 자본주의 자체의 붕괴 전야인 시대 사이에는 거대한 간극이 놓여 있다. 시간과 공간의 맥락 밖에서 사태를 '일반적'으로 논의하는 것은 마르크스주의자에게는 어울리지 않는다."

여기에서 여러분은 '제국주의 시대'라는 개념을 희화화하고 있는 하나의 예를 볼 수 있다. '제국주의 시대' 개념의 희화와 싸우지 않으면 안 되는 이유는 그 개념이 새롭고 중요한 개념이기 때문이다! 민족국가가 질곡이 되었다고 말할 때 그 의미는 무엇인가? 우리가 염두에 두고 있는 것은 무엇보다도 독일, 프랑스, 영국과 같은 선진 자본주의 나라들인데, 이 나라들의 참전이 현 전쟁을 제국주의 전쟁으로 만든 주된 요인이었다. 이제까지 인류의 선두에 섰던 이 나라들에서, 특히 1789

~1871년에, 민족국가 형성 과정은 완성되었다. 이 나라들에서 민족운동은 이제 돌이킬 수 없는 과거의 일이 되었고, 그것을 부활시키려고 애쓰는 것은 터무니없이 반동적인 공상이다. 프랑스, 영국, 독일의 민족운동은 완료된 지 오래됐고, 이 나라들에서 역사의 다음 단계는 그와는 다른 단계다. 즉 해방된 민족이 억압 민족으로, 제국주의적 약탈 민족으로, '자본주의의 붕괴 전야'를 거치고 있는 민족으로 전화된 것이다.

그러나 다른 민족들은 어떠한가?

키엡스키는 기계적으로 암기한 규칙을 되뇌듯이, 마르크스주의자는 사태에 '구체적으로' 접근해야 한다고 말하지만, 그러나 자신은 이 규칙을 적용하지 않는다. 반면에 우리는 우리의 테제에서 구체적 접근의 예를 집어서 보여주기까지 했는데, 키엡스키는 우리의 오류를──그가 설혹 그것을 발견했다 하더라도──지적하길 바라지 않았다.

우리의 테제(6절)는, 자결을 다룰 때 구체적이려면 적어도 세 가지 유형의 나라가 구별되어야 한다고 말한다.(일반적 테제에서 개개의 나라를 논하는 것은 명백히 불가능했다.) 제1 유형 : 민족운동이 과거의 일이 되어버린 서유럽 (및 미국)의 선진 자본주의 나라들. 제2 유형 : 민족운동이 현재의 일인 동유럽. 제3 유형 : 민족운동이 대체로 미래의 일인 식민지와 반식민지.[8]

이것은 올바른가, 그렇지 않은가? 바로 여기에 키엡스키는 그의 비판을 쏟았어야 했다. 그러나 그에게는 이론적 문제들의 본질이 보이지 않는다! 그가 위에서 언급한 우리 테제(6절)의 명제를 논박하지 않는 이상――그런데 이것은 올바르기 때문에 논박될 수 없다――'시대'에 대한 그의 논고는 칼을 휘두르지만 아무것도 베지 못하는 사람과 같아진다는 것을 그는 모르고 있다.

그는 자신의 글 마지막 부분에서 이렇게 쓰고 있다. "V. 일리인9의 의견과는 달리 우리는 대다수(!)의 서구(!) 나라들에서 민족 문제가 해결되지 않았다고 생각한다."

그래서 프랑스인, 스페인인, 영국인, 독일인, 네덜란드인, 이탈리아인의 민족운동은 17세기, 18세기, 19세기에, 그리고 그 전에 완료되지 않았는가? 그의 글 서두에서 '제국주의 시대'라는 개념은, 민족운동이 서구 선진국들에서만이 아니라 일반적으로도 완료된 것처럼 보일 지경으로 왜곡되어 있다. 그런데 같은 글 말미에서는 "민족 문제"가 바로 그 서구 나라들에서도 "해결되지 않았다"고 공언하고 있다!! 이것은 혼란에 빠진 것 아닌가?

서구 나라들에서 민족운동은 먼 과거의 일이다. 영국, 프랑스, 독일 등에서 '조국'은 죽은 문자이며 자신의 역사적 역할

---

8   레닌 주 「사회주의 혁명과 민족자결권The Socialist Revolution and the Right of Nations to Self-Determination」(본 전집 62권에 수록―편집자) 참조.

9   V. 일리인은 레닌의 필명이다.―옮긴이

을 완수했다. 그 나라들에서 민족운동은 더 이상 진보적인 것이 아니며, 새로운 대중들을 새로운 경제적·정치적 생활로 향상시킬 그 어떤 것도 줄 수 없게 되었다. 여기에서 역사의 다음 걸음은, 봉건제 또는 가부장제적 야만으로부터 민족적 진보로의 이행, 문명화되고 정치적으로 자유로운 조국으로의 이행이 아니라, 수명을 다한, 즉 자본주의가 성숙을 넘어 물러 터지고 있는 '조국'으로부터 사회주의로의 이행이다.

동유럽에서는 사정이 다르다. 예를 들어 우크라이나인이나 벨로루시 인에 관한 한, 오직 화성에서 온 몽상가만이, 민족운동이 여기서는 아직 완료되지 않았다는 것을 부인할 수 있을 것이다. 또 모국어와 모국 문학의 완전한 사용에 대한 대중들의 각성(이것은 자본주의의 전면적인 발전을 위한, 마지막 하나의 농민 가족에게까지 교환경제의 완전한 침투를 위한 절대적인 조건이자 수반물이다)이 여기서는 여전히 진행 중이라는 것을 부인할 수 있을 것이다. 여기에서 '조국'은 역사적으로 아직 죽은 문자가 아니다. 여기에서 '조국 방어'는 여전히 억압 민족에 대항하는, 중세적 관습에 대항하는 민주주의의 방어, 자국 토착어의 방어, 정치적 자유의 방어일 수 있다. 반면에 영국인, 프랑스인, 독일인, 이탈리아인이 현 전쟁에서 '조국 방어'를 말할 때 그것은 거짓말이 된다. 왜냐하면, 그들이 실제 방어하고 있는 것은 자국의 토착어나 민족적 발전의 권리가 아니라, 노예 소유주로서의 권리, 자국 식민지, 자국 금융자본의 '세력권' 등이기 때문이다.

반식민지와 식민지에서 민족운동은 역사적으로 동유럽보다 훨씬 젊다.

　'선진국들'과 제국주의 시대라는 단어는 무엇을 가리키고 있는가? 러시아의 '특수한' 지위는 무엇에 있는가?(키옙스키의 논문 2장 e절의 제목.) 어디서는 민족해방 운동이 거짓 문구이고, 어디서는 살아있는 진보적인 현실인가? 키옙스키는 이러한 점들 가운데 어느 것에 대해서도 이해하지 못하고 있음을 드러내고 있다.

3. 경제적 분석이란 무엇인가

민족자결 반대론자들의 모든 논고에서 중심에 있는 것은, 민족자결이 자본주의나 제국주의에서는 일반적으로 '실현 불가능하다'는 주장이다. '실현 불가능하다'는 말은 현격히 서로 다른, 부정확하게 정의된 의미들로 빈번히 사용되고 있다. 바로 그 때문에 우리가 테제에서 어떠한 이론적 논의에도 필수적인 것, 즉 '실현 불가능하다'는 말이 의미하는 바가 무엇인가에 대한 설명을 강력히 요구했던 것이다. 게다가 우리는 설명을 요구하는 것으로 스스로를 한정하지도 않았다. 우리는 그러한 설명을 해보려고 했다. 모든 민주주의적 요구들은 정치적으로 실현하기 어렵다는 의미에서, 또는 정치적으로 전혀 일련의 혁명 없이는 실현 불가능하다는 의미에서 제국주의하에서는 '실현 불가능하다'.

그러나 자결이 경제적 의미에서 실현 불가능하다고 주장하는 것은 근본적으로 틀렸다.

이것이 우리의 논쟁점이었다. 이것이야말로 우리들 내의 이론적 차이의 중심점으로서 모든 진지한 논의에서 우리의 논적들이 마땅히 주의를 기울였어야 했을 문제다.

그러나 키엡스키가 이 문제를 어떻게 다루고 있는지 한번 보라.

그는 정치적으로 '실현하기 어렵다'는 의미로의 실현 불가능을 명확히 거부한다. 그는 경제적 실현 불가능이라는 의미라고 바로 대답한다. 키엡스키는 다음과 같이 쓰고 있다.

"이것은 제국주의하에서의 자결이 상품생산하에서의 노동화폐만큼이나 실현 불가능하다는 것을 의미하는가? 그렇다. 바로 그것을 의미한다. 왜냐하면 우리가 논의하고 있는 '제국주의'와 '민족자결'이라는 두 사회적 범주 간의 논리적 모순은 '노동화폐'와 '상품생산'이라는 다른 쌍의 두 사회적 범주 간의 논리적 모순과 동일한 논리적 모순이기 때문이다. 제국주의는 자결의 부정이며, 어떤 마술사도 양자를 화해시킬 수 없다."

키엡스키가 우리에게 퍼붓는 '마술사'라는 성난 단어가 아무리 무섭더라도 우리는 그가 경제적 분석이 무엇을 의미하는지 전혀 이해하지 못하고 있다는 점을 지적하지 않으면 안 된다. '논리적 모순'은 경제적 분석에서도, 정치적 분석에서도 마땅히 있어선 안 된다(물론 논리적 사고가 제대로 이루어지고 있다는 전제하에). 따라서 정치적 분석을 내놓는 것이 아니라 경제적 분석을 내놓는 것이 문제가 되고 있는 상황에서 '논리적 모순' 일반을 내세우는 것은 완전히 엉뚱한 짓이다. 경제적인 것도, 정치적인 것도 모두 '사회적 범주'에 속한다는 이유로, 키엡스키가 처음으로 단정적이고 분명하게 "그렇다. 바로 그것을 의미한다"(즉 자결은 상품생산하의 노동화폐만큼이나 실현 불가능하다)라고 대답했을 때 그는 어떠한 경제적 분석도 내놓지 않고 요점을 피함으로써 문제 전체를 묵살해버린 것이다.

우리는 노동화폐가 상품생산하에서는 실현 불가능하다는 것을 어떻게 증명하는가? 경제적 분석을 통해서다. 그리고 이 경제적 분석은 다른 모든 분석처럼 '논리적 모순들'을 배제하고 경제적인, 오직 경제적인 범주들('사회적 범주' 일반이 아니라)만을 취해서, 그것들로부터 노동화폐가 실현 불가능하다고 결론 내린다. 『자본Das Kapital』 1장에는 정치 또는 정치적 형태, '사회적 범주'에 대해서는 어떠한 언급도 없으며, 분석은 오직 경제적 현상, 상품교환과 그것의 발전만을 다루고 있다. 경제적 분석은—말할 필요도 없이, '논리적' 논거들을 통해—상품생산하에서 노동화폐가 실현 불가능함을 보여주고 있다.

키옙스키는 경제적 분석 비슷한 시도조차 하지 않는다! 그는 제국주의의 경제적 본질을 제국주의의 정치적 경향들과 혼동하고 있다. 이는 그의 논문 첫 단락의 바로 첫 구절만 보아도 명백하다. 여기 그 구절이 있다.

"산업자본은 전(前)자본주의적 생산과 상인-고리대자본의 종합이다. 고리대자본은 산업자본의 종복이 된다. 이제 자본주의는 다양한 형태의 자본을 종속시키고, 거기서 가장 고도화되고 통일된 형태의 자본인 금융자본이 발생한다. 따라서 시대 전체를 금융자본의 시대라고 부를 수 있으며, 제국주의는 금융자본에 조응하는 대외정책 체계다."

경제적으로 볼 때 이 정의는 완전히 무가치하다. 즉 정확한 경제적 범주들 대신에 공문구들만 있다. 그러나 지금 그것을 상세히 다룰 수는 없다. 중요한 것은 키엡스키가 제국주의를 '대외정책 체계'라고 선언하고 있다는 점이다.

첫째, 이것은 본질적으로 카우츠키의 그릇된 사상의 그릇된 반복이다.

둘째, 이것은 제국주의에 대한 순전히 정치적이고 단지 정치적일 뿐인 정의다. 제국주의를 '정책 체계'로 정의함으로써 키엡스키는 내놓기로 약속했던 경제적 분석을 회피하고자 한다! 제국주의하에서의 자결이 상품생산하에서의 노동화폐'만큼이나' 실현 불가능하다고, 경제적으로 실현 불가능하다고 공언하면서 내놓기로 약속했던 경제적 분석 말이다.[10]

좌익과의 논쟁에서 카우츠키는 제국주의란 '단지 대외정책

10 레닌 주 키엡스키는 마르크스가 그러한 '논리적 방법'을 언급하며 사용한 무례한 단어를 알고 있을까? 이 무례한 용어를 키엡스키에게 적용하지는 않더라도, 그럼에도 우리는 마르크스가 그러한 방법을 '기만적'이라고 묘사했다는 점을 말하지 않을 수 없다. 그러한 방법이란, 개념을 정의하는 데 문제가 되고 있는 바로 그것, 증명되어야 하는 바로 그것을 자의적으로 끼워넣는 것을 말한다.

반복하건대 우리는 키엡스키에게 마르크스의 무례한 표현을 적용하지는 않는다. 단지 그의 오류의 근원을 밝혀낼 뿐이다. (초고에서는 이 구절이 지워져 있다.—원서 편집자)

체계'(즉 병합)이며 제국주의를 자본주의 발전에서의 어떤 경제적 단계나 심급으로 묘사하는 것은 잘못이라고 공언했다.

카우츠키는 틀렸다. 물론 말을 가지고 논쟁하는 것은 적절치 못하다. 제국주의라는 '말'을 이러한 의미 또는 다른 어떤 의미로 쓰는 것을 막을 수는 없다. 그러나 토론을 하고자 한다면 용어들을 정확히 정의해야 한다.

경제적으로 제국주의(또는 금융자본 '시대'. 말의 문제는 아니다)는 자본주의 발전의 최고 단계이며, 자유경쟁이 독점에 자리를 내줄 정도로 생산이 크고 거대한 규모를 이룬 단계다. 이것이 제국주의의 경제적 본질이다. 독점은 트러스트, 신디케이트 등으로, 거대 은행의 전능한 힘으로, 원료자원의 매점 등으로, 은행자본의 집중 등으로 나타난다. 경제적 독점이 미치지 않는 것은 없다.

이 새로운 경제, 독점 자본주의(제국주의는 독점 자본주의다)의 정치적 상부구조는 민주주의로부터 정치적 반동으로의 변화다. 민주주의는 자유 경쟁에 조응한다. 정치적 반동은 독점에 조응한다. 루돌프 힐퍼딩(Rudolf Hilferding)은 『금융자본 Das Finanzkapital』에서 "금융자본은 자유가 아니라 지배를 지향한다"고 올바르게 서술하고 있다.

국내 정책에 대외 정책을 대립시키는 것은 차치하고서라도, 정책 일반에서 '대외 정책' 하나만을 떼어내 분리시키는 것은 근본적으로 그릇된 것이고 비마르크스주의적이며 비과학적인 것이다. 대외 정책과 국내 정책 양자 모두에서 제국주의는 민주주의의 침해를, 반동을 지향한다. 이런 의미에서 제국주의는 이론의 여지 없이 민주주의 일반, 즉 일체의 민주주의에 대한 '부정'이지, 단지 민주주의의 요구들 중 하나, 즉 민족자결에 대해서만 부정이 아니다.

제국주의는 민주주의 일반에 대한 '부정'임과 동시에 또한 민족 문제에서의 민주주의(즉 민족자결)에 대한 '부정'이다. 제국주의는 민주주의를 침해하려 애쓴다. 민주주의의 실현은 공화제, 민병, 관리에 대한 인민 선거 등의 실현과 동일한 의미에서, 동일한 정도로 제국주의하에서는(독점 이전의 자본주의에 비해) 더욱 어렵다. 민주주의가 '경제적으로' 실현 불가능하다는 따위의 이야기는 성립될 수 없다.

아마 키엡스키는 (경제적 분석이 갖추어야 할 요건들에 대한 그의 전반적 이해 부족 외에도) 속물들이 병합(그 나라 인민의 의지에 반하는 타국 영토의 획득, 즉 자결의 침해)을 보다 넓은 경제적 영토로 금융자본의 '확산'(팽창)과 같은 것으로 여긴다는 사실로 인해 여기서 길을 잃은 듯하다.

그러나 이론적 문제들을 속물적 관념에서 접근해서는 안 된다.

경제적으로 제국주의는 독점 자본주의다. 완전한 독점을 획득하기 위해서는 모든 경쟁이 제거되지 않으면 안 된다. 그것도 (해당 국가의) 국내시장에서만이 아니라 전세계의 외국시장에서까지 말이다. '금융자본 시대'에 외국에서까지 경쟁을 제거하는 것이 **경제적으로** 가능한가? 물론 가능하다. 경쟁자를 금융적 종속으로 몰아넣고, 경쟁자의 원료 산지를, 마침내는 경쟁자의 전 기업을 취득하여 경쟁을 제거하는 것이다.

미국의 트러스트들은 제국주의 또는 독점 자본주의 경제의 최고의 표현이다. 그들은 경쟁자를 제거하기 위해 경제적인 수단에만 머무르지 않고, 정치적 방법, 심지어 범죄적인 방법까지 끊임없이 동원한다. 그러나 순전히 경제적인 방법으로는 트러스트들의 독점 확립이 가능하지 않을 것이라고 생각한다면, 그것은 크나큰 오산이다. 그것이 '실현 가능하다'는 증거가 현실에 널려 있다. 트러스트들은 은행을 통해(트러스트 소유주가 은행 주식을 매점하여 은행 소유주가 되는 방법을 통해) 경쟁자의 신용을 악화시키거나, (철도 주식을 매점하여 철도 소유주가 되어) 경쟁자의 원료 공급을 봉쇄하기도 하고, 또 경쟁자를 파산시키기 위해 일정 기간 동안 원가 이하로 팔면서 여기에 수백만 금을 지출한다. 그리고나서 경쟁자의 기업, 경쟁자의 원료 산지(광산, 토지 등)를 매점한다.

이것이 트러스트의 위력과 트러스트의 팽창에 대한 순 경제적 분석이다. 이것이 제작소와 공장, 원료 산지의 **매점**이라는, 팽창으로 가는 순 경제적 길이다.

한 나라의 거대 금융자본은 정치적으로 독립된 다른 나라의 경쟁자들을 언제든지 매점할 수 있고, 또 끊임없이 그렇게 한다. 경제적으로 이것은 완전히 실현 가능하다. 경제적 '병합'은 정치적 병합 없이도 완전히 '실현 가능'하며, 또 널리 실행되고 있다. 제국주의에 관한 문헌에서 여러분은 예를 들어 아르헨티나가 사실상 영국의 '무역 식민지'고 포르투갈이 사실상 영국의 '속국'임을 보여주는 지표들을 끊임없이 마주치게 될 것이다. 그리고 그것은 사실이다. 영국 은행들에게 경제적으로 종속되고, 영국에 채무를 지고, 철도, 광산, 토지 등이 영국의 수중으로 넘어가는 등으로 해서 영국은 그 나라들의 정치적 독립을 침해하지 않고서도 경제적으로 그 나라들을 '병합'하는 것이 가능하다.

민족자결은 정치적인 독립을 의미한다. 제국주의가 그러한 독립을 침해하려고 애쓰는——제국주의가 '일반적으로' 민주주의를 과두제로 대체하려고 애쓰는 것처럼——것은 정치적 병합이 경제적 병합을 한층 쉽게, 한층 값싸게(관리를 매수하고 이권을 확보하고 유리한 법률을 통과시키는 것 등을 한층 쉽게), 한층 편리하게, 한층 순탄하게 하기 때문이다. 그러나 제국주의하에서의 자결의 경제적 '실현 불가능성'을 이야기하는 것은 완전히 넌센스다.

키엡스키는 독일어로 '대학생풍의(burschikose)' 어법이라고 알려져 있는 매우 단순하고 피상적인 속임수, 즉 대학생들의 술자리에서나 (아주 자연스럽게) 들을 수 있는 원시적이고 조야한 언사를 가지고 이론적 난점을 회피하고 있다. 예를 들면 그

는 이렇게 쓰고 있다. "보통선거와 8시간 노동제와 심지어 공화
제조차도 제국주의와 논리적으로 양립 가능하다. 제국주의가
이러한 것들에 전혀 호의(!!)를 보이지 않고, 따라서 그것들의
실현이 극히 어려운데도 불구하고 말이다."

우리는 중대한 문제에 관한 이러한 논쟁에서 관련 개념들
에 대한 경제적·정치적 분석이 추가적으로——대학생풍의 진
술이라 하더라도 그에 더해——주어진다면, 제국주의가 공화
제에 "전혀 호의를 보이지 않"는다는 대학생풍의 진술에 결코
어떠한 이의도 갖지 않을 것이다(경망스런 말이 때로는 과학적 논쟁
에 생기를 더해 줄 수도 있으니까!). 그러나 키옙스키의 경우는 대학
생풍의 언사가 그러한 분석을 대신하고 있거나, 그러한 분석의
결여를 은폐하는 역할을 하고 있다.

'제국주의는 공화제에 전혀 호의를 보이지 않는다'? 이 말
은 무슨 의미일 수 있을까? 그리고 왜 그러하다는 것인가?

공화제는 자본주의 사회의 정치적 상부구조의 하나의 가
능한 형태이며, 더욱이 오늘날의 조건하에서는 가장 민주주의
적인 형태다. 제국주의가 공화제에 '호의를 보이지' 않는다고
말하는 것은 제국주의와 민주주의 사이에 모순이 존재한다고
말하는 것이다. 아마도 키옙스키는 이러한 결론에 '호의를 보
이지' 않거나, 또는 '전혀 호의를 보이지 않을' 것이다. 그럼에도
불구하고 이 결론은 반박할 수 없는 것이다.

계속해보자. 이 제국주의와 민주주의 간 모순의 성격은 무

엇인가? 그것은 논리적 모순인가, 비논리적 모순인가? 키엡스키는 '논리적'이라는 말을 곰곰이 생각해보지도 않고 사용하고 있으며, 따라서 이 경우에는 그 말이 그가 논의하기 시작한 **바로 그 문제**를 (독자나 저자 둘 다의 눈과 정신으로부터) **은폐하는** 역할을 한다는 것을 알아차리지 못하고 있다! 이 문제는 경제와 정치와의 관계, 즉 경제적 조건 및 제국주의의 경제적 내용과 특정한 하나의 정치 형태와의 관계다. 인간의 논의에서 드러나는 모든 '모순'은 논리적 모순이다라고 말하는 것은 무의미한 동어반복이다. 그리고 이 동어반복의 도움으로 키엡스키는 문제의 핵심을 회피한다. 문제는 이런 것이다. 이 '논리적' 모순이 (1)두 **경제적** 현상 간의 모순인가? (2)아니면 두 **정치적** 현상 간의 모순인가? (3)아니면 **경제적** 현상과 **정치적** 현상 간의 모순인가?

이것이 문제의 핵심이다. 우리가 논의하고 있는 것이 이러저러한 정치적 형태하에서의 경제적 실현 불가능성, 또는 실현 가능성의 문제인 이상 말이다!

만약 키엡스키가 이러한 문제의 핵심을 회피하지 않았더라면, 아마도 제국주의와 공화제 간의 모순이 현 시기 자본주의 (즉 독점 자본주의) 경제와 정치적 민주주의 일반 간의 모순이라는 것을 깨달았을 것이다. 왜냐하면 키엡스키는 그 어떤 주요하고 근본적인 민주주의적 조처(관리나 장교들에 대한 인민 선거, 집회와 결사의 완전한 자유 등)도 공화제와 더 모순되고 제국주의와 덜 모순된다는(그러한 조처에 공화제보다 제국주의가 더 '호의를 보인다'는) 것을 절대로 입증하지 못할 것이기 때문이다.

따라서 우리가 주장하는 것은, 우리가 우리의 테제에서 제출한 다음과 같은 명제다. 제국주의는 모든 정치적 민주주의 일반과 모순된다. 즉 '논리적으로' 모순된다. 키옙스키는 이 명제에 '호의를 보이지' 않는데, 그 이유는 그것이 그의 모든 비논리적 구조물을 붕괴시키기 때문이다. 그러나 우리는 이 경우 무엇을 할 수 있는가? 특정 명제를 논파하고 있다고 생각되는 방법을 받아들일 것인가? 아니면 그 대신, '제국주의는 전혀 공화제에 호의를 보이지 않는다'는 표현을 써서 그 명제들을 은밀하게 제출할 것인가?

나아가, 왜 제국주의는 전혀 공화제에 호의를 보이지 않는가? 그리고 어떻게 제국주의는 자신의 경제를 공화제와 '결합'시키는가?

키옙스키는 이것을 생각해본 적이 없다. 우리는 그에게 엥겔스가 민주공화제 같은 정부 형태와 관련하여 다음과 같이 말한 것을 상기시키겠다. 이러한 정부 형태하에서 부(富)가 지배할 수 있을까? 이 질문은 경제와 정치 간의 '모순'에 관한 질문이다.

엥겔스는 대답한다. "민주공화제는 공식적으로는 더 이상 재산에 따른 차별(시민들 사이의)을 문제 삼지 않는다. 거기에서 부는 자신의 힘을 간접적으로, 그러나 더욱더 확실하게 행사한다. 즉 한편으로는 관료의 직접적인 매수라는 형태로(미국이 그 고전적인 예다), 다른 한편으로는 정부와 증권거래소의 동맹이라는 형태로."[11]

이것은 자본주의하에서의 민주주의의 '실현 가능성'이라는 문제에 대한 경제적 분석의 뛰어난 견본이다. 그리고 제국주의하에서의 자결의 '실현 가능성'도 그 문제의 일부다.

민주공화제는 '논리적으로' 자본주의와 모순된다. 왜냐하면 '공식적으로는' 민주공화제가 부자와 가난한 자를 동등한 지위에 놓기 때문이다. 이것이 경제체제와 정치적 상부구조 간의 모순이다. 제국주의와 공화제 사이에도 이와 똑같은 모순이 있는데, 자유경쟁에서 독점으로의 전환이 정치적 자유의 실현을 한층 더 '어렵게' 만든다는 사실로 인해 이 모순은 더 심화되고 악화된다.

그러면 자본주의가 어떻게 민주주의와 화해하고 있는가? 자본의 전능한 힘을 간접적으로 행사함으로써. 여기에는 두 가지의 경제적인 수단이 있다. (1)직접적인 매수, (2)정부와 증권거래소의 동맹.(이것은 우리의 테제에 명시되어 있다. 즉 부르주아 체제하에서 금융자본은 "어떤 정부, 어떤 관리도 자유롭게 매수할 수 있다.")

일단 상품생산과 부르주아지와 화폐의 힘이 지배하게 되

---

[11] 엥겔스의 『가족, 사유재산, 국가의 기원Der Ursprung der Familie, des Privateigenthums und des Staats』에서 인용. 마르크스·엥겔스, 『선집』, 2권, 모스크바, 1962년, 321쪽.—원서 편집자

면, 매수는 (직접적으로든, 증권거래소를 통해서든) 어떠한 형태의 정부에서도, 어떠한 종류의 민주주의에서도 '실행 가능'하다.

그렇다면 자본주의가 제국주의에 자리를 내줄 때, 즉 독점 이전의 자본주의가 독점 자본주의로 대체될 때 이 측면에서 바뀌는 것은 무엇인가?

단지 증권거래소의 힘이 커진다는 것뿐이다. 왜냐하면 금융자본은 산업자본이 은행자본과 융합하여 그 가장 높은 수준, 독점 수준에 이른 것이기 때문이다. 거대 은행은 증권거래소를 융합하고 흡수한다(제국주의에 관한 문헌에서는 증권거래소의 역할 저하를 말하고 있지만, 그러나 이는 모든 거대 은행 자체가 사실상 증권거래소라는 의미로 그렇게 말하는 것에 지나지 않는다).

나아가 만일 '부' 일반이 매수와 증권거래소를 통해서 어떠한 민주공화제도 지배하는 것이 완전히 가능하다면, 어떻게 키엡스키는 수십억을 마음대로 하는 트러스트나 은행의 거대한 부가 외국의 공화제, 즉 정치적으로 독립한 공화제에 대한 금융자본의 지배를 '실현시키는' 것이 가능하지 않다는 주장을, 기묘한 '논리적 모순'에 빠지지 않고서 할 수 있을까??

글쎄? 관리의 매수가 외국에서는 '실현 불가능'한가? 아니면 '정부와 증권거래소의 동맹'은 자국 정부에만 해당되는 것인가?

* * *

독자들은 10줄의 혼란을 해결하고 대중적으로 설명하기 위해 10쪽 가량의 지면이 요구되고 있는 것을 이미 보았을 것이다. 키엡스키의 모든 논거들 하나하나를 지금까지와 같이 상세하게 검토할 수는 없다. 혼란스럽지 않은 논거는 단 하나도 찾을 수 없다. 또한 주요한 논거들이 검토된 이상 그렇게 할 필요도 실제 없다. 나머지는 간략히 다룰 것이다.

4. 노르웨이의 예

노르웨이는 1905년, 제국주의가 가장 활발하게 번창하고 있을 때 이른바 실현 불가능한 자결권을 '실현'했다. 따라서 이론적 견지에서 볼 때 '실현 불가능성'에 대해 말하는 것은 터무니없고 우스운 것이다.

키엡스키는 성이 나서 우리를 '합리주의자'라고 부르는 걸로 이것을 논박하고자 한다(이것과 '합리주의자'가 무슨 상관이 있는가? 합리주의자는 자신을 순전히 추상적인 추론에 가두는 데 반해 우리는 매우 구체적인 사실을 지적했다! 그러나 키엡스키는 '합리주의자'라는 외국어를 똑같이──좀 더 부드럽게 말하려면 어떻게 말할 수 있을까?──'부적절한' 방식으로 사용하고 있는 것이 아닐까? 논문 서두에서 '추출적'이라는 말을 사용하여 자신의 논거를 '추출적으로' 제시하고 있는 것과 똑같이 '부적절한' 방식으로 말이다).

키엡스키는 우리를 비난하고 있다. 우리에게 "중요한 것은 사물의 진정한 본질보다는 겉으로 나타나는 현상이다"라고 그는 말하고 있다. 그럼 진정한 본질을 규명해보자.

그의 논박은 다음과 같은 예로 시작된다. '반트러스트 법이

제정되었다는 사실은 트러스트의 금지가 실현 불가능함을 증명하는 것이 아니다.' 충분히 맞는 말이다. 그러나 이 예는 부적절한 예다. 왜냐하면 키엡스키에게 **불리한** 예이기 때문이다. 법은 정치적 조처, 즉 정치다. 어떠한 정치적 조처도 경제 현상을 금지할 수 없다. 폴란드가 어떠한 정치적 형태를 취하든 간에, 즉 폴란드가 차르 러시아나 독일의 일부가 되든, 하나의 자치지구가 되든, 정치적 독립국이 되든, 폴란드는 자국이 제국주의 열강의 금융자본에 종속되는 것을 금지하거나 폐지하지 못하고, 그 금융자본이 자국 산업의 주식을 매점하는 것을 막을 수도 없다.

노르웨이가 1905년에 '실현한' 독립은 단지 정치적인 것이었다. 이것은 노르웨이의 경제적 종속에 영향을 끼칠 수 없었고, 그것이 목적도 아니었다. 이것이 바로 우리 테제에서 지적하고 있는 핵심 지점이다. 우리는 자결이 단지 정치에 관한 것이며, 따라서 그것의 경제적 실현 불가능이라는 문제를 제기하는 것 자체부터 틀린 것이라고 지적했다. 그러나 여기서 키엡스키는 경제에 맞설 힘이 없는 정치적 금지의 사례를 들어 '논박'하고 있다! 이 얼마나 훌륭한 '논박'인가!

계속하자. "소규모 공업이 대규모 공업을 압도하는 하나의 또는 심지어 몇 개의 사례조차도 자본주의의 일반적 발전은 생산의 집적과 집중을 수반한다는 마르크스의 올바른 명제를 논박하기에 충분치 않다."

이 논거 역시 이제까지의 논쟁의 본질로부터 (독자와 저자의) 주의를 다른 데로 돌리게 하려고 선택된 불운한 실례에 기초하고 있다.

우리는 자본주의하에서 노동화폐의 실현 불가능성을 말할 때와 같은 의미로 자결의 경제적 실현 불가능을 말하는 것은 잘못이라고 주장한다. 그와 같은 실현 가능성의 실례는 단 하나도 들 수 없을 것이다. 키옙스키는 '실현 불가능성'에 대한 또 다른 해석으로 옮겨가면서 이 점에 대해 우리가 옳다는 것을 암묵적으로 인정한다.

왜 그는 직접적으로 그렇게 하지 않는 것일까? 왜 그는 자신의 명제를 다음과 같이 공공연하고 정확하게 정식화하지 않는 것일까? '자결은 그것이 자본주의하에서 경제적으로 가능하다는 의미에서 실현 불가능한 이상, 발전과 모순되며, 따라서 반동적이거나 아니면 한낱 예외일 뿐이다'라고.

그가 그렇게 하지 않는 것은, 위와 같이 반대 명제를 명확히 정식화할 경우 명제의 저자가 곧바로 폭로될 것이기 때문이다. 그래서 그는 그것을 은폐하려는 것이다.

경제적 집적의 법칙, 소규모 생산에 대한 대규모 생산의 승리의 법칙은 우리 자신의 강령과 에어푸르트 강령에서 인정되고 있다. 키옙스키는 어디에서도 정치적 또는 국가적 집적의 법칙은 인정되고 있지 않다는 사실을 은폐하고 있다. 만약 그것이 동일한 종류의 법칙이라면──그런 법칙이 있다면──키엡스키는 왜 그것을 정식화해서 우리 강령에 추가하자고 제안하지 않을까? 그가 이 새로운 국가적 집적의 법칙을 발견했고, 그 법칙이 우리 강령에서 잘못된 결론을 제거해줄 것이라는 실제적인 의의를 갖는다고 생각한다면, 그로서는 우리의 잘못되고 불완전한 강령을 그대로 방치하는 것이 올바른 것인가?

키엡스키는 그러한 법칙을 정식화하지도, 강령에 추가하자고 제안하지도 않는다. 왜냐하면 그는 그렇게 할 경우 자신이 웃음거리가 될 것임을 어렴풋이 느끼고 있기 때문이다. 만약 위와 같은 법칙이 공공연하게 표명되고, 소규모 생산이 대규모 생산에 의해 구축(驅逐)된다는 법칙과 나란히 소규모 국가가 대규모 국가에 의해 구축된다는 또 다른 '법칙'(첫 번째 법칙과 연관되어 있는, 또는 그것과 나란히 존재하는)이 제시된다면, 누구나 이 재미있는 제국주의적 경제주의에 비웃음을 보낼 것이다!

이 점을 설명하기 위해서 우리는 단지 하나의 질문을 키엡스키에게 던질 것이다. 경제학자들(따옴표 없이)이 현대의 트러스트나 대은행의 '분해'를 말하지 않는 것은 왜인가? 또는 그러한 분해의 가능성 및 실현 가능성을 말하지 않는 것은 왜인가? '제국주의적 경제주의자'(따옴표를 붙여서)조차도 대 국가의 분해의 가능성과 실현 가능성을, 그것도 분해 일반뿐만 아니라, 예를 들어 러시아로부터 "작은 민족들"(주목해주시오!)의 분리까지도 인정할 수밖에 없는(키엡스키의 논문 2장 e절) 것은 왜인가?

끝으로, 우리의 저자가 어디까지 나아갔는가를 훨씬 더 명확하게 보여주고 그에게 경고하기 위해 다음과 같은 사실에 주목하자. 우리 모두는 대규모 생산에 의한 소규모 생산의 구축이라는 법칙을 받아들이지만, 어느 누구도 '소규모 생산이 대규모 생산을 압도하는' 특수한 '사례'를 반동적인 현상으로 묘사하기를 두려워하지 않는다. 자결의 반대자 그 누구도 아직까지는, 우리가 일찍이 1914년에 문헌에서 그 문제를 제기했었는데도, 노르웨이가 스웨덴으로부터 분리한 것을 감히 반동적인 것으로 묘사한 적은 없다.[12]

대규모 생산은, 예를 들어 수동 기계가 남아 있다면 실현 불가능하다. 기계제 공장이 수공업 생산으로 '분해된다'는 생각은 완전히 터무니없는 생각이다. 거대 제국을 향한 제국주의적 경향은 전적으로 실현 가능하고, 실제로도 종주국과 독립국——정치적으로 독립한——간의 제국주의적 동맹의 형태로 종종 실현되고 있다. 그러한 동맹은 가능하며, 양국 금융자본의 경제적 융합의 형태로뿐만 아니라 제국주의 전쟁에서의 군사적 '협력'의 형태로도 나타나고 있다. 민족 투쟁, 민족 봉기, 민족 분리는 제국주의하에서 완전히 '실현 가능하며' 실제로 나타나고 있다. 이러한 민족운동은, 제국주의가 자본주의의 발전과 주민 대중들 사이에서의 민주주의적 경향의 성장을 멈추게 할 수 없기 때문에 훨씬 더 현저해진다. 반대로 제국주

---

12 레닌 주 「민족자결권The Right of Nations to Self-Determination」(본 전집 57권에 수록—편집자) 참조.

의는 대중들의 민주주의적 열망과 트러스트의 반(反)민주주의적 경향 간의 적대를 가중시킨다.

오직 제국주의적 경제주의, 즉 희화화된 마르크스주의의 관점에서만 제국주의적 정치의, 예를 들어 다음과 같은 특수한 측면을 무시할 수 있다. 즉 한편으로 현 제국주의 전쟁은, 금융적 유대와 경제적 이해관계의 힘이 어떻게 정치적으로 독립한 소국을 대국들의 싸움 속으로 끌어들이는가의 예를 보여주고 있다(영국과 포르투갈). 다른 한편으로는 자신의 제국주의적 '후견국'보다 (경제적으로나 정치적으로나) 훨씬 더 약한 소민족의 경우 민주주의의 침해는 반란(아일랜드)이나 적국으로 군대 전체의 이반(체코)을 야기한다. 이 상황에서는 '자'국의 군사작전에 손실을 입힐 위험을 덜기 위해서 개별 소민족에게 가능한 한 많은 민주주의적 자유——정치적 독립까지도 포함하여——를 허락하는 것이 금융자본의 관점에서는 '실현 가능'할 뿐만 아니라 때로는 트러스트와 자신들의 제국주의 정책, 자신들의 제국주의 전쟁에 이득이 되기까지 한다. 정치적·전략적 관계들의 특수성을 간과하고 기계적으로 암기한 '제국주의'란 단어를 무차별적으로 되풀이하는 것은 결코 마르크스주의가 아니다.

첫째, 노르웨이에 대해 키엡스키는 "항상 독립국가였다"고 우리에게 말한다. 이는 사실이 아니며, 저자의 대학생풍의 부주의함과 정치적 문제에 대한 무관심에 의해서만 설명될 수 있다. 노르웨이가 1905년 전에 상당한 수준의 자치권을 누리고 있었다 하더라도 독립국은 아니었다. 스웨덴은 노르웨이의 분리 후에야 비로소 노르웨이의 정치적 독립을 인정했다. 만약 노르웨이가 "항상 독립국가였다"면 스웨덴 정부는 1905년 10월 26일에 다른 열강에게 자신이 노르웨이의 독립을 인정했다는 것을 알리지 않았을 것이다.

둘째, 키엡스키는 노르웨이는 서구에, 스웨덴은 동구에 의존하고 있었고, 노르웨이에서는 주로 영국의 금융자본이, 스웨덴에서는 주로 독일의 금융자본이 '활동 중'이었다는 것을 증명해 보이려고 많은 글들을 인용하고 있다. 그로부터 그는 의기양양하게 "이 사례(노르웨이)는 우리의 패턴에 깔끔하게 들어맞는다"는 결론을 내린다.

여기에서 여러분은 제국주의적 경제주의 논리의 표본을 보게 된다! 우리는 테제에서 금융자본이 '어느 나라에서도', '심지어는 독립국에서도' 지배할 수 있고, 따라서 금융자본의 견지에서는 자결이 '실현 불가능하다'는 주장들은 모두 순전히 혼란일 뿐이라고 지적하고 있다. 우리는 노르웨이의 분리 전과 후에 외국 금융자본이 노르웨이에서 수행한 역할에 관한 우리의 **명제를 확증해주는** 자료를 받았다. 그런데 원래 이 자료는 우리의 명제를 이른바 論駁하는 자료라고 해서 받은 것이다!

정치적 문제를 무시하기 위해 금융자본에 대해 장황하게 이야기하는 것, 이것이 정치에 대해 토론하는 방법인가?

아니다. 정치적 문제가 경제주의의 그릇된 논리로 인해 사라지지는 않는다. 영국 금융자본은 노르웨이의 분리 전에도, 후에도 노르웨이에서 '활동 중'이었다. 독일 금융자본은 폴란드가 러시아로부터 분리되기 전에도 '활동 중'이었고, 폴란드가 누리는 정치적 지위가 어떠하든 간에 계속 거기서 '활동'할 것이다. 이것은 너무나 초보적인 것이어서 반복해서 말해야만 한다는 것이 귀찮은 일이다. 그러나 ABC를 잊어버리면 무엇을 할 수 있겠는가?

이것이 노르웨이의 지위라는 정치적 문제를 생략하고 넘어가게 해주는가? 노르웨이가 스웨덴의 일부였다는 사실을 그냥 넘어가게 해주는가? 분리 문제가 대두되었을 때 노동자들의 태도도 그냥 넘어가게 해주는가?

키옙스키는 이런 문제들을 회피하고 있다. 그 문제들이 경제주의자들을 강타하고 있기 때문이다. 그러나 그 문제들은 생활 자체에 의해 제기되었고, 또 제기되고 있는 문제들이다. 생활 자체가 다음과 같은 문제를 제기한 것이다. 즉 노르웨이의 분리권을 인정하지 않은 스웨덴 노동자가 사회민주당원으로 남아 있을 수 있었을까? 남아 있을 수 없었다.

스웨덴 귀족들은 노르웨이에 대한 전쟁을 원했고, 스웨덴 성직자들도 그랬다. 키옙스키가 노르웨이 인민의 역사에서 이 사실을 읽는 것을 '잊었다'고 해서 이 사실이 사라지지는 않는다. 스웨덴 노동자들은 사회민주주의자로 남아 있으면서도 노르웨이인들에게 분리에 반대하는 투표를 하도록 촉구할 수 있었다(1905년 8월 13일 시행된 분리에 관한 노르웨이 국민투표 결과는 투표율 약 80퍼센트에 분리 찬성이 36만 8,200명, 반대가 184명이었다). 그러나 노르웨이인들이 이 문제를 스웨덴인들 없이, 그리고 스웨덴인들의 의지에 개의치 않고 스스로 결정할 권리를 가지고 있음을 부정하는──스웨덴의 귀족이나 부르주아지처럼──스웨덴 노동자는 **사회배외주의자**일 것이고, 사회민주당이 자신의 대열 내에 용납할 수 없는 이단자일 것이다.

이것이 우리 당의 강령 9조가 적용되어야 하는 방식이다. 그러나 우리의 제국주의적 경제주의자는 이 조항을 뛰어넘으려 한다. 신사양반들, 배외주의의 품속으로 떨어지지 않고서는 그것을 뛰어넘을 수 없소이다!

노르웨이 노동자의 경우는 어떠한가? 국제주의적 관점에서 분리 찬성 투표를 하는 것이 그의 의무였을까? 물론 아니다. 그는 분리에 반대 투표를 하고도 사회민주주의자로 남아 있을 수 있었다. 그러나 노르웨이의 분리의 자유에 반대하는 흑백인조 스웨덴 노동자에게 조력했을 경우, 오직 그 경우에는 그가 사회민주당원으로서의 자신의 의무를 등진 것이 된다.

어떤 이들은 노르웨이 노동자들과 스웨덴 노동자들의 이러한 지위상의 기본적인 차이를 보길 거부한다. 그러나 그들이 그 자신을 폭로하는 것은, 우리가 그들에게 정면으로 제기한 이 가장 구체적인 정치적 문제를 **회피**할 때다. 그들은 침묵하고 발뺌하려고 하며, 그런 방식으로 자신의 진지를 내주고 있다.

'노르웨이' 문제가 러시아에서도 대두될 수 있다는 것을 증명하기 위해 우리는, 순수하게 군사상·전략상의 조건하에서는 지금이라도 독립 폴란드 국가가 완전히 실현 가능하다는 테제를 특별히 신경 써서 제기한 것이다. 키엡스키는 이에 대해 '토론'을 희망하면서 여전히 침묵하고 있다!

덧붙여 말하면, 핀란드도 순수히 군사상·전략상의 고려로부터, 그리고 현 제국주의 전쟁의 어떤 결과(예를 들어 스웨덴이 독일에 병합되고 독일이 절반 승리를 점하는 상황)를 전제할 경우, 독립국이 될 수 있다. 금융자본의 단 하나의 활동도 그 '실현 가능성'을 해치지 않고서도, 또 핀란드의 철도와 기업 주식의 매점을 '실현 불가능'하게 만들지 않고서도 말이다.[13]

---

13 레닌 주 현 전쟁의 어떤 결과로, 유럽에 새로운 국가들(폴란드, 핀란드 등)의 형성은 완전히 '실현 가능'하다. 제국주의와 그 힘의 발전 조건을 전혀 방해하지 않고서도 말이다. 오히려 이러한 새로운 국가들의 형성은 금융자본의 영향과 접촉 범위와 압력을 증대시킬 것이다. 그러나 또 다른 결과로, 헝가리, 체코 등의 새로운 국가들의 형성도 마찬가지로 '실현 가능'하다. 영국 제국주의자들은 자신들의 승리를 예견하면서 이미 이 후자의 결과를 계획하고 있다. 제국주의 시대는 세계의 제국주의적 상호관계의 경계 내에서는 민족의 정치적 독립을 위한 지향도, 그러한 독립의 '실현 가능성'도 파괴하지 않는다. 그러나 이러한 경계 밖에서는 공화제 러시아도, 또는 세계의 다른 어느 곳에서 어떤 주요한 민주주의적 이행 일반도, 일련의 혁명 없이는 '실현 불가능'하며, 사회주의 없이는 불안정하다. 키엡스키는 민주주의에 대한 제국주의의 관계를 전혀, 전혀 이해하지 못하고 있다.

키옙스키는 불유쾌한 정치적 문제로부터의 구원의 길을, 다음과 같은 그의 모든 '논거들'을 놀랍게 특징짓는 놀라운 구절에서 찾고 있다. "어떤 순간에도[이것은 1장 C절의 끝에서 그가 말한 그대로다] 다모클레스의 검은 '독립된' 작업장을 내리쳐 그 존재를 끝장낼 수 있다."(소국 스웨덴과 노르웨이를 '암시'하고 있다.)

이거야말로 진정한 마르크스주의일 것이다. 스웨덴 정부가 스웨덴으로부터 노르웨이의 분리를 '혁명적 조처'라고 부른 그 독립 노르웨이 국가는 겨우 10년 정도 존속했다. 만약 우리가 힐퍼딩의 『금융자본』을 읽고서 소국가는 "어떤 순간에도"――과장하려면 제대로 하자!――사라질 수도 있다는 의미로 그것을 '이해'한다면, 이 분리로부터 나오는 **정치적 문제**를 규명하는 것이 무슨 의미가 있는가? 우리가 마르크스주의를 경제주의로 변질시켰고, 우리의 정치를 러시아 배외주의자들의 뻔뻔스런 연설의 재탕으로 바꾸어버렸다는 사실에 주의를 기울이는 것이 무슨 의미가 있는가?

러시아 노동자들은 1905년에 공화제를 추구함으로써 진실로 오류를 저질렀음에 틀림없다! 금융자본이 이미 프랑스, 영국 등에서 공화제를 겨냥하여 동원되었고, 만약 공화제가 생겨나기만 하면 "어떤 순간에도" "다모클레스의 검"이 그것을 때려눕힐 수 있었던 상황에서 말이다.

"민족자결 요구는 …… 최소강령에서는 공상적이지 않다. 즉 그것의 실현이 사회적 발전을 방해하지 않는 한에서는 그 것은 사회적 발전과 모순되지 않는다." 키엡스키가 반론을 제 기하고 있는 마르토프의 이 구절은 마르토프가 노르웨이에 관 한 '성명'을 인용한 대목에 있는 구절이다. 그 성명은 노르웨이 의 '자결'과 분리가 일반적으로 금융자본의 발전도, 특수하게 는 그 활동 범위의 확대도, 또는 영국인에 의한 노르웨이의 매 점도 방해하지 않았다는, 일반적으로 알려진 사실을 반복해서 증명하고 있다!

마르토프가 옳았던 바로 그때에 마르토프와 논쟁한 사람 들, 예를 들면 1908~10년의 알렉신스키와 같은 볼셰비키들이 우리들 사이에 있었다! 신이여, 그런 '아군들'로부터 우리를 구 하소서!

5. '일원론과 이원론'

키엡스키는 우리가 "요구를 이원론적으로 해석하고 있다"고 꾸짖으면서 다음과 같이 쓰고 있다.

"인터내셔널의 일원론적 행동은 이원론적 선전으로 대체되고 있다."

거참 마르크스주의적이고 유물론적으로 들린다. 단일의 행동이 '이원론적' 선전에 대치되고 있다는 것이다. 불운하게도 좀 더 면밀하게 검토해보면 이것은 듀링(Dühring)의 '일원론'처럼 말뿐인 '일원론'이라는 것이 드러난다. 엥겔스는 듀링의 일원론을 폭로하며 이렇게 썼다. "구둣솔을 포유류라는 **통일체**에 포함시킨다 하더라도 이것이 구둣솔이 젖샘을 갖도록 도와주진 않는다."[14]

이것이 의미하는 것은 객관적 현실에서 **통일체**인 사물, 질, 현상, 행동만이 '통일체'로 선언될 수 있다는 것이다. 우리의 저자가 간과하고 있는 것은 이 '디테일'이다!

---

14 엥겔스의 『반듀링론 *Anti-Dühring*』, 모스크바, 1959년, 63~4쪽에서 인용.—원서 편집자

그가 우리를 '이원론자'라고 생각하는 이유는 첫째, 우리가 피억압 민족의 노동자에 대해 일차적으로 요구하는 것——이 것은 오직 민족 문제에 관한 것이다——과 억압 민족의 노동자에 대해 요구하는 것이 다르기 때문이다.

키엡스키의 '일원론'이 듀링의 것과 같은지의 여부를 결정하기 위해 객관적 현실을 검토해보자.

민족 문제의 관점에서 볼 때 억압 민족 노동자와 피억압 민족 노동자의 실제 조건이 똑같은가?

아니다. 똑같지 않다.

(1)경제적으로 억압 민족 노동자계급의 일부는 억압 민족 부르주아지가 피억압 민족 노동자들을 극도로 착취해서 얻은 초과이윤으로부터 빵 부스러기를 받는다는 점에서 차이가 난다. 게다가 경제 통계는 억압 민족 중에서는 피억압 민족의 경우보다 더 높은 비율의 노동자가 '공장 감독'이 되고, 더 높은 비율의 노동자가 노동귀족으로 상승한다는 것을 보여준다.[15] 이 것은 사실이다. 어느 정도는 억압 민족 노동자는 피억압 민족 노동자(그리고 주민 대중)를 약탈하는 데서 **자국** 부르주아지의 동반자다.

(2)정치적으로는 피억압 민족 노동자와 비교하여 억압 민

[15] 예를 들어 미국에서의 이민과 노동자계급의 처지를 연구한 호르위치 (Hourwich)의 책 『이민과 노동*Immigration and Labour*』을 보시오.—원서 편집자

족 노동자들이 정치 생활의 많은 분야에서 **특권적** 지위를 차지하고 있다는 점에서 차이가 난다.

(3) **이데올로기적으로** 또는 정신적으로, 억압 민족 노동자들은 피억압 민족 노동자를 경멸하고 무시하도록 학교나 실생활에서 배워왔다는 점에서 차이가 난다. 예를 들어 대러시아인들 사이에서 훈육되어왔거나 생활해온 모든 대러시아인들이 이를 경험해왔다.

이와 같이 모든 면에서 객관적 현실에서는 차이가 있다. 즉 개인들의 의지와 의식과는 독립된 객관 세계에서는 '이원론'이 도처에 존재한다.

그렇다면 우리는 '인터내셔널의 일원론적 행동' 운운하는 키엡스키의 주장을 어떻게 봐야 하는가?

그것은 공허하고 과장된 문구일 뿐, 그 이상의 것이 아니다.

실생활에서 인터내셔널은 억압 민족과 피억압 민족으로 나뉜 노동자들로 구성되어 있다. 만약 인터내셔널의 행동이 **일원론적**이려면 그 선전은 양자에게 똑같은 것이어서는 안 된다. 이것이 우리가 참된(듀링주의적이 아닌) '일원론', 즉 마르크스주의적 유물론에 비추어 문제를 바라보는 방식이다.

예를 하나 들어볼까? 우리는 (2년여 전에 합법 출판물에서!) 노르웨이의 예를 인용한 바 있다. 그리고 아무도 그것을 반박하지 않았다. 실생활에서 취해진 이 구체적 사례에서, 스웨덴 노동자는 **무조건적으로** 노르웨이의 분리의 자유를 옹호했고 노르웨이 노동자들은 조건부로만 분리의 문제를 제기했다는, 오직 그 이유에서, 그리고 그런 한에서만 노르웨이 노동자와 스웨덴 노동자의 행동은 '일원론적'이었고 통일적이었으며 국제주의적이었다. 만약 스웨덴 노동자가 노르웨이의 분리의 자유를 무조건적으로 지지하지 않았다면, 그들은 배외주의자가 되었을 것이다. 달리 말하자면 노르웨이를 무력과 전쟁으로 '유지'하기를 원하는 배외주의적인 스웨덴 지주와 공범이 되었을 것이다. 만약 노르웨이 노동자가 분리 문제를 조건부로 제기하지 않았다면, 즉 사회민주당원들이 분리에 반대하는 선전을 수행하고 분리에 반대 투표를 하는 것까지도 허락하면서 분리 문제를 제기하지 않았다면, 그들은 자신의 국제주의적 의무를 이행하지 못하고 편협한 부르주아적인 노르웨이 민족주의로 빠져버리게 되었을 것이다. 왜 그러한가? 왜냐하면 분리가 완수되는 것은 프롤레타리아트에 의해서가 아닌, 부르주아지에 의해서기 때문이다! 왜냐하면 노르웨이 부르주아지는 (다른 모든 나라 부르주아지처럼) 언제나 자국 노동자와 '타'국 노동자 사이에다가 쐐기를 박으려고 애쓰기 때문이다! 그리고 계급적으로 각성한 노동자들에게는 모든 민주주의적 요구(민족자결을 포함한)가 사회주의라는 최고의 이익에 종속되기 때문이다. 예를 들어 만약 스웨덴으로부터 노르웨이의 분리가 영국과 독일 간의 전쟁을 야기시킬 가능성이나 확실성을 만들어냈다면, 노르웨이 노동자는 그 이유 하나로 분리에 반대했어야 했을 것이다. 스웨덴 노동자가 사회주의자이기를 그만두지 않고도 분리에 반대하는 선동을 할 권리와 기회를 가지는 것은, 오직 그들이 노르웨이의 분리의 자유를 위해 스웨덴 정부에 대항하여 체계적이고 일관되며 끊임없는 투쟁을 수행했을 때만이었다. 그렇지 않았다면 노르웨이 노동자와 인민은 스웨덴 노동자의 충고를 진지하게 받아들이려고 하지도 않고, 받아들일 수도 없었을 것이다.

민족자결 반대자들의 문제점은, 단 하나의 구체적 실생활의 예도 끝까지 분석하길 두려워하면서 생명 없는 추상에 머물러버린다는 것이다. 순수하게 군사적이고 전략적인 조건들의 일정한 조합이 주어지면 새로운 폴란드 국가는 지금도 완전히 '실현 가능'하다는 우리 테제의 구체적 지시[16]는 폴란드인이나 키옙스키 그 누구에게도 반론을 받지 않았다. 그러나 우리가 옳았다는 이러한 암묵적인 승인으로부터 나오는 결론들에 대해서는 아무도 깊이 생각해보기를 원치 않았다. 그로부터 나오는 명배한 결론은, 국제주의적 선전은 러시아인과 폴란드인에게 똑같을 수 없다는 것이다. 국제주의적 선전이 양자 모두를 '일원론적 행동'을 위해 교육하려는 것이려면 말이다. 대러시아 (그리고 독일) 노동자는 폴란드의 분리의 자유를 무조건적으로 주장해야 할 의무가 있으며, 그렇지 않는다면 사실상 그는 이

16 레닌 주 「사회주의 혁명과 민족자결권」 참조.

제 니콜라이 2세 또는 힌덴부르크의 종복이 될 것이다. 폴란드 노동자는 조건부로만 분리를 주장할 수 있다. 왜냐하면 이쪽 또는 저쪽 제국주의적 부르주아지의 승리에 투기(投機)를 하는 것(프라키[17]가 그러듯이)은 그들의 종복이 되는 것에 다름 아니기 때문이다. 인터내셔널의 '일원론적 행동'의 전제조건인 이러한 차이를 이해하지 못하는 것은, 모스크바 근방의 차르 군대에 대항하는 '일원론적 행동'이 왜 혁명군으로 하여금 니즈니-노브고르드에서 서쪽으로, 스몰렌스크에서 동쪽으로 진군할 것을 요구하는가를 이해하지 못하는 것과 같다.

* * *

둘째, 듀링의 일원론에 대한 우리의 새로운 해설자는 사회혁명 시 '인터내셔널 각국 지부의 최대한 긴밀한 조직적 통일'을 실현하기 위해 애쓰지 않는다고 우리를 비난하고 있다.

키옙스키는 사회주의하에서 민족자결은 국가 자체가 존재하길 멈출 것이므로 불필요하게 된다고 쓰고 있다. 이것이 우

---

17 폴란드 사회당(P.S.P.)의 우파로, '혁명파'라고도 불렸다. 폴란드 사회당은 1892년에 창당하여 필수드스키가 주도한 개량주의적인 민족주의 정당이다. 폴란드 사회당은 폴란드의 독립을 내걸었으나, 폴란드 노동자들 사이에서 분리주의적인 민족주의적 선전을 수행하여, 전제와 자본주의에 반대하는 러시아 노동자와의 공동투쟁을 막으려 애썼다.
1906년에 당은 P.S.P. 좌파와 P.S.P. 우파(또는 프라키)로 분리되었다. 후자는 P.S.P.의 민족주의적·배외주의적 입장을 1차 세계대전 전부터 후까지 계속해서 취했다.

리에 반대하는 논거란다! 그러나 우리는 우리의 테제에서 1절의 마지막 세 줄에 걸쳐 분명하고 정확하게 다음과 같이 말하고 있다. "민주주의 역시 국가가 소멸하면 함께 소멸해야 할 국가의 한 형태다." 키엡스키가——물론 우리를 '논박하기' 위해!——자신의 글 r절(1장)의 몇 쪽에 걸쳐 반복하고 있는 것, 그것도 왜곡된 방식으로 반복하고 있는 것이 바로 이 공리(公理)다. 그는 다음과 같이 쓰고 있다. "우리는 우리 스스로에게 사회주의 체제를, 주민의 한 부분에 의한 다른 부분의 지배를 위한 도구로서의 국가가 사라지는 엄격히 민주주의적(!!?)이고 중앙집권적인 경제체제로서 그리고 있고, 또 언제나 그렇게 그려왔다." 이것은 혼란이다. 왜냐하면 민주주의 역시 "주민의 한 부분에 의한 다른 부분의 지배"기 때문이다. 즉 민주주의 역시 국가의 한 형태기 때문이다. 명백히 우리의 저자는 사회주의의 승리 후 국가의 고사(枯死)란 것이 무엇을 의미하며, 이러한 과정이 무엇을 필요로 하는가를 이해하지 못하고 있다.

그러나 중요한 점은 사회 혁명 시대에 관한 그의 '이견들'이다. 우리를 "민족자결의 탈무드 신봉자(talmudists)"——얼마나 겁나는 욕인가——라고 부르며, 이렇게 덧붙이고 있다. "우리는 이 과정(사회 혁명)을, 부르주아(!) 국가의 국경을 일소하고 국경표지석을 뽑아버리고("국경을 일소하는 것"에 추가로?), 민족적 통일을 날려버리고(!) 계급적 통일을 수립하는, 모든 (!) 나라 프롤레타리아의 통일된 행동으로 그린다."

"탈무드 신봉자"에 대한 이러한 준엄한 판결이 아무리 겁나더라도 우리는 이렇게 말해야 한다. 말은 많으나 '사상'은 없다.

사회 혁명은 대부분의 나라들과 세계의 대다수 주민이 자본주의 발전 단계에 도달하지도 못했거나 이제 막 도달했다는 단순한 이유에서 모든 나라 프롤레타리아트의 통일된 행동일 수 없다. 우리는 이것을 테제 6절에서 밝혔지만, 키엡스키는 주의 결여나 사고 능력의 결여로 인해 우리가 이 절을 명확한 목적에서, 즉 마르크스주의에 대한 희화적 왜곡을 논박하기 위해 포함시켰다는 것을 '알아차리지 못한' 것이다. 오직 서유럽과 북미의 선진국들만 사회주의에 이를 수 있을 정도로 성숙했다. 그리고 카우츠키에게 보낸 엥겔스의 편지《스보르니크 소치알 데모크라타》[18]에서 키엡스키는 "모든 나라 프롤레타리아의 통일된 행동"을 꿈꾸는 것이 사회주의를 그리스의 초하루까지[19], 즉 영원히 연기하는 것을 의미하는, 현실의——단지 약속되고 있을 뿐이 아닌——'사상'의 구체적인 예증을 발견하게 될 것이다.

사회주의는 모든 나라가 아니라 선진적인 자본주의 발전 단계에 도달한 소수의 나라들의 프롤레타리아의 통일된 행동

---

18 1882년 9월 12일 엥겔스가 카우츠키에게 보낸 편지를 말한다. 레닌은 「민족자결에 관한 토론 총괄 정리」(이 책에 수록—편집자)에서 이 편지를 인용하고 있다.—원서 편집자

19 그리스력에는 초하루가 없다.—옮긴이

에 의해 실현될 것이다. 키엡스키의 오류는 이것을 이해하지 못한 데 원인이 있다. 이들 선진국(영국, 프랑스, 독일 등)에서 민족 문제는 오래전에 해결되었고 민족 통일이라는 목적은 그 시효를 넘긴지 이미 오래다. 객관적으로, 완수해야 할 '일반 민족적 과제'는 존재하지 않는다. 따라서 지금 민족적 통일을 '날려버리'고 계급적 통일을 수립하는 것이 가능한 것은 이들 나라들뿐이다.

미발전국들에서는 문제가 다르다. 동유럽 전체와 모든 식민지, 반식민지 들이 여기에 포함되며, 우리는 테제 6절에서 이들(두 번째와 세 번째 유형의 나라들)에 대해 다루고 있다. 대체로 이들 지역에는 억압받고 있고 자본주의적으로 미발전한 민족들이 여전히 존재한다. 객관적으로, 여전히 이들 민족은 완수해야 할 일반 민족적 과제, 즉 민주주의적 과제와 외국의 억압을 타도하는 과제를 지니고 있다.

엥겔스는 이런 민족의 예로 인도를 들면서, 인도는 승리한 사회주의에 대항하여 혁명을 일으킬지도 모른다고 말했다. 왜냐하면 엥겔스는 프롤레타리아트가 선진국에서 승리하면 '자동으로', 일정한 민주주의적 조처 없이도 어디서나 민족적 억압을 철폐할 것이라고 상상하는, 터무니없는 제국주의적 경제주의와는 거리가 멀었기 때문이다. 승리한 프롤레타리아트는 자신이 승리를 거둔 나라들을 재조직할 것이다. 그러나 이 일이 단박에 이뤄질 수는 없다. 정말이지, 부르주아지를 단숨에 '쳐부술' 수도 없다. 우리는 테제에서 이 점을 특별히 신경 써서 강조했고, 키옙스키는 또다시 우리가 민족 문제와 관련하여 이 점을 왜 강조했는지 곰곰이 생각해보는 데 실패했다.

선진국의 프롤레타리아트가 부르주아지를 타도하고 반혁명 기도를 격퇴하고 있는 동안, 미발전 피억압 민족들은 그저 기다리지도, 존재하기를 멈추지도, 사라지지도 않는다. 만약 그들이 1915~6년의 전쟁과 같은 부르주아지의 제국주의적 위기——사회 혁명에 비해 소위기인——조차도 봉기로 떨쳐 일어서는 데 이용하고 있다면(식민지들, 아일랜드), 더더욱 기꺼이 선진국의 내란이라는 대위기를 봉기로 떨쳐 일어서는 데 이용할 것이라는 것은 의심의 여지가 없다.

사회 혁명은 오직, 선진국에서 부르주아지에 대항하는 프롤레타리아트의 내란과, 미발전의 후진 피억압 민족들의 **일련의 민주주의적·혁명적 운동들**——민족해방 운동을 포함하는——전체가 결합되는 시대의 형태로만 올 수 있다.

왜 그러한가? 왜냐하면 자본주의는 불균등하게 발전하며, 객관 현실은 우리에게 고도로 발전된 자본주의 민족들과 나란히 경제적으로 조금밖에 발전되지 못했거나 또는 전혀 미발전된 수많은 민족들을 우리에게 보여주고 있기 때문이다. 키옙스키는 다양한 나라들의 경제적 성숙도라는 관점에서 사회 혁명의 **객관적 조건들**을 분석하는 데 완전히 실패했다. 따라서 우리가 자결을 적용할 사례들을 '발명'하고 있다는 그의 비난은 다른 사람에게 죄를 덮어씌우려는 시도다.

더 나은 명분이 되기에 충분한 열의를 가지고 키엡스키는 '우리는 우리 자신의 머릿속에서 사물들을 발명해내서는 안 되며, 현존하는 물질적 조건 속에서 [인류를 사회악으로부터 구해낼 수단을] 발견하는 데 머리를 이용해야 한다'는 취지로 마르크스와 엥겔스의 말을 되풀이하여 인용하고 있다. 자주 반복되는 이 인용문들을 읽고 있자면, 러시아에서는 자본주의가 승리했다는 자신들의 '새로운 발견'을 마찬가지로 지루하게 반복했던, 죽었으나 애통해 하는 사람이 없는 경제주의자들을 떠올리지 않을 수 없다. 키엡스키는 그 인용문들을 가지고 우리를 '겁주고' 싶어한다. 우리가 우리의 머릿속에서 제국주의 시대에 자결을 적용하기 위한 조건들을 발명해내고 있다는 것이다! 그러나 우리는 키엡스키 자신의 글에서 다음과 같은 '부주의한 고백'을 발견한다.

"우리가 조국 방위에 반대하고 있다[강조는 키엡스키]는 바로 그 사실은 우리가 민족 봉기의 진압에 적극적으로 저항할 것이라는 것을 가장 분명하게 보여준다. 왜냐하면 우리는 그것을 통해 우리의 불구대천의 적, 제국주의와 싸울 것이기 때문이다."(2장 r절)

한 저자를 비판하거나, 그에게 답하려면 우리는 그의 논문에서 적어도 주요 명제들을 전문 인용해야 한다. 그러나 모든 키엡스키의 명제들에서 여러분은, 매 문장이 마르크스주의를 왜곡하는 두세 개의 오류 또는 비논리를 담고 있음을 발견할 것이다!

1. 그는 민족 봉기는 또한 '조국 방위'이기도 하다는 것을 인식하지 못하고 있다! 그러나 조금만 생각해보면 그 사실이 완연히 분명해질 것이다. 왜냐하면 모든 '봉기한 민족'은 자기 자신과 자신들의 언어, 영토, 조국을 억압 민족에 대항하여 '방위'하고 있기 때문이다.

모든 민족적 억압은 광범한 인민 대중의 저항을 불러일으키며, 이 민족적으로 억압받는 주민의 저항은 언제나 민족 봉기로 이어지기 쉽다. 우리는 빈번하게(특히 오스트리아와 러시아에서) 피억압 민족의 부르주아지가 민족 봉기를 이야기하면서 실제로는 자기 인민의 등 뒤에서 자기 인민을 적으로 하여 억압 민족의 부르주아지와 반동적 협정을 맺는 것을 보게 된다. 이런 경우 혁명적 마르크스주의자들의 비판은 민족운동을 향한 비판이 아니라, 그것의 타락, 그것의 비속화, 하찮은 실랑이로 그것을 축소시키려는 경향을 향한 비판이어야 한다. 그런데 오스트리아와 러시아의 사회민주주의자들 상당수가 이를 간과하고 있으며, 하찮고 비속하고 추잡한 민족적 실랑이——예를 들어 두 개의 국어로 표시된 도로 표지판 중 어느 것을 앞세울 것인가와 같은 문제를 놓고 벌이는 입씨름과 몸싸움——에 대한 정당한 혐오감으로 인해 민족 투쟁을 지지하길 거부하고 있다. 우리가 이를테면 모나코공국에서의 공화제적 광대극이나 남아메리카 또는 태평양 섬 소국들에서의 '장군들'의 '공화제적' 모험주의를 '지지하는' 일은 없을 것이다. 그러나 이것이 진지한 민주주의운동과 사회주의운동을 위한 공화제 슬로건을 포기해도 좋다는 것을 의미하지는 않는다. 우리는 러시아나 오스트리아에서의 추잡한 민족적 실랑이와 입씨름을 비웃어야 하며, 실제로 그러고 있다. 그러나 이것이 민족적 억압에 반대하는 민족 봉기나 진지한 인민 투쟁에 대한 지지를 거부해도 좋다는 것을 의미하지는 않는다.

2. 만약 민족 봉기가 '제국주의 시대'에는 불가능하다면, 키엡스키는 민족 봉기에 대해 이야기할 권리가 없다. 만약 그것이 가능하다면, '일원론과' 제국주의하에서의 민족자결에 대한 우리가 '발명해낸' 예들 등에 대한 그의 지나치게 세밀한 논의는 모두 산산조각 난다. 키엡스키는 자신의 논거들을 무너뜨리고 있다.

만약 "우리"가 "민족 봉기"의 "진압에 적극적으로 저항한다"면―키엡스키 '자신이' 가능하다고 생각한 경우―이것은 무엇을 의미하는가?

이것은 행동이 이중적이거나, 우리의 저자가 한 것처럼 부정확하게 철학적 용어를 사용한다면 '이원론적'이라는 것을 의미한다. (a)첫째, 이것은 피억압 민족 프롤레타리아트와 농민이 피억압 민족 부르주아지와 함께 억압 민족에 대항하는 '행동'이다. (b)둘째, 이것은 억압 민족의 프롤레타리아트 또는 프롤레타리아트의 계급적으로 각성한 부분이 그 억압 민족의 부르주아지 및 그들을 따르는 모든 분자들에 대항하는 '행동'이다.

'민족적 블록', 민족적 '환상', 민족주의라는 '해독', '민족적 증오 부추기기' 등에 반대하여 키엡스키가 동원하는 무수히 많은 문구들은 의미 없는 것임이 입증되고 있다. 왜냐하면 그가 억압국의 프롤레타리아트(그가 위선적이지 않은 진지한 세력으로 간주한)에게 "민족 봉기 진압에 적극적으로 저항하라"고 충고할 때, 그는 이로써 민족적 증오를 부추기고 피억압 민족의 노동자에 의한 '부르주아지와의 블록' 형성을 지지하고 있기 때문이다.

3. 만약 민족 봉기가 제국주의하에서 가능하다면, 민족 전쟁 또한 가능하다. 양자 사이에는 중요한 정치적 차이는 없다. 전쟁사 역사가들이 반란을 전쟁과 같은 범주로 놓는 것은 확실히 옳다. 키엡스키는 무의식중에 자기 자신뿐만 아니라, 제국주의하에서의 민족 전쟁의 가능성을 부인한 유니우스[20]와 인터나치오날레 그룹도 논박했다. 그리고 이러한 부인이 제국주의하에서의 민족자결을 부정하는 견해의 유일한 이론적 근거인 것으로 보인다.

4. '민족' 봉기는 무엇을 위한 봉기인가? 피억압 민족의 정치적 독립의 실현, 즉 독립된 민족국가의 수립을 목표로 하는 봉

20 유니우스는 로자 룩셈부르크의 필명이다. ─옮긴이

기다.

만약 억압 민족의 프롤레타리아트가 (우리의 저자가 올바르게 보고 있듯이 제국주의 시대에) 위선적이지 않은 진지한 세력이라면, "민족 봉기 진압에 적극적으로 저항한다"는 억압 민족 프롤레타리아트의 결정은 독립된 민족국가 창설을 지원한다는 것을 함의하는 것이 아닌가? 당연히 함의하는 것이다.

비록 자결의 '실현 가능성'을 부인하고 있음에도 우리의 용감한 저자는 지금 선진국의 계급적으로 각성한 프롤레타리아트가 이 '실현 불가능한' 목표를 실현하는 것을 지원해야 한다고 주장하고 있는 것이다!

5. 왜 "우리"는 "민족 봉기 진압에 적극적으로 저항"해야 하는가? 키옙스키가 제시하는 이유는 하나뿐이다. "우리는 그렇게 함으로써 우리의 불구대천의 적, 제국주의와 싸우게 될 것이다." 이 논거의 모든 힘은 "불구대천의"라는 힘센 문구에 있다. 그리고 이것은 힘센 논거보다는 힘센 문구——"부르주아지의 떨고 있는 몸 안으로 말뚝을 박아 넣는"과 같은 어마어마한 문구들 및 그와 유사한 알렉신스키 류의 과장된 언사들——를 선호하는 그의 취향과 맞아떨어진다.

그러나 키옙스키의 이 논거는 **틀렸다**. 자본주의가 우리의 "불구대천의" 적인 만큼 제국주의도 우리의 "불구대천의" 적이다. 그건 그렇다. 그러나 그 어떤 마르크스주의자도 자본주의가 봉건제에 비해 진보적이고, 제국주의가 독점 이전의 자본주의보다 진보적이라는 것을 망각하지 않을 것이다. 따라서 제국주의에 반대하는 투쟁이라고 해서 우리가 다 지지해야 하는 것은 아니다. 우리는 제국주의에 반대하는 반동적 계급들의 투쟁을 지지하지 않을 것이다. 제국주의와 자본주의에 반대하는 반동적 계급들의 봉기 역시 지지하지 않을 것이다.

따라서 저자가 일단 피억압 민족의 봉기를 지지할 필요를 인정하는 한(진압에 "적극적으로 저항"한다는 것은 봉기를 지지하는 것을 의미한다) 그는 민족 봉기가 **진보적**이고, 성공적인 봉기의 결과물인 독립된 새로운 국가의 수립, 새로운 국경의 수립 등도 **진보적**이라는 것 또한 인정하는 것이다.

저자는 자신의 정치적 논거들 중 어느 하나에서도 일관성을 보여주지 못하고 있다!

그런데 《포어보테》 2호에 우리의 테제가 발표된 이후에 발발한 1916년 아일랜드 반란은, 유럽에서조차 민족 봉기의 가능성에 대해 이야기하는 것이 허황된 것이 아님을 부수적으로 증명했다.

6. 키엡스키에 의해 제기되고 왜곡된
그 밖의 정치적 문제들

우리의 테제에서 언급된 식민지들의 해방은 민족들의 자결을 의미한다. 유럽인들은 식민지 인민들 또한 민족들이라는 사실을 종종 망각하지만, 이러한 '망각'을 용인하는 것은 배외주의를 용인하는 것이다.

키엡스키는 다음과 같이 '반박'한다.

순수한 유형의 식민지에서는 "본래적 의미의 프롤레타리아트는 없다."(2장 r절의 끝부분) "그럼 '자결' 슬로건은 누구를 위해 의도된 것인가? 식민지 부르주아지? 펠러[21]? 농민들을? 물론 아니다. 사회주의자[강조는 키엡스키]가 식민지의 자결을 요구하는 것은 불합리하다. 왜냐하면 노동자들이 없는 나라에 대해 노동자 당의 슬로건을 제출하는 것은 일반적으로 불합리하기 때문이다."

키엡스키가 우리의 견해를 "불합리"하다고 비난하며 화를 낸다 하더라도 우리는 그의 논거들은 오류라고 감히 말해야

---

21 펠러(fellah)는 이집트와 아랍 국가들의 농민을 비롯한 근로인민이다.—
옮긴이

겠다. 죽었으나 애통해 하는 사람 없는 경제주의자들만이 "노동자 당의 슬로건"은 오직 노동자들에게만 제기되는 것이라고 믿었다.[22] 그러나 이러한 슬로건들은 근로주민 전체에게, 전체 인민에게 제기되는 것이다. 우리 강령의 민주주의 부분——키엡스키는 이것의 의의 '일반'에 대해 전혀 생각해보지 않았다——은 특히 전체 인민에게 제기된 것이며, 이것이 강령에서 우리가 '인민'을 이야기하고 있는 이유다.[23]

우리는 식민지·반식민지 민족들이 10억 명에 달한다고 말했다. 키엡스키는 이러한 구체적 진술을 논박하는 수고를 하지 않았다. 이 10억 중 7억 이상(중국, 인도, 페르시아, 이집트)이 노동자들이 있는 나라에서 살고 있다. 그러나 노동자들이 없고 오직 노예 소유주와 노예 등만 있는 식민지 나라들에서조차 '자결' 요구는 불합리하기는커녕 모든 마르크스주의자에게 의무적인 것이다. 그리고 키엡스키가 문제를 잠시만이라도 깊이 생각해본다면 그는 아마도 이것을 깨닫게 될 것이다. 또한 '자결'이 언제나 두 민족——피억압 민족과 억압 민족——에 '대해' 제기

22 레닌 주 키엡스키는 마르티노프(Martynov) 일파가 1899~1901년에 썼던 글을 다시 읽어보는 것이 좋을 듯하다. 그는 거기에서 '자신의' 논거들 중 많은 것을 발견하게 될 것이다.

23 레닌 주 '민족자결'에 반대하는 몇몇 호기심 많은 논적들은 '민족'은 계급들로 나누어져 있다는 논거로 우리의 견해를 논박하려 시도한다! 이 희화적 마르크스주의자들에 대한 우리의 관례적인 대답은 이렇다. 우리 강령의 민주주의 부분은 '인민에 의한 정부'를 이야기하고 있다.

된다는 것도 깨닫게 될 것이다.

키엡스키의 '반박' 또 하나는 다음과 같다.

"이러한 이유에서 우리는 식민지와 관련해서는 부정적(네거티브) 슬로건에(사회주의자들이 자국 정부에게 제시하는 '식민지에서 손을 떼라!'와 같은 요구에) 우리 자신을 한정시키고 있는 것이다. 이러한 요구는 제국주의에 반대하는 투쟁을 첨예화하는 데 복무한다. 자본주의의 틀 내에서는 실현 불가능한 요구기 때문이다. 하지만 이러한 요구는 발전의 추세와 모순되지 않는다. 왜냐하면 사회주의 사회는 식민지를 소유하지 않을 것이기 때문이다."

저자가 정치적 슬로건들의 이론적 내용에 대해 조금도 숙고할 능력이 없다는 것, 또는 숙고하기를 꺼려한다는 것이 그저 놀라울 뿐이다! 이론적으로 정확한 정치적 용어 대신에 선전 문구를 사용하면 그것이 사태를 변화시켜줄 것이라고 믿으란 말인가? '식민지에서 손을 떼라'고 말하는 것은 이론적 분석을 회피하고 선전 문구 뒤에 숨는 것이다! 왜냐하면 우리 당의 선전가들 누구도 우크라이나, 폴란드, 핀란드 등과 관련하여 차르 정부('자국 정부')에게 '핀란드 등에서 손을 떼라'고 요구할 완전한 자격이 있기 때문이다. 그러나 현명한 선전가라면, 투쟁을 '첨예화시킨다'는 목적만을 위해서 슬로건을──긍정적 슬로건이든 부정적 슬로건이든──제출해서는 안 된다는 것을 이해할 것이다. '흑백인조 두마에서 손을 떼라'는 "부정적"

슬로건이 모종의 악에 대항하는 투쟁을 "첨예화하"려는 소망에 의해 그 옳음이 증명되었다고 주장할 수 있는 사람은 오직 알렉신스키 같은 유형의 사람들뿐일 것이다.

투쟁의 첨예화는, 그 어떤 슬로건도 경제적 현실, 정치적 정세, 슬로건의 정치적 의의에 대한 정확한 분석에 의해서 그 옳음이 증명되어야 한다는 마르크스주의적 요건을 망각한 주관주의자들의 공허한 문구다. 이런 것까지 일러줘야 하다니 참 한심스런 일이지만, 어쩌겠는가?

우리는 선전의 고함 소리로 이론적 문제에 대한 이론적 토론을 중단시켜놓는 알렉신스키의 습관을 알고 있다. 이것은 나쁜 습관이다. '식민지에서 손을 떼라'는 슬로건은 하나, 오직 단 하나의 정치적·경제적 내용을 갖고 있는데, 그것은 식민지 민족들의 분리의 자유, 독립국가 수립의 자유다! 만약 키엡스키가 믿고 있는 것처럼 제국주의의 일반 법칙이 민족자결을 막고 있고 그것을 공상, 환상 등으로 만들고 있다면, 그러면 곰곰이 생각해보지도 않고서 어떻게 세계 대부분의 민족들에게 이러한 일반 법칙으로부터의 예외를 허용할 수 있겠는가? 명백하게 키엡스키의 '이론'은 이론의 희화다.

상품생산과 자본주의, 그리고 금융자본의 연결선들은 식민지 나라들 대다수에 존재한다. 만약 '식민지에서 손을 떼라'는 요구가 상품생산과 자본주의와 제국주의의 견지에서 '비과학적'이고 '공상적'인 요구고, 심지어 렌쉬, 쿠노 등과 같은 자들에 의해서조차 '논파된' 요구라면, 어떻게 우리가 제국주의 나라들과 그들 나라 정부에게 '식민지에서 손을 떼라'고 요구할 수 있겠는가?

저자의 논증에는 생각한 흔적조차 없다!

그는 식민지의 해방이 '일련의 혁명 없이는 실현 불가능하다'는 의미에서만 '실현 불가능하다'는 사실에 대해 조금도 생각해본 적이 없다. 그리고 이것이 유럽에서의 사회주의 혁명과의 관련 속에서 실현 가능하다는 사실에 대해 조금도 생각해본 적이 없다. 그는 "사회주의 사회는" 식민지뿐만 아니라 종속국 일반을 "소유하지 않을 것"이라는 사실에 대해 조금도 생각해본 적이 없다. 그는 논의 중인 문제에서 러시아가 폴란드를 '소유하는' 것과 투르케스탄을 '소유하는' 것 사이에 경제적으로나 정치적으로나 아무 차이가 없다는 것을 조금도 생각해본 적이 없다. 그는 "사회주의 사회는" 식민지에게 분리를 권고한다는 의미에서가 결코 아니라, 자유롭게 분리할 권리를 부여한다는 의미에서만 '식민지에서 손을 떼기'를 바랄 것이라는 사실에 대해 조금도 생각해본 적이 없다.

그리고 그는 우리가 이렇게 분리할 권리와 분리하라는 권고를 구분했다는 이유로 우리에게 '사기꾼'이라는 선고를 내린다. 그리고 노동자의 눈으로 이 판결을 '과학적으로 실증'한다며 다음과 같이 쓰고 있다.

"한 노동자가 선전가에게 프롤레타리아트는 사모스치노스

트[우크라이나의 정치적 독립]를 어떻게 봐야 하냐고 물었다가 '사회주의자는 분리의 권리를 위해 노력하고 있지만 선전에서는 분리 반대 선전을 한다'는 대답을 듣는다면 그 노동자가 무슨 생각을 하겠는가?"

나는 이 물음에 대해 아주 정확하게 답변해줄 수 있다고 믿는다. '분별력 있는 노동자라면 누구나 키엡스키가 생각할 능력이 없다고 생각할 것이다.'

분별력 있는 노동자 누구나 다음과 같이 '생각'할 것이다. 우리는 여기서 키엡스키가 우리 노동자들에게 '식민지에서 손 떼라'고 외치라고 말하는 것을 듣고 있다. 달리 말하면 우리 대러시아인 노동자들은 우리의 정부에게 몽골, 투르케스탄, 페르시아에서 손을 떼라고 요구해야 하고, 영국 노동자들은 영국 정부에게 이집트, 인도, 페르시아 등에서 손을 떼라고 요구해야 한다는 것이다. 그러나 이것이 우리 프롤레타리아트가 우리 자신을 이집트 노동자와 펠러로부터, 몽골, 투르케스탄, 인도의 노동자와 농민으로부터 분리하길 바란다는 것을 의미하는가? 이것이 우리가 식민지의 근로 대중에게 계급적으로 각성한 유럽 프롤레타리아트로부터 '분리하라'고 권고하는 것을 의미하는가? 전혀 그렇지 않다. 언제나처럼 지금도 우리는 선진국의 계급적으로 각성한 노동자들과 모든 피억압국의 노동자, 농민, 노예가 가장 긴밀하게 제휴하고 융합하는 것을 지지하며, 또 앞으로도 계속해서 지지할 것이다. 우리는 식민지를 비롯한 모든 피억압국의 모든 피억압 계급들에게 우리로부터의 분리가 아니라, 우리와 가능한 한 가장 긴밀한 유대를 형성하고 융합하라고 언제나 권고해왔으며, 또 계속해서 권고할 것이다.

우리는 우리의 정부에게 식민지에서 물러나라고, 선동적인 고함 소리가 아니라 정확한 정치적 용어로 표현한다면, 식민지에게 분리의 완전한 자유와 진정한 **자결권을 부여하라고** 요구한다. 그리고 우리 자신은 권력을 잡자마자 틀림없이 이러한 권리를 실시하고 이러한 자유를 부여할 것이다. 우리는 이것을 현존 정부에게 요구하고, 우리가 정부가 되었을 때에는 이것을 **실행할** 것이다. 분리를 '권고하기' 위해서가 **아니라**, 반대로 민족들의 민주주의적 제휴와 융합을 촉진하고 가속화하기 위해서 말이다. 우리는 몽골인, 페르시아인, 인도인, 이집트인과의 제휴와 융합을 증진하기 위해 모든 노력을 경주할 것이다. 우리는 이렇게 하는 것이 우리의 의무고 **우리를 위한** 것이라고 믿고 있다. 왜냐하면 그렇게 하지 않는다면 유럽의 사회주의는 안전할 수 없을 것이기 때문이다. 우리는 우리보다 더 후진적이고 더 억압받는 이 민족들에게, 폴란드 사회민주주의자들의 행복한 표현을 빌리자면, "사심 없는 문화적 지원"을 제공하기 위해 노력할 것이다. 달리 말하면 그들이 기계의 사용, 노동의 경감, 민주주의, 사회주의로 나아가도록 도울 것이다.

우리가 몽골인, 페르시아인, 이집트인과 그 밖의 모든 억압받고 불평등한 관계에 있는 민족들에 대해 예외 없이 분리의 자유를 요구할 때 그것은 우리가 분리에 찬성하기 때문이 아니라, 강제적 제휴와는 구별되는 **자유로운 자발적 제휴와 융합**을 지지한다는 **오직** 그 이유 때문이다. 이것이 유일한 이유다!

그리고 이 점에서 몽골이나 이집트의 농민·노동자 들과 폴란드나 핀란드의 농민·노동자 들 사이의 유일한 차이는 우리가 볼 때 이렇다. 후자가 대러시아인들보다 정치적으로 더 발전되어 있고 더 경험이 많으며, 경제적으로 더 준비되어 있다는 점, 그리고 그런 이유에서 대러시아인들에 대한 현재의 정당한 증오──대러시아인들이 교수형 집행자 역할을 해왔던 데서 비롯한 증오──를 **사회주의적** 노동자들, 사회주의적 러시아에까지 확대시키는 것은 현명치 못하다는 것을 자기 인민에게 십중팔구 **아주 금세** 납득시킬 것이라는 점이다. 후자, 즉 폴란드나 핀란드의 농민과 노동자는 자기 인민에게 납득시킬 것이다. 경제적 편의 및 국제주의적·민주주의적 본능과 자각은 모든 민족이 하루빨리 제휴하고 사회주의 사회에서 융합할 것을 요구하고 있다고 말이다. 그리고 폴란드인과 핀란드인은 고도로 개화된 인민들이므로 십중팔구 아주 금세 이러한 태도의 올바름을 이해하게 될 것이고, 따라서 사회주의의 승리 후에 가능할 폴란드와 핀란드의 분리는 짧은 시간 동안밖에 지속되지 않을 것이다. 비교할 수 없을 정도로 덜 개화된 펠라, 몽골인, 페르시아인은 보다 긴 시간 동안 분리되어 있을지도 모르지만, 우리는 앞에서 말한 것처럼 사심 없는 문화적 지원으로 그 기간을 단축시키려고 노력할 것이다.

폴란드인에 대한 우리의 태도와 몽골인에 대한 우리의 태도에는 어떠한 차이도 없으며, 있을 수도 없다. 분리의 자유에 대한 우리의 선전 및 우리가 정부가 되었을 때 이 자유를 실시하겠다는 우리의 확고한 결의, 민족들의 제휴와 융합에 대한 우리의 선전 사이에는 어떤 '모순'도 없으며, 있을 수도 없다. 바로 이것이 우리와 키엡스키 사이의 논쟁에 대해 모든 분별력 있는 노동자, 모든 진정한 사회주의자·국제주의자가 '생각'할 내용일 것이라고 우리는 확신한다.[24]

24 레닌 주 명백히 키엡스키는, 독일과 네덜란드의 어떤 마르크스주의자들이 제출한 '식민지에서 손을 떼라'는 슬로건을 그것의 이론적 내용과 함의에 대해서는 물론이고 러시아의 특이성에 대해서도 고려하지 않은 채 그것을 단순히 반복하기만 했다. 네덜란드나 독일의 마르크스주의가 '식민지에서 손을 떼라'는 슬로건에 자신을 한정하는 것은——어느 정도는——용서될 수 있다. 왜냐하면 첫째, 대부분의 서유럽 나라의 경우, 민족적 억압의 전형적 형태는 식민지에 대한 억압이기 때문이며, 둘째, 바로 그 '식민지'라는 용어가 서유럽 나라들에게는 특히 명백하고 사실적이며 생생한 의미를 지니기 때문이다.

그러나 러시아는 어떠한가? 러시아의 특이성은 바로 '우리의' '식민지'와 '우리의' 피억압 민족 사이의 차이가 분명하지 않고 구체적이지 않고 생생하게 느껴지지 않는다는 데 있다!

이를테면 독일어로 저술하는 마르크스주의자가 러시아의 이러한 특이성을 간과하는 것은 용서될 수도 있겠지만, 키엡스키가 간과하는 것은 용서될 수 없다. 러시아의 경우에 피억압 민족과 식민지 사이의 어떤 중대한 차이를 발견하려고 하는 것이 얼마나 어리석은 일인가는, 반복하지 않아도, 생각하길 원하는 러시아 사회주의자에게는 특히 분명할 것이다.

그의 글 전체를 관통하고 있는 키엡스키의 근본적인 의문은 다음과 같다. 발전의 추세가 민족들의 **융합** 쪽으로 향해져 있음을 고려한다면, 왜 우리가 민족의 **분리**의 자유를 내걸어야 하며, 또 왜——우리가 권력을 잡았을 때——그것을 실시해야 하는가? 우리는 이렇게 대답한다. 발전의 추세 전체가 사회의 한 부분에 의한 다른 부분의 강제적 지배를 폐절하는 쪽으로 향해져 있다 하더라도 우리는 프롤레타리아트의 독재를 내걸며, 또——우리가 권력을 잡았을 때——그 프롤레타리아트 독재를 실시할 거라는 것과 동일한 이유에서다. 독재란 사회의 한 부분이 다른 부분을 지배하는 것이며, 특히 직접적으로 강제에 의존하는 지배다. 일관되게 혁명적인 단 하나의 계급인 프롤레타리아트의 독재는, 부르주아지를 타도하고 부르주아지의 반혁명 기도를 격퇴하기 위해 필요하다. 프롤레타리아 독재는 더할 나위 없이 중요한 문제이므로 독재의 필요성을 부정하거나 단지 말로만 인정하는 자는 사회민주당원일 수 없다. 그러나 개별적인 경우에 예외적으로, 예를 들어 인접한 큰 나라에서 사회 혁명이 완수된 후에 어떤 작은 나라에서 부르주아지가 저항해도 가망 없다고 믿고, 다치지 않고 넘기는 쪽을 택해서 권력을 평화적으로 이양할 **가능성**은 있으며, 이것이 부정될 수는 없다. 물론 작은 국가에서조차도 내란 없이는 사회주의가 실현되지 **않을** 가능성이 훨씬 더 크며, 이런 이유에서 국제 사회민주주의의 **유일한** 강령은 내란의 승인이어야 한다. 물론 폭력은 우리의 이상과는 어울리지 않는 것이지만 말이다. 이와 동일한 것이, **필요한 변경을** 가해서 민족에도 적용될 수 있다. 우리는 민족들의 융합을 찬성하지만, 지금 분리의 자유 없이 강제적 융합과 병합이 자발적인 융합으로 이행되는 것은 가능하지 않다. 우리는 아주 당연히 경제적 요인의 우위를 인정하지만, 그것을 키엡스키 식으로 해석하는 것은 마르크스주의를 희화화하는 것이다. 현대 제국주의의 트러스트와 은행조차도——그것이 발달한 자본주의의 일부로서 어디서도 피할 수 없는 것이라 할지라도——그 구체적 모습은 나라마다 다르다. 선진 제국주의 나라들——미국, 영국, 프랑스, 독일—의 정치 형태들 간에는 본질에서의 동질성이 있음에도 불구하고, 훨씬 더 커다란 차이가 존재한다. 동일한 다양성이 오늘의 제국주의로부터 내일의 사회주의 혁명으로 인류가 밟아갈 도상에서도 또한 나타날 것이다. 모든 민족이 사회주의에 도달할 것이다. 이것은 필연적이지만, 모든 민족이 똑같은 방식으로 도달하지는 않을 것이다. 각 민족은 민주주의의 이러저러한 형태에, 프롤레타리아 독재의 이러저러한 변종에, 또 사회 생활의 각 측면에서 진행되는 사회주의적 개조의 이러저러한 속도에 자신의 고유한 것을 가져와 덧붙일 것이다. "역사적 유물론의 이름으로" 미래의 이러한 모습을 단조로운 회색으로 칠해버리는 것보다 이론의 견지에서 더 유치하고 실천의 관점에서 더 어리석은 것은 없다. 그 결과는 수

즈달[25]의 회벽칠 이상의 아무것도 아닐 것이다. 그리고 사회주의적 프롤레타리아트의 최초의 승리에 **앞서**, 지금 억압받고 있는 민족들 중 해방을 쟁취하고 분리독립할 민족이 500분의 1밖에 안 될지라도, 또 전세계에 걸쳐 사회주의적 프롤레타리아트의 최종 승리에 **앞서**(즉 사회주의 혁명의 변천 과정 내내) 그 분리 시간을 매우 짧게 끝마칠 민족이 또한 500분의 1밖에 안 될지라도, 그런 경우에조차도 우리는 노동자들에게 모든 피억압 민족의 분리의 자유를 인정, 옹호하지 않는 억압 민족의 사회주의자들이 사회민주당으로 들어오는 것을 허용해서는 안 된다고 충고할 것이다. 그것이 이론적으로나, 실천적·정치적으로나 모두 옳을 것이다. 왜냐하면 실제로 얼마나 많은 피억압 민족들이 민주주의 **형태**의 다양성에, 사회주의로의 이행 **형태**의 다양성에 자신의 고유한 것을 가져오기 위해 분리를 요구할지를 우리가 알지 못하고 알 수도 없기 때문이다. 그리고 지금 분리의 자유에 대한 부정이 처음부터 끝까지 이론적으로 틀렸으며, 실천적으로 억압 민족의 배외주의자들에게 굽실거리는 것에 다름 아니라는 것을, 우리는 알고 있으며 날마다 보고 느끼고 있기 때문이다.

키엡스키는 앞에서 인용된 절의 각주에서 다음과 같이 쓰고 있다. "우리는 '강제 병합 반대' 요구를 전적으로 지지한다

25 모스크바 근교의 도시로 도시 전체가 문화유산으로 지정되어 있을 만큼 아름다운 풍경을 자랑한다.─옮긴이

는 점을 강조하는 바다."

그러나 그는 이 '요구'가 자결을 인정하는 것과 같으며, 만약 그것을 자결과 관련해서 보지 못하면 '병합'이란 개념을 올바르게 정의할 수 없다는 우리의 완전하게 명확한 언명에 대해 한 마디도 응답하지 않고 있다. 아마도 키엡스키는 토론에서 아무 뒷받침할 증거가 없이도 주장과 요구를 내놓는 걸로 충분하다고 믿고 있는 듯하다!

그는 계속해서 말한다. "우리는 제국주의에 반대하는 프롤레타리아 의식을 첨예하게 해주는 많은 요구들을, 그 요구들의 **부정적**(네거티브) 정식화 형태로 완전히 받아들이지만, 현존 체제의 토대 위에서 그에 조응하는 긍정적(포지티브) 정식화를 지어낼 가능성은 조금도 없다. 전쟁 반대, 옳다. 그러나 민주주의적 평화 찬성은 옳지 않다."

틀렸다. 첫 마디부터 끝까지 다 틀렸다. 키엡스키는 '평화주의와 평화 슬로건'에 관한 우리의 결의(소책자 『사회주의와 전쟁』, 44~45쪽)[26]를 읽었고 그것에 동의하기까지 했다. 그러나 그가 그것을 이해하지 못한 것이 확실하다. 우리는 민주주의적 평화에 찬성하지만, 우리의 결의에서 지적하고 있듯이, 그러한 평화가 "일련의 혁명 없이도" 현재의 부르주아 정부하에서 가능하다는 기만에 넘어가지 않도록 노동자들에게 경고한다. 우리

26 「사회주의와 전쟁」의 "평화주의와 평화 슬로건" 절 참조.―원서 편집자

는 '추상적으로' 평화를 호소하는 것, 즉 교전국 현 정부의 계급적 성격, 특히 그 제국주의적 성격을 고려하지 않는 평화 호소는 노동자들을 기만하는 것이라고 고발한 바 있다. 우리는 《사회민주주의자》 47호의 테제에서, 만약 현 전쟁 동안에 혁명으로 우리 당이 권력을 잡을 경우 즉각 모든 교전국에게 민주주의적 강화를 제의할 것임을 명확히 밝혔다.[27]

그러나 키옙스키는 자신은 단지 자결에만 반대하고 있을 뿐, 민주주의 일반에 반대하는 것은 아니라고 자신과 남들을 납득시키길 열망하면서, 우리가 "민주주의적 평화에 찬성하지 않는다"고 단언하며 끝을 맺고 있다. 기묘한 논리다!

그가 인용하고 있는 그 밖의 모든 예들은 자세히 다룰 필요가 없으며, 그것들을 반박하는 데 지면을 허비하는 것도 무의미하다. 왜냐하면 그것들은 똑같은 수준의 천진난만하고 터무니없는 논리이며, 할 수 있는 것이라곤 오직 독자를 웃게 하는 것뿐이기 때문이다. 사회민주주의 자신이 권력을 잡았을 경우, 문제를 어떻게 해결할 것인가 하는 물음에 대한 포지티브 해답은 제공하지 않고서, 단지 "제국주의에 반대하는 프롤레타리아 의식을 첨예하게 하는" 데만 복무하는 '네거티브' 사회민주주의 슬로건 같은 것은 있지도 않으며 있을 수도 없다. 명확한 포지티브 해결책과 연결되지 않은 '네거티브' 슬로건은

---

27 「몇 가지 테제Several Theses」(본 전집 60권 『사회주의와 전쟁』에 수록─편집자) 참조.─원서 편집자

의식을 "첨예하게" 하지 않고 흐리멍텅하게 할 것이다. 왜냐하면 그러한 슬로건은 공허한 문구이자 단지 고함 지르기, 내용 없는 열변에 불과하기 때문이다.

키엡스키는 정치적 해악을 낙인찍는 '네거티브' 슬로건과 경제적 해악을 낙인찍는 '네거티브' 슬로건 간의 차이를 이해하지 못한다. 그 차이는, 어떤 경제적 해악들은 정치적 상부구조가 무엇이든지 간에 자본주의의 일부로서 자본주의 자체를 제거하지 않고서는 그것들을 경제적으로 제거하는 것이 불가능하다는 사실에 있다. 이것을 반박할 수 있는 단 하나의 예도 존재하지 않는다. 다른 한편으로 정치적 해악들은 민주주의로부터의 이탈을 표현하는데, 경제적으로 이러한 이탈은 '현존 체제의 토대 위에서'(즉 자본주의 토대 위에서), 그리고 자본주의 하에서 실행되고 있는 예외를 통해서——한 나라에서는 이런 모습으로, 다른 나라에서는 저런 모습으로——완전히 가능하다. 또다시 저자가 이해하지 못하고 있는 것은 바로 이 민주주의 일반의 실행을 위해 필요한 근본 조건들이다!

이와 같은 내용이 이혼 문제에도 적용된다. 이 문제는 로자 룩셈부르크가 민족 문제에 관해 논의하면서 처음 제기한 것임을 상기하자. 이와 관련하여 그녀는 다음과 같은 완전히 정당한 의견을 표명한 바 있다. 즉 우리가 만약 국가 내 지방자치(시, 도 등의 자치)를 옹호한다면, 우리는 중앙집권주의적인 사회민주주의자로서 모든 주요한 국가적 문제들——이혼 입법도 그 중 하나다──은 중앙정부와 중앙의회의 관할권에 속해야 한다고 주장하지 않으면 안 된다는 것이다. 이 실례는 지금 이혼의 완전한 자유를 요구하지 않는 자는 민주주의자, 사회주의자일 수 없음을 분명히 보여주고 있다. 왜냐하면 그러한 자유의 결여는 억압받고 있는 성(性)에 대한 추가적 억압이기 때문이다. 다만, 남편과 갈라설 자유를 승인하는 것이 모든 아내에게 그렇게 하라고 권장하는 것은 아니라는 점을 이해하는 데 어려움이 따라선 안 되겠지만!

키엡스키는 다음과 같이 '반박'한다.

"그런 경우에(아내가 남편과 갈라서기를 원할 때) 아내가 자신의 권리를 행사할 수 없다면, 또는 그 권리의 행사가 제3자나 최악의 경우 그녀의 애정을 받을 권리를 주장하는 자(남편)의 의지에 달려 있다면, 이 권리라는 것이 도대체 무슨 권리겠는가? 우리가 그와 같은 권리의 선언을 목표로 해야 할까? 물론 그렇지 않다!"

이러한 반박은 그가 민주주의 일반과 자본주의 간의 관계를 이해하는 데 완전히 실패하고 있다는 것을 드러내는 것이다. 피억압 계급이 그들의 민주주의적 권리를 '행사하는' 것을 불가능하게 만드는 조건들은 자본주의하에서 예외가 아니다. 그러한 조건들은 자본주의 체제에서 전형적인 것이다. 대부분의 경우에 이혼의 권리는 자본주의하에서 실현될 수 없는 것으로 남아 있을 것이다. 왜냐하면 억압받고 있는 성은 경제적으로 종속되어 있기 때문이다. 아무리 민주주의라 하더라도 자본주의하에서 여성은 여전히 '가사 노예', 즉 침실과 육아실, 부엌 등에 갇힌 노예로 남아 있다. 그와 마찬가지로 노동자와 농민이 '자신의' 인민 재판관, 인민 관리, 인민 교사, 인민 배심원 등을 선출할 권리는 그들이 경제적으로 종속되어 있기 때문에 자본주의에서는 대부분의 경우 실현 가능하지 않다. 이와 똑같은 것이 민주공화제에도 적용된다. 모든 사회민주주의자가 자본주의하에서는 가장 민주주의적인 공화제에서조차도 부르주아지에 의한 관리의 매수와 증권거래소와 정부 간의 동맹이 있게 마련이라는 것을 잘 알고 있음에도, 우리의 강령은 민주공화제를 '인민에 의한 정부'라고 정의하고 있다.

전혀 생각할 능력이 없거나, 마르크스주의를 전혀 알지 못하는 자만이 다음과 같은 결론을 내릴 것이다. '그러므로 공화제도 의미가 없고, 이혼의 자유, 민주주의도 의미가 없고, 민족자결도 의미가 없다!' 그러나 마르크스주의자는 민주주의가 계급억압을 폐지하지 않는다는 것을 알고 있다. 민주주의는 계급투쟁을 단지 보다 직접적이게, 보다 광범하게, 보다 공공연하게, 보다 격렬하게 할 뿐이다. 그리고 그것이야말로 우리가 필요로 하는 것이다. 이혼의 자유가 완전해질수록 여성들은 자신들이 처해 있는 '가사 노예제'의 근원이 권리의 결여가 아니라 자본주의라는 것을 보다 분명히 알게 될 것이다. 정부 체제가 보다 민주주의적일수록 노동자들은 악의 뿌리가 권리의 결여가 아니라 자본주의라는 것을 보다 분명히 알게 될 것이다. 민족 평등(이것은 분리의 자유 없이는 완전하지 못하다)이 완전해질수록 피억압 민족 노동자들은 자신들이 받는 억압의 원인이 권리의 결여가 아니라 자본주의라는 것을 보다 분명히 알게 될 것이다 등.

거듭 말하지만, 마르크스주의의 ABC를 납득시켜야 하다니 이 얼마나 한심한 일인가. 그러나 키엡스키가 그것을 모른다면 어쩌랴?

키엡스키는, 조직위원회[28]의 재외서기 중 한 사람인 셈콥스키가 (내 기억이 옳다면) 파리 《골로스*Golos*》[29]에서 이혼에 대해 논의했던 것과 동일한 방식으로 이혼에 대해 논의하고 있다. 셈콥스키의 논리 전개 방식은 이런 것이었다. '부인! 이혼의

---

28 조직위원회는 멘셰비키의 지도중앙으로, 1912년 8월 청산파 회의에서 선출되었다. 1차 세계대전 중에는 사회배외주의적 정책을 취했고, 전쟁에서 차르 러시아의 역할을 정당화했으며, 호전적인 애국주의적 선전을 수행했다. 《나샤 자리야》를 발행했고, 그 잡지가 종간한 뒤에는 《나셰 디엘로*Nashe Dyelo*》(나중에 《디엘로》로 개칭)를 발행했다. 그리고 신문 《라보체예 우트로*Rabocheye Utro*》(나중에 《우트로》로 개칭)를 발행했다. 조직위원회는 1917년 8월 멘셰비키 중앙위원회가 선출될 때까지 기능했다. 러시아 내에서 활동한 조직위원회 외에 악셀로드, 아스트로프-포베스(Astrov-Poves), 마르토프, 마르티노프, 셈콥스키가 서기들로 구성된 재외서기국이 있었다. 이들은 친중앙파 입장을 취했고, 국제주의적 언사로 러시아 사회배외주의자들에 대한 지지를 덮어 가렸다. 재외서기국은 신문 《이즈베스티야*Izvestia*》를 1915년 2월부터 1917년 3월까지 발행했다.—원서 편집자

자유가 모든 아내에게 남편과 갈라서라고 권장하는 것은 아닙니다만(이건 사실이다), 만약 다른 모든 남편들이 부인의 남편보다 낫다는 것이 증명되면, 그러면 부인! 이것은 결국 엎치나메치나입니다!'

이런 논리 방향을 취함에 있어 셈콥스키는 기행이 사회주의자나 민주주의자의 의무에 위반되는 것은 아니라는 것을 잊고 있었다. 만약 셈콥스키가 어떤 여성에게 다른 모든 남편들이 당신의 남편보다 낫다고 말한다 하더라도, 그걸 가지고 민주주의자의 의무를 어겼다고 여길 사람은 아무도 없을 것이다. 기껏해야 사람들은 이렇게 말할 것이다. 큰 당에는 큰 기인이 있기 마련이지! 그러나 만약 이혼의 자유에 반대하고 아내가 자신과 갈라서는 것을 막기 위해 법정, 경찰, 교회에 호소하는 사람을 셈콥스키가 민주주의자로 옹호하겠다고 끝내 마음을 먹었다면, 재외서기국에 있는 그의 대부분의 동료들조차도——그들이 아무리 부끄러운 사회주의자일지라도——그를

29 '소리'라는 뜻. 1914년 9월부터 1915년 1월까지 파리에서 발행된 멘셰비키 일간지로 트로츠키가 편집에서 주도적인 역할을 담당했다. 처음 5호까지는 '우리의 소리'라는 뜻의 《나셰 골로스Nashe Golos》라는 제호로 발행됐다. 중앙파적 정책을 취했고 1차 세계대전 초에는 사회배외주의자들에 반대하는 마르토프의 글을 실었다. 그후 마르토프가 우경화하면서 신문의 정책도 사회배외주의자들을 지지하는 쪽으로 바뀌었다. 1915년 1월에 《나셰 슬로보》로 대체되었다.
레닌이 언급하고 있는 셈콥스키의 글은 1915년 3월 21일 《나셰 슬로보》에 게재된 「러시아의 해체?」로 보인다.—원서 편집자

지지하기를 거부할 것이라고 우리는 확신한다!

셈콥스키와 키엡스키 둘 다 이혼에 관한 '논의'에서 문제를 이해하지 못하고 있으며, 문제의 본질, 즉 자본주의에서 이혼의 권리는 다른 모든 민주주의적 권리들과 마찬가지로 예외 없이 조건적이고 제한적이며 형식적이고 협소하고 실현이 극도로 어렵다는 점을 회피하고 있다. 자존심 있는 어떠한 사회민주주의자도 이혼의 권리에 반대하는 사람을, 사회주의자는 물론이고 민주주의자로도 여기지 않을 것이다. 이것이 문제의 핵심이다. 모든 '민주주의'는, 자본주의하에서는 매우 작은 정도로밖에, 그리고 조건적으로밖에 실현되지 않는 '권리'를 선언하고 실현하는 것에 있다. 그러나 이러한 권리의 선언 없이는, 그것을 지금 당장 도입하려는 투쟁 없이는, 이러한 투쟁의 정신으로 대중을 훈련시키지 않고서는, 사회주의는 불가능하다.

이 점을 이해하지 못했기 때문에 키엡스키는 그의 특별한 주제에 속하는 중심적 문제, 즉 우리 사회민주주의자가 어떻게 민족적 억압을 철폐할 것인가 라는 문제를 회피한다. 그는 세계가 "피로 흠뻑 젖고 있다"는 등의 문구(이것이 논의 중인 문제와는 아무 관계가 없음에도 불구하고)로 이 문제를 뒤로 밀쳐버린다. 이제 단 하나의 주장만 남았다. 사회주의 혁명이 모든 것을 해결할 것이다! 이 주장이 때로는, 그와 견해를 공유하는 사람들에 의해 다음과 같은 견해로 제출되기도 한다. 민족자결은 자본주의하에서는 불가능하며 사회주의하에서는 불필요하다.

이러한 견해는 이론적으로는 터무니없고, 실천적·정치적으로는 배외주의적이다. 이 견해는 민주주의의 의의를 제대로 평가하지 못하고 있다. 사회주의는 민주주의 없이는 불가능한데, 왜냐하면 (1)프롤레타리아트가 민주주의를 위한 투쟁에 의해 사회주의 혁명을 준비하지 않는다면 사회주의 혁명을 수행할 수 없고, (2)일단 승리한 사회주의도 완전한 민주주의를 실시하지 않고서는 승리를 공고히 하고 인류를 국가의 소멸로 이끌어갈 수 없기 때문이다. 따라서 사회주의하에서 자결이 불필요하다고 주장하는 것은, 사회주의하에서는 민주주의가 불필요하다고 주장하는 것만큼이나 똑같이 터무니없고 똑같이 구제할 길 없을 정도로 혼란에 빠진 것이다.

자결은, 자본주의하에서 민주주의 일반 이상으로 불가능하지 않으며, 사회주의하에서 민주주의 일반만큼이나 마찬가지로 불필요하지 않다.

경제적 혁명은 모든 유형의 정치적 억압을 제거하는 데 필요한 전제조건들을 창출할 것이다. 바로 이 이유로 모든 것을 경제적 혁명으로 환원시키는 것은 비논리적이고 올바르지 않다. 왜냐하면 문제는 **어떻게** 민족적 억압을 제거할 것인가 이기 때문이다. 이것은 경제적 혁명 없이는 제거할 수 없다. 이것은 논쟁의 여지가 없이 자명하다. 그러나 여기에 우리 자신을 **한정시키는** 것은 어리석고 가련한 제국주의적 경제주의로 빠져버리는 것이다.

우리는 민족 평등을 실행에 옮겨야 한다. 모든 민족의 동등한 '권리'를 선언하고 정식화하고 실시해야 한다. 아마도 키옙스키만 빼고 누구나 여기에 동의할 것이다. 그러나 이것은 키옙스키가 회피하고 있는 다음과 같은 문제를 제기한다. 민족 국가를 형성할 권리를 부정하는 것은 평등을 부정하는 것 아닌가?

당연히 그렇다. 그리고 일관된 민주주의자, 즉 사회주의적 민주주의자는 이 권리를 선언하고 정식화하고 실시할 것이다. 그렇게 하지 않고서, 민족들의 완전하고 자발적인 접근과 융합에 이를 길은 없다.

7. 맺으며 : 알렉신스키의 방법

우리는 키엡스키가 주장한 내용의 일부분만을 검토했다. 그의 주장 전부를 검토하려면 이 글 분량의 다섯 배는 되는 긴 논문을 써야 할 것이다. 왜냐하면 그의 주장 전체를 통틀어 올바른 견해는 단 하나도 없기 때문이다. 올바른 것은――만약 수치가 틀리지 않았다면――각주로 달려 있는 은행에 관한 통계 자료뿐이다. 그 외의 것들은 모두가 다음과 같은 문구들로 뒤범벅된, 도무지 풀 수 없이 뒤엉킨 혼란의 실타래다. "떨고 있는 몸 안으로 말뚝을 박아 넣는다." "우리는 정복 영웅들을 심판할 뿐만 아니라, 그들에게 죽음과 멸망을 선고할 것이다." "신세계는 격통의 경련 속에서 태어날 것이다." "문제는 민족들의 자유를 선언하는 것이나 권리와 헌장을 부여하는 것이 아니라, 낡은 노예제와 사회적 억압 일반, 특히 민족적 억압을 파괴하여 진정으로 자유로운 관계를 수립하는 데 있다."

이 문구들은 다음 두 가지 중 첫 번째의 가리개이자 두 번째를 표현한 것이다. 첫째, 이 문구들의 기저에 깔린 '사상'은 제국주의적 경제주의로서, 1894~1902년의 죽었으나 애통해 하는 사람 없는 경제주의가 그랬던 것처럼 마르크스주의를 추 하게 희화화한 것이고, 사회주의와 민주주의의 관계에 대한 완 전한 몰이해다.

둘째, 우리는 이 문구들에서 알렉신스키의 방법론이 반복 된 것을 본다. 이것은 특히 강조되어야 마땅한데, 왜냐하면 키 엡스키 글의 한 절(2장 f절, '유대인의 특별한 위치') 전체가 오로지 이 방법에 기반을 두고 있기 때문이다.

1907년 런던 당 대회에서 알렉신스키가 이론적 주장들에 대한 대답으로 선동가인 체하며 이러저러한 유형의 착취와 억 압에 반대하는 과장되지만 완전히 부적절한 문구들에 호소하 곤 할 때, 볼셰비키는 그와의 관계를 끊으려 했다. 우리의 대의 원들은 "또다시 그가 자신의 고함을 지르기 시작했다"고 말하 곤 했다. 그리고 '고함치기'는 알렉신스키에게 아무 도움이 되 지 않았다.

키엡스키의 논문에도 동일한 종류의 '고함치기'가 있다. 그 는 테제에서 상술하고 있는 이론적 문제들과 논거들에 아무 답변도 주지 않고 있다. 대신에, 그는 선동가인 체하며, 유대인 억압에 관한 고함치기를 시작한다. 조금이라도 생각해보는 사 람이라면 누구나 그의 고함치기와 유대인 문제 일반이 논의 중인 주제와는 조금도 관계가 없다는 것을 알아차릴 것이지만 말이다.

알렉신스키의 방법은 아무런 도움도 될 수 없다.

| 1916년 8~10월에 집필

1924년 《즈베즈다》 12호에 처음으로 발표

프롤레타리아 혁명의
군사 강령

레닌은 한 편지에서 이 글을 '군비철폐에 관하여'라는 제목으로 언급했다. 그는 이 글을 독일어로 썼고, 스위스, 스웨덴, 노르웨이의 좌파 사회민주주의 출판물에 발표할 계획이었는데 당시에는 발표되지 못했다. 레닌은 러시아어 출판을 위해 이 글을 얼마간 재편집했다. 이 글과 많은 부분 내용이 중복되는 「'군비철폐' 슬로건에 대하여」(이 책에 수록—편집자)가 1916년 12월 《스보르니크 소치알 데모크라타》 2호에 실렸다.

애초의 독일어 원문은 'Das Militärprogrammm der proletarischen Revolution'(프롤레타리아 혁명의 군사 강령)이라는 제목으로 1917년 9월 및 10월 국제사회주의청년조직연맹(International League of Socialist Youth Organisations)의 기관지인 《유겐트 인터나치오날레》 9호와 10호에 실렸다. 거기에는 다음과 같은 편집자 서문이 붙었다. "오늘 레닌은 러시아 혁명에서 가장 많이 회자되는 지도자 중의 한 사람이다. 이 강건한 베테랑 혁명가가 자신의 정치적 강령의 상당 부분을 제시하고 있는 다음의 글은 특별히 흥미롭다. 우리는 이 글을 그가 1917년 4월 취리히를 떠나기 직전에 받았다." 글의 제목은 《유겐트 인터나치오날레》의 편집국이 붙인 것으로 보인다.—원서 편집자 현재의 제국주의 전쟁에서 '조국 방위' 운운하는 사회배외주의적 거짓말에 맞서 싸우고 있는 네덜란드, 스칸디나비아, 스위스의 혁명적 사회민주주의자들 사이에, '민병' 또는 '인민무장'이라는 기존 사회민주주의 최소강령 요구를 '군비철폐'라는 새로운 요구로 대체하자는 데 찬성하는 목소리들이 있다. 《유겐트 인터나치오날레》[1]가 이 문제를 놓고 토론을 시작했고, 그 잡지 3호에는 군비철폐를 지지하는 편집국 논설이 실렸다. 또한 유감스럽게도 그림(R. Grimm)의 최근 테제[2]에도 '군비철폐' 사상에 대한 양보가 있음을 보게 된다. 정기간행물 《노이에스 레벤》[3]과 《포어보테》에서 토론이 시작되었다.

군비철폐론자들의 논거를 좀 더 면밀히 검토해보자.

I   '청년 인터내셔널'이라는 뜻. 치머발트 좌파와 제휴한 국제사회주의청년 조직연맹의 기관지. 1915년 9월부터 1918년 5월까지 취리히에서 발행되었다.—원서 편집자

I

그들의 기본적인 논거는 군비철폐 요구가 모든 군사주의 (militarism, 군국주의)와 모든 전쟁에 반대하는 투쟁의 가장 명확하고 가장 결정적이며 가장 일관된 표현이라는 것이다.

그러나 이 기본 논거에 군비철폐론자들의 기본 오류가 있다. 사회주의자는 사회주의자임을 그만두지 않는 이상, 모든 전쟁을 다 반대할 수는 없다.

첫째, 사회주의자는 예로부터 혁명 전쟁의 반대자였던 적이 없고, 결코 혁명 전쟁의 반대자일 수가 없다. 제국주의 '대' 국들의 부르주아지는 철두철미한 반동이 되었고, 이 부르주아지가 지금 벌이고 있는 전쟁을 우리는 반동적인 전쟁, 노예 소유주들의 범죄적인 전쟁으로 간주한다. 그러나 이 부르주아지

2   1916년 7월 14일 및 17일자 《그뤼틀리아너 *Grütlianer*》 162호와 164호에 실린 로베르트 그림의 「전쟁 문제에 관한 테제」를 말한다. 스위스가 전쟁에 휩싸일 위험이 커지자 스위스 사회민주당 내에서는 전쟁에 대한 태도 문제에 관해 토론이 벌어졌다. 1916년 4월, 스위스 사회민주당 집행부는 그림을 비롯한 몇몇 유력한 당 활동가들에게 이 문제에 대한 견해를 밝힐 것을 요청했다. 그림의 테제를 비롯하여 이들의 글이 《베르너 타그바흐트》, 《폴크스레히트 *Volksrecht*》, 《그뤼틀리아너》에 실렸다. 레닌은 토론의 경과를 주의 깊게 추적하고 자료를 분석하여 그림의 테제에 대한 견해를 정리했다.—원서 편집자

3   '신생활'이라는 뜻. 스위스 사회민주당 월간지로서 베른에서 1915년 1월부터 1917년 12월까지 발행됐다. 치머발트 우파의 견해를 대변했고, 1917년 초에 사회배외주의적 입장을 취했다.—원서 편집자

에게 대항하는 전쟁은 어떠한가? 예를 들어 이 부르주아지에게 억압받으며 종속되어 있는 민족들, 또는 식민지 민족들이 해방을 위해 벌이는 전쟁은? 인터나치오날레 그룹의 테제 5절을 보면, "이 고삐 풀린 제국주의 시대에는 민족 전쟁이 더 이상 가능하지 않다"고 되어 있는데 이것은 완전히 틀렸다.

이 '고삐 풀린 제국주의'의 세기인 20세기의 역사는 식민지 전쟁으로 가득 차 있다. 그러나 세계의 민족 대다수에 대한 제국주의적 억압자들인 우리 유럽인들이 몸에 밴 야비한 유럽적 배외주의로부터 '식민지 전쟁'이라고 부르고 있는 것은 많은 경우 피억압 민족들의 민족 전쟁 또는 민족 봉기다. 제국주의의 주요한 특징 중 하나는, 가장 낙후된 나라에서 자본주의적 발전을 가속화시키고, 그럼으로써 민족적 억압에 대항하는 투쟁을 확대, 격화시킨다는 것이다. 이것은 사실이며, 이 사실로부터 불가피하게 제국주의는 많은 경우 민족 전쟁을 낳게 마련이라는 결론이 뒤따른다. 앞에 인용한 '테제'를 자신의 소책자에서 옹호하고 있는 유니우스[4]는, 제국주의 시대에는 어느 한 제국주의 대국에 대항하는 어떠한 민족 전쟁도 그 대국과 경쟁하고 있는 타 제국주의 대국의 간섭을 초래하며, 그에 따라 모든 민족 전쟁은 제국주의 전쟁으로 전화된다고 말한다. 그러나 이 논거도 옳지 않다. 이러한 일이 일어날 수 있지만, 언제나

---

4 로자 룩셈부르크.—옮긴이

일어나는 것은 아니다. 1900년부터 1914년까지의 많은 식민지 전쟁이 그런 경로를 밟지 않았다. 그리고 예를 들어 모든 교전 국들이 완전히 힘이 빠지고 피폐해져서 지금의 전쟁이 끝날 경 우, 전후에 "어떠한" 민족적·진보적·혁명적 전쟁——이를테면 중국이 인도와 페르시아와 샴 등과 동맹하여 열강에 대항하 여 벌이는 전쟁 같은——도 "있을 수 없다"고 공언한다면, 정말 우습지 않은가.

제국주의하에서 민족 전쟁의 가능성 일체를 부정하는 것 은 이론상으로 틀렸고, 역사적으로 명백한 오류이며, 실천적 으로는 유럽 배외주의와 다름없다. 유럽, 아프리카, 아시아 등 지에서 수억 명의 사람들을 억압하는 민족에 속하는 우리가 피억압 민족에게 당신들은 '우리' 민족에 대항하는 전쟁을 벌 이는 것이 '가능하지 않다'고 말해야 한다는 셈이다!

둘째, 내란도 똑같이 전쟁이다. 다른 어떤 전쟁과 마찬가지 로 말이다. 계급투쟁을 인정하는 사람이라면 내란도 인정하지 않을 수 없다. 그 어떤 계급 사회에서나 내란은 계급투쟁의 자 연스러운 계속이자 발전이며 격화고, 일정한 조건에서는 불가 피한 것이다. 이것은 모든 위대한 혁명이 확인한 바다. 내란을 거부하거나 망각하는 것은 극단적인 기회주의로 빠져드는 것 이고 사회주의 혁명을 방기하는 것이다.

셋째, 한 나라에서의 사회주의의 승리가 단숨에 모든 전쟁 일반을 배제하는 것은 결코 아니다. 오히려 그것은 전쟁을 전제로 한다. 자본주의 발전은 나라마다 굉장히 불균등하게 진행된다. 상품생산하에서는 자본주의가 나라별로 불균등하게 발전할 수밖에 없다. 그렇다면 사회주의가 모든 나라에서 동시에 승리하는 것은 가능하지 않다는 결론을 피할 수 없다. 사회주의는 처음에는 하나의 나라 또는 몇 개의 나라에서만 승리할 것이며, 다른 나라들은 한동안 부르주아적인 나라 또는 전(前)부르주아적인 나라로 남아 있을 것이다. 이로 인해 마찰이 일어날 뿐만 아니라, 다른 나라의 부르주아지들이 승리한 사회주의 국가의 프롤레타리아트를 분쇄하려는 시도를 하게 될 수밖에 없다. 이러한 경우에 우리 쪽에서의 전쟁은 정당한 전쟁, 정의(正義)의 전쟁이 될 것이며, 사회주의를 위한 전쟁, 부르주아지에게서 다른 민족들을 해방시키기 위한 전쟁이 될 것이다. 엥겔스가 카우츠키에게 보낸 1882년 9월 12일자 편지에서 이미 승리한 사회주의가 '방위 전쟁'을 벌이는 것은 가능하다고 분명히 언명했을 때, 그는 완전히 옳았다. 그가 염두에 두었던 것은 승리한 프롤레타리아트가 다른 나라의 부르주아지에게 맞서는 방위 전쟁이었다.

우리가 단지 한 나라에서만이 아니라 전세계에서 부르주아지를 타도하여 완전히 쳐부수고 수탈한 뒤에야 비로소 전쟁은 불가능한 것이 될 것이다. 그리고 가장 중요한 일, 사회주의로의 이행에서 가장 어려운 일, 가장 많은 투쟁을 필요로 하는 일인 부르주아지의 반항을 진압하는 것을 우리가 회피하거나 적당히 넘어가려 한다면, 그것은 과학적 관점에서 볼 때 완전히 잘못된 것이고 완전히 비혁명적인 것이다. '사회주의적' 설교사들과 기회주의자들은 미래의 평화로운 사회주의를 꿈꿀 준비가 언제나 되어 있다. 그러나 그들은 이 아름다운 미래를 실현하는 데 필요한 격렬한 계급투쟁과 계급전쟁을 떠올리고 깊이 생각하기를 거부한다는 점에서 혁명적 사회민주주의자와 구별된다.

말에 넘어가 우리가 길을 잃고 헤매서는 안 된다. 예를 들어 '조국 방위'라는 말이 많은 이들에게 가증스러운 이유는 공공연한 기회주의자들과 카우츠키 파 모두가 이 말을 현 약탈 전쟁에 관한 부르주아적 거짓말을 덮어 감추고 얼버무리는 데 사용하기 때문이다. 이것은 사실이다. 그러나 이로부터 우리가 더 이상 정치 슬로건의 의미를 숙고할 필요가 없다는 결론이 나오는 것은 아니다. 현 전쟁에서 '조국 방위'를 인정한다는 것은 바로 이 전쟁을 '정의의' 전쟁, 프롤레타리아트에게 이익이 되는 전쟁으로 인정한다는 것인데, 왜냐하면 되풀이하건대 어떠한 전쟁의 경우에도 침략은 일어날 수 있기 때문이다. 제국주의 대국에 대한 피억압 민족의 전쟁에서 피억압 민족 측의 '조국 방위'를 부인한다면, 또는 **승리한 프롤레타리아트**가 부르주아 국가의 갈리페[5]에 대항하는 전쟁에서 프롤레타리아트 측의 '조국 방위'를 부인한다면, 그것은 어리석기 짝이 없는 짓일 것이다.

모든 전쟁은 다른 수단에 의한 정치의 계속에 불과하다는 것을 망각하는 것은 이론적으로 완전한 오류다. 지금의 제국주의 전쟁은 양대 열강의 제국주의적 정치의 계속이며, 이 정치는 제국주의 시대의 제 관계의 총체에 의해 생겨나고 배양되었다. 그럼에도 이 시대 자체가 필연적으로 민족적 억압에 대항하는 투쟁의 정치를, 부르주아지에 대항하는 프롤레타리아트의 투쟁의 정치를 낳고 배양하게 마련이며, 그 결과로 첫째 혁명적 민족 봉기와 민족 전쟁의 가능성과 필연성을, 둘째 부르주아지에 대항하는 프롤레타리아트의 전쟁과 봉기의 가능성과 필연성을, 셋째 그 두 종류의 혁명 전쟁의 결합의 가능성과 필연성을 낳고 배양하게 마련이다.

II

여기에 다음과 같은 일반적인 고려를 덧붙여야 한다.

무기 사용과 무기 획득을 배우려고 노력하지 않는 피억압 계급은 노예처럼 취급받아 마땅하다. 우리가 부르주아 평화주의자나 기회주의자가 되어버린 것이 아니라면, 우리는 계급투쟁을 통하는 것 말고는 어떤 탈출구도 없고, 있을 수도 없는

5 갈리페(Gaston Alexandre Auguste de Galliffet)는 파리코뮌을 진압하고 코뮌 전사들을 학살한 프랑스의 장군이다.―옮긴이

계급 사회에 살고 있다는 것을 망각할 수 없다. 노예제나 농노제에 기초한 것이든 지금처럼 임금노동에 기초한 것이든, 모든 계급 사회에서 억압 계급은 항상 무장을 하고 있다. 오늘날의 상비군뿐만 아니라 민병(militia)도──예를 들어 스위스의 민병 같은 가장 민주주의적인 부르주아 공화국의 민병조차──부르주아지가 프롤레타리아트를 적으로 하여 무장한 것이다. 이것은 깊이 생각해볼 필요도 없을 만큼 초보적인 진실이다. 모든 자본주의 나라에서 파업 노동자들을 상대로 군대를 사용한다는 사실을 지적하는 것으로 충분하다.

부르주아지가 프롤레타리아트를 적으로 하여 무장하고 있다는 점은 오늘날의 자본주의 사회의 가장 기본적이고 중요한 사실 중 하나다. 그런데 이러한 사실을 앞에 두고 혁명적 사회민주주의자가 '군비철폐(무장해제)' '요구'를 내걸라고 촉구받다니! 이것은 계급투쟁 관점을 완전히 방기하는 것, 모든 혁명사상을 거부하는 것과 같다. 부르주아지를 쳐부수고 수탈하고 무장해제시키기 위한 프롤레타리아트의 무장, 이것이 우리의 슬로건이어야 한다. 이것이야말로 혁명적 계급이 가질 수 있는 단 하나의 전술이다. 자본주의적 군사주의의 **객관적 발전** 전체로부터 논리적으로 뒤따르는 전술이자, 그러한 발전이 지시하는 전술이다. 프롤레타리아트는 부르주아지를 무장해제시킨 뒤에야 비로소 자신의 세계사적 사명을 배반하지 않고 모든 무기(군비)를 고철더미 속에 버리는 것이 가능해질 것이다. 프롤레타리아트는 틀림없이 그렇게 할 것이지만, 그것은 오직 그런 조건이 달성되었을 때뿐이며 그 전에는 결코 아니다.

지금의 전쟁이 반동적인 기독교 사회주의자들과 훌쩍거리며 칭얼대는 소부르주아들 사이에서 공포와 두려움만을, 일체의 무기 사용과 유혈참사 등에 대한 혐오만을 불러일으킨다면 우리는 다음과 같이 말해야 한다. 자본주의 사회는 끝이 없는 공포이며, 이제까지 늘 그래 왔다고. 모든 전쟁들 가운데에서도 가장 반동적인 지금의 전쟁이 이 사회에게 공포의 끝을 준비시키고 있다면, 우리는 하등 절망에 빠질 이유가 없다. 단 하나의 정당한 혁명적 전쟁, 즉 제국주의적 부르주아지에 대항하는 내란이 부르주아지 자신에 의해 만인의 눈앞에서 공공연하게 준비되고 있는 이 시기에 '군비철폐' 설교와 '요구', 더 정확하게는 군비철폐라는 꿈을 말하는 것은 절망의 표현 외에 아무것도 아니다.

누군가는 생명 없는 회색 이론이라고 말할지 모르지만, 우리는 그들에게 다음의 두 가지 세계사적 사실을 상기시키고자 한다. 하나는 트러스트의 역할 및 산업에서의 여성 고용의 역할, 다른 하나는 1871년의 파리코뮌과 러시아의 1905년 12월 봉기.

부르주아지는 트러스트를 키워서 여성과 아동을 공장으로 내몰아 그들을 혹사시키고 퇴락시키며 극단적인 궁핍으로 몰아넣는 것을 자신의 업무로 삼는다. 우리는 이러한 발선을 '요

'구'하지도, '지지'하지도 않는다. 우리는 그것과 싸운다. 그렇다면 어떻게 싸우는가? 우리는 트러스트와 여성 고용이 진보적임을 설명한다. 우리는 수공업 체제나 독점 이전의 자본주의로의 복귀를, 여성의 가사노동으로의 복귀를 원하지 않는다. 트러스트 등을 통해 전진, 그리고 그것들을 넘어 사회주의로!

이 주장은 약간의 필요한 변경을 거치면, 오늘날 주민의 군사화(군사교육 등)에도 적용될 수 있다. 오늘날 제국주의적 부르주아지는 성인들뿐 아니라 청년들까지 군사화하고 있다. 내일은 여성의 군사화도 시작할 것이다. 우리의 태도는 다음과 같은 것이어야 한다. 그래, 좋다! 전속력으로 진행하라! 더 빨리 나아갈수록 자본주의에 대항하는 무장봉기에 그만큼 더 가까이 갈 것이다. 사회민주주의자가 파리코뮌의 예를 잊지 않았다면, 어떻게 청년 등의 군사화에 대한 두려움에 굴복할 수 있겠는가? 이것은 '생명 없는 이론'도 아니고 꿈도 아니다. 이것은 사실이다. 그리고 만약 모든 경제적·정치적 사실들에도 불구하고, 사회민주주의자들이 제국주의 시대 및 제국주의 전쟁은 불가피하게 이러한 사실들의 반복을 야기하게 마련이라는 것을 의심하기 시작한다면, 그것은 정말로 유감스러운 사태가 될 것이다.

파리코뮌을 목격한 어느 부르주아 관찰자는 1871년 5월에 한 영국 신문에 기고한 글에서 다음과 같이 말했다. "만약 프랑스 민족이 전부 여성으로 구성되어 있다면, 그 얼마나 무시

무시한 민족일 것인가!" 파리코뮌에서는 여성들과 10대 아이들이 성인 남성들과 어깨를 나란히 하고 함께 싸웠다. 부르주아지를 타도하기 위한, 다가오는 전투에서도 결코 다르지 않을 것이다. 프롤레타리아 여성들은, 무장이 빈약하거나 비무장한 노동자들이 잘 무장된 부르주아지의 군대에게 사살당하는 것을 그냥 보고만 있지 않을 것이다. 그들은 1871년에 했던 것처럼 무장하게 될 것이다. 그리고 오늘날의 겁먹은 민족들로부터——더 정확히 말하면, 정부에 의해서라기보다는 기회주의자들에 의해 조직이 파괴되고 있는 오늘날의 노동운동으로부터——조만간, 그리고 틀림없이 혁명적 프롤레타리아트의 '무시무시한 민족들'의 국제적 동맹이 생겨나리라는 데에는 의심의 여지가 없다.

현재 사회 생활 전체가 군사화되고 있다. 제국주의는 세계의 분할·재분할을 위한 강대국들의 격렬한 투쟁이다. 따라서 제국주의는 모든 나라에서, 심지어 중립국 및 약소국에서까지 더 한층 군사화에 열을 올리게 될 수밖에 없다. 프롤레타리아 여성들은 그것에 어떻게 대항할 것인가? 그냥 모든 전쟁과 군사적인 모든 것을 저주함으로써? 그냥 군비철폐를 요구함으로써? 억압받는, 진정으로 혁명적인 계급의 여성들은 그런 수치스러운 역할을 결코 받아들이지 않을 것이다. 그들은 자신의 아들에게 이렇게 말할 것이다. "너는 곧 어른이 될 것이다. 너는 총을 받게 될 것이다. 그것을 가지고 필요한 군사기술을 제대로 배워라. 지금 전쟁에서 일어나고 있는 것, 너의 형제인 다른 나라 노동자를 쏘라고 하는, 사회주의의 배반자들이 너한테 시키고 있는 것을 하지 않기 위해서는 프롤레타리아에게 이 지식이 필요하다. 프롤레타리아는 자국의 부르주아지와 싸우기 위하여 이 군사 지식이 필요하다. 기도하고 비는 것으로가 아니라 부르주아지를 쳐부수고 무장해제시킴으로써 착취와 빈곤과 전쟁에 종지부를 찍기 위하여 그것이 필요하다."

지금의 전쟁과 관련하여 이런 선전, 정확히 이와 같은 선전을 하는 것을 피하려 한다면, 국제적인 혁명적 사회민주주의, 사회주의 혁명, 전쟁에 반대하는 전쟁 등의 멋진 말들을 쓰는 것을 그만두는 편이 낫다.

III

군비철폐론자들은 강령상의 '인민무장' 조항이 더 쉽게 기회주의에 대한 양보에 이른다는 이유로 그 조항에 반대한다. 우리는 앞에서 군비철폐와 계급투쟁의 관계, 군비철폐와 사회혁명의 관계라는 가장 중요한 문제를 검토했다. 이제 우리는 군비철폐 요구와 기회주의 간의 관계를 검토할 것이다. 군비철폐 요구가 받아들여질 수 없는 주된 이유들 중의 하나는 그 요

구가 만들어내는 환상과 함께 그 요구가 불가피하게 기회주의
에 대한 우리의 투쟁을 약화시키고 투쟁의 활력을 빼앗아간다
는 데 있다.

의심할 바 없이, 이 투쟁은 지금 인터내셔널이 직면한 중요
하고 직접적인 문제다. 기회주의에 대한 투쟁과 긴밀히 연결되
지 않는 제국주의에 대한 투쟁은 공문구가 아니면 사기다. 치
머발트와 키엔탈[6]의 주된 결함 중의 하나──이 제3인터내셔

6　치머발트와 키엔탈에서 열린 국제 사회주의 회의를 가리킨다.
　　첫 번째 회의인 치머발트 회의는 1915년 9월 5~8일에 열렸고, 유럽 11
　　개국(독일, 프랑스, 이탈리아, 러시아, 폴란드, 루마니아, 불가리아, 스웨
　　덴, 노르웨이, 네덜란드, 스위스)에서 38명의 대표가 출석했다. 레닌은
　　러시아 사회민주노동당 중앙위원회의 대표단을 이끌었다.
　　이 회의는 레닌과 좌파 사회민주주의자들의 강력한 요청으로 혁명적 마
　　르크스주의의 몇 가지 기본 명제들이 포함된 '유럽의 프롤레타리아트에
　　게'라는 선언을 채택했다. 또한 독일 및 프랑스 대표단의 공동성명과 전
　　쟁 희생자 및 정치 활동으로 인해 박해를 받고 있는 투사들에 대한 공
　　감의 메시지를 채택했고, 국제사회주의위원회(I.S.C.)를 선출했다.
　　치머발트 좌파 그룹이 이 회의에서 형성됐다. 이 치머발트 좌파 그룹에
　　는 레닌이 이끄는 러시아 사회민주노동당 중앙위원회, 폴란드·리투아니
　　아 연방 사회민주당 집행위원회, 라트비아 사회민주당 중앙위원회, 스웨
　　덴 좌파, 노르웨이 좌파, 스위스 좌파, '독일 국제사회주의자' 그룹 등의
　　대표자들이 포함됐다. 치머발트 좌파는 이 회의에서 다수파인 중앙파에
　　맞서 적극적으로 투쟁했다. 그러나 좌파 가운데 철저히 일관된 정책을
　　주창한 것은 오직 볼셰비키뿐이었다.
　　두 번째 인터내셔널 회의는 1916년 4월 24~30일에 베른 근방의 마을
　　키엔탈에서 열렸다. 10개국 43명의 대표가 출석했다. 러시아 사회민주노
　　동당 중앙위원회에서는 레닌과 다른 두 명의 대표가 출석했다.

널의 싹들이 어쩌면 대실패로 끝날지도 모르게 될 주된 이유 중 하나——는 기회주의와의 투쟁이라는 문제가 해결은 고사하고 공공연하게 제기조차 되지 않았다는 것이다. 기회주의자들과 단절할 필요를 선언한다는 의미에서 말이다. 기회주의는 일시적이긴 하지만 지금 유럽 노동운동에서 승전보를 울리고 있다. 기회주의의 양대 색조는 모든 대국들에서 분명하게 나타나고 있다. 첫째는 공공연하고 노골적인, 따라서 덜 위험한 조류로서, 플레하노프, 샤이데만(Scheidemann), 레기엔, 알베르 토마(Albert Thomas), 셈바, 반데르벨데(Vandervelde), 하인드먼(Hyndman), 헨더슨(Henderson) 등의 사회제국주의다. 둘째는 은폐된, 카우츠

회의는 다음의 사항들을 토의했다. 첫째, 전쟁의 종결을 위한 투쟁. 둘째, 강화 문제에 대한 프롤레타리아트의 태도. 셋째, 선동과 선전. 넷째, 의회 활동. 다섯째, 대중투쟁. 여섯째, 국제사회주의사무국의 소집. 키엔탈 회의에서는 치머발트 좌파를 레닌이 주도하여 앞서의 치머발트 회의 때보다 훨씬 더 강고한 입지를 점했다. 키엔탈에서는 12명의 대표가 좌파로 결속했고 좌파의 몇몇 제안은 20표까지, 또는 거의 과반수를 획득하기도 했다. 이것은 세계 노동운동에서의 역관계가 어떻게 국제주의에 대한 지지로 변화되어갔는가를 보여주는 지표였다. 이 회의는 '파멸과 죽음을 겪고 있는 모든 나라 인민들'에게 보내는 선언과, 평화주의와 국제사회주의사무국을 비판하는 결의를 채택했다. 레닌은 회의의 결정을 제국주의 전쟁에 대항하여 국제주의 세력들을 하나로 묶는 데서 한 걸음 전진한 것으로 평가했다. 치머발트와 키엔탈 회의는 혁명적 마르크스주의의 원칙에 입각해 서유럽 사회민주주의운동 내 좌파분자들을 결속하는 데 도움이 되었다. 이후 이 좌파 분자들은 각국에서 공산당을 창설하고 제3, 공산주의인터내셔널을 조직하는 데 적극적인 역할을 수행했다.—원서 편집자

키 류의 기회주의로서, 독일에서는 카우츠키-하제(Haase)와 사회민주당 노동자의원단7, 프랑스에서는 롱게(Longuet), 프레세망(Pressemane), 메이에라(Mayeras) 등, 영국에서는 램지 맥도널드(Ramsay MacDonald)를 비롯한 독립노동당의 지도자들, 러시아에서는 마르토프와 치헤이제 등, 이탈리아에서는 트레베스(Treves)를 비롯한 이른바 좌파 개량주의자 등이다.

공공연한 기회주의는 드러내놓고 직접적으로 혁명에 반대한다. 혁명적 운동의 초기 단계부터 분출까지 계속 반대한다. 공공연한 기회주의는 정부와 직접적으로 동맹을 맺고 있다. 장관 자리를 받아들이는 것에서 (러시아의) 전시산업위원회8 참여에 이르기까지 이 동맹의 형태는 다종다양하다. 가면 쓴 기회주의자인 카우츠키 파는 노동운동에 훨씬 더 해롭고 위험한데, 왜냐하면 공공연한 기회주의와의 통일·단결에 대한 옹호를 그럴싸한 사이비 '마르크스주의적' 표어와 평화주의적 슬로건으로 덮어 감추고 있기 때문이다. 이 양대 기회주의와의 투쟁은 프롤레타리아 정치의 모든 분야에서, 즉 의회, 노동조합, 파업, 군대 등에서 수행되어야 한다. 이 양대 기회주의의 고유

7 기존 독일 사회민주당 의원단에서 탈퇴한 의원들이 1916년 3월에 창설한 독일 중앙파 조직. 후고 하제, 게오르그 레데부어(Ledebour), 빌헬름 디트만(Dittmann)이 지도자로, 베를린 조직 다수의 지지를 얻었고, 1917년 4월 창립한 독일 독립사회민주당의 중추가 되었다. 독립사회민주당은 공공연한 사회배외주의자들을 변호하고자 했고, 그들과의 단결을 유지할 것을 주창했다.—원서 편집자

한 주요 특징은 **지금의 전쟁과 혁명 간의 연관**이라는 구체적 문제를 비롯해 혁명의 그 밖의 **구체적 문제들**을 묵살하고 은폐하거나, 경찰의 금지령을 염두에 두고 다룬다는 것이다. 더군다나 전쟁 전에 이 임박한 전쟁과 프롤레타리아 혁명 간의 연관이 무수히——비공식적으로, 공식적으로 모두(공식적으로는 바젤 선언9에서)——강조되었음에도 불구하고 말이다. 군비철폐 요구의 주된 결함은 혁명의 모든 구체적 문제들을 회피한다는 것이다. 만약 그게 아니라면, 군비철폐론자들은 완전히 새로운 종류의 혁명, 비무장 혁명을 지지하는 것인가?

계속하자. 우리는 결코 개량을 위한 투쟁을 반대하지 않는

8 전시산업위원회는 러시아에서 제국주의적 부르주아지가 전쟁 수행 중인 차르 정부를 돕기 위한 것으로 1915년 5월 설립되었다. 러시아의 대자본가인 10월당원 지도자 구치코프(Guchkov)가 중앙전시산업위원회의 의장이었다. 노동자를 자신들의 영향하에 두고 배외주의적 감정을 조장하고자 시도한 부르주아지는 러시아에서 자본가와 노동자 사이에 '계급 휴전'이 실현된 것과 같은 인상을 만들어내려는 의도에서 이 위원회 내에 '노동자 그룹'을 조직하기로 결정했다. 볼셰비키는 위원회의 보이콧을 선언했고, 대다수 노동자들의 지지로 그것을 성공적으로 수행했다. 볼셰비키 선전의 결과로 총 239개 지방 및 지역 위원회 중 70개만이 '노동자 그룹' 선거를 시행했고, 그 중 36개 위원회만이 노동자 대표를 선출했다.—원서 편집자

9 1912년 11월 24-5일 스위스 바젤에서 열린 임시 국제사회주의대회에서 채택된 선언. 이 선언은 제국주의자들이 준비하고 있는 전쟁의 약탈적 성격을 밝히고, 모든 나라 노동자들에게 전쟁 위험에 맞서 단호히 싸울 것을 촉구했다. 또한 사회주의자들은 사회주의 혁명을 촉발하기 위해 경제적·정치적 위기를 이용해야 한다는 입장을 밝혔다.—원서 편집자

다. 그리고 대중적 소요와 대중적 불만의 수많은 분출 및 우리의 노력에도 불구하고 이 전쟁으로부터 혁명이 일어나지 않는다면, 우리는 최악의 경우에 인류가 제2의 제국주의 전쟁을 겪을 슬픈 가능성에 대해서도 무시할 생각이 없다. 우리가 찬성하는 개량의 강령은 기회주의자들을 향해서도 겨누어진 강령이다. 만약 우리가 기회주의자들에게 개량을 위한 투쟁을 전부 맡겨두고 막연한 '군비철폐' 판타지 속에서 슬픈 현실로부터의 도피처를 찾는다면, 기회주의자들은 더할 나위 없이 기뻐할 것이다. '군비철폐'는 불유쾌한 현실로부터 도피하는 것을 의미할 뿐, 그것에 맞서 싸우는 것을 의미하지 않는다.

이러한 강령에서는, 우리는 다음과 같이 말할 것이다. "1914~6년의 제국주의 전쟁에서 조국 방위 슬로건을 받아들이는 것은 부르주아 거짓말의 도움을 받아 노동운동을 타락시키는 것이다." 구체적 문제에 대한 이와 같은 구체적 대답이 군비철폐 요구와 '일체의' 조국 방위 거부보다 이론적으로 더 올바를 것이고 프롤레타리아트에게 훨씬 더 유익할 것이며, 기회주의자들에게는 더 견딜 수 없는 것일 것이다. 그리고 덧붙여서 이렇게 말하겠다. "모든 제국주의 열강——영국, 프랑스, 독일, 오스트리아, 러시아, 이탈리아, 일본, 미국——의 부르주아지는 너무도 반동적이 되었고 너무도 세계 지배에 혈안이 되어 있어, 이들 나라의 부르주아지가 벌이는 그 어떠한 전쟁도 반동적인 전쟁이 되지 않을 수 없다. 프롤레타리아트는 이러한 전쟁들 모두를 반대해야 할 뿐만 아니라, 전쟁을 저지하기 위한 봉기가 성공하지 못할 경우에는 이러한 전쟁에서 '자'국 정부가 패배하기를 바라야 하며, 그 패배를 혁명적 봉기를 위해 이용해야 한다.

민병 문제에 대해서는 우리는 다음과 같이 말해야 한다. 우리가 찬성하는 것은 부르주아 민병이 아니라, 오직 프롤레타리아 민병뿐이다. 그러므로 미국이나 스위스, 노르웨이 등과 같은 나라라 하더라도 상비군은 물론 부르주아 민병도 '한 푼도, 한 사람도 안 된다.' 가장 자유로운 공화제 국가들(예를 들어 스위스)에서 민병이 점점 더——특히 1907년과 11년에——프로이센화(化)되고 있고, 파업 노동자들을 진압하는 용도로 이용되는 등 자본의 용병으로 전락하고 있음을 보게 되는 상황이므로 더욱더 그렇다. 우리는 병사들에 의한 장교 선출, 모든 군법의 폐지, 외국인 노동자와 토착 노동자 간의 동등한 권리(스위스처럼 다수의 외국인 노동자들의 일체의 권리를 부정하면서 그들을 더욱더 후안무치하게 착취하는 제국주의 국가들에서 특히 중요한 사항)를 요구할 수 있다. 나아가 우리는 해당 나라의, 이를테면 주민 백 명당 하나의 단위로 자발적인 군사훈련 단체를 결성할 권리 등을, 국가가 보수를 부담하는 교관의 자유로운 선거와 함께 요구할 수 있다. 오직 이러한 조건들에서만 프롤레타리아트는 자신의 노예 소유주들을 위해서가 아니라 자기 자신을 위해 군사훈련을 할 수 있을 것이며, 이와 같은 훈련의 필요는 프롤레타리아트의 이익이 절박하게 지시하고 있는 바다. 러시아 혁명이 보여준 바, 필연적으로 혁명운동의 그 모든 성공은, 심지어 어느 한 도시, 어느 한 공업지대의 장악이나 군대의 어느 한 부대의 획득과 같은 부분적인 성공조차도, 승리한 프롤레타리아트로 하여금 바로 이와 같은 강령을 실행에 옮기지 않을 수 없게 한다.

끝으로, 기회주의는 강령만으로는 무찌를 수 없으며 오직 행동을 통해서만 무찌를 수 있다. 파산한 제2인터내셔널의 가장 크고 치명적인 오류는 그 말이 그 행동과 일치하지 않는다는 것, 위선적이고 비양심적으로 혁명적 언사를 늘어놓는 습관을 키웠다는 것(바젤 선언에 대해 카우츠키 일파가 지금 보여주고 있는 태도에 주목하라)이다. 사회적 사상으로서의 군비철폐——어떤 정신병자의 발명품이 아니라, 특정한 사회적 환경에서 나오고 또 그 환경에 영향을 미칠 수 있는 사상으로서의 군비철폐——는 작은 나라들에서 특별히 '평온한' 조건이 지배적일 때 예외적으로 제시된다. 그 작은 나라들이 꽤 오랫동안 전쟁과 학살이라는 세계의 행로에서 벗어나 있었고, 앞으로도 그런 식으로 남아 있기를 희망할 때 말이다. 이 점을 이해하기 위해서는, 예를 들어 노르웨이의 군비철폐론자들이 펼쳤던 주장들을 살펴보면 된다. 그들은 다음과 같이 말한다. "우리는 소국이고, 우리의 군대는 작다. 열강에 맞서 우리가 할 수 있는 것은 아무것도 없다(그리고 그 결과, 이 또는 저 열강 진영과의 제국주의적 동맹에 강제로 편입되는 것에 맞서 우리가 할 수 있는 것은 아무것도 없다). …… 우리는 우리의 벽지(僻地)에 평화롭게 남아 우리의 벽지정치를 계속하길 원하며, 군비철폐, 강제력 있는 중재재판소, 영세중립(벨기에 식의 '영세' 중립, 맞나?) 등을 요구한다."

초연히 남아 있으려는 소국들의 소시민적 지향, 세계사적인 거대한 전투들로부터 가능한 한 멀리 떨어져 있거나 자신의 상대적으로 독점적인 지위를 이용하여 완고한 부동상태로 남아 있으려는 소부르주아적 열망이 일부 소국들에서 군비철폐 사상이 어느 정도 인기를 끄는 객관적 사회 환경이다. 이러한 지향과 열망은 반동적이며, 전적으로 환상에 기초해 있다. 왜냐하면 어떤 식으로든 제국주의는 소국들을 세계 경제와 세계 정치의 소용돌이 속으로 끌어들이고야 말기 때문이다.

예를 들면 스위스에서는 제국주의적 환경이 노동운동에 두 가지 객관적인 경로를 지시한다. 기회주의자들은 부르주아지와의 동맹하에 자기 나라를 제국주의 부르주아 관광객들로부터 나오는 이윤 위에서 번성할 공화제적·민주주의적인 독점적 연방으로 바꾸려 하고 있고, 이 '평온한' 독점적 지위를 느긋하게 조용히 지켜가려 하고 있다.

스위스의 진짜 사회민주주의자들은 스위스의 상대적으로 자유로운 상태와 그 '국제적' 입지를 이용하여 유럽 노동자 당들 내 혁명적 분자들이 한층 긴밀한 동맹을 이루어 승리하도록 돕고자 애쓰고 있다. 다행히도 스위스는 '자국 독자 언어'를 가지고 있지 않고, 3개의 세계어, 즉 인접한 교전국들의 3개 언어를 사용하고 있다.

만약 스위스 당의 2만 명의 당원이 일종의 '전시특별세'로 매주 2상팀(centime)을 낸다면, 1년에 2만 프랑이 모금될 것이다. 이 금액은——참모본부가 내린 금지 조치에도 불구하고——교전국 노동자들과 병사들에게, 지금 막 일고 있는 노동자들의 봉기 움직임에 대한 모든 진실된 증거를, 그들이 참호 속에서 형제적 친교를 맺고 있음을, 무기가 '자'국의 제국주의적 부르주아지에 대항하는 혁명적 투쟁을 위해 사용되기를 바라는 그들의 희망 등을 3개 국어로 된 정기간행물로 찍어서 배포하고도 넘을 만큼의 액수다.

이 일은 새로운 것이 아니다. 《상티넬La Sentinelle》[10], 《폴크스레히트》[11], 《베르너 타그바흐트》[12] 같은 최상의 신문들이 이미 하고 있는 일이다. 안타깝게도 규모가 충분히 크지 못해서 문제긴 하지만 말이다.[1] 오직 이러한 활동을 통해서만 아라

10 '파수대'라는 뜻. 스위스의 불어권 지역인 누샤텔 주의 사회민주당 조직 기관지로서 1890년부터 1906년까지 쇼드퐁에서 발행했다. 1910년에 복간되었다. 1차 세계대전 동안 국제주의적 입장을 취했다.—원서 편집자

11 '인민의 권리'라는 뜻. 1898년 취리히에서 창간된 스위스 사회민주당의 기관지(일간신문). 1차 대전 동안 치머발트 좌파의 글들을 실었다.—원서 편집자

12 '베른의 파수대'라는 뜻. 1893년 베른에서 창간된 사회민주주의 신문. 1차 세계대전 초기에 카를 리프크네히트와 프란츠 메링을 비롯한 그 밖의 좌파 사회민주주의자들의 글들을 실었다. 1917년에는 사회배외주의를 공공연하게 지지했다.—원서 편집자

우 당 대회[13]의 훌륭한 결정이 단지 훌륭한 결정 이상의 것이 될 수 있다.

지금 우리의 관심을 끄는 문제는 다음과 같다. 군비철폐 요구가 스위스 사회민주주의자들 사이에 일고 있는 이 혁명적 동향에 부합하는가? 명백히 아니다. 객관적으로 군비철폐는 소국들의 극히 민족적이고, 고유한 의미에서 민족적인 강령이다. 그것은 국제적인 혁명적 사회민주주의의 국제적 강령이 아님이 확실하다.

| 1916년 9월에 독일어로 집필

1917년 9월과 10월에 《유겐트 인터나치오날레》 9호와 10호에 처음 발표

13 스위스 아라우에서 1915년 11월 20~21일 열렸던 스위스 사회민주당 대회. 대회의 중심 의제는 치머발트 국제주의자 그룹에 대한 당의 태도였다. 이 문제를 둘러싸고 당내 반(反)치머발트 파, 치머발트 우파 지지자, 치머발트 좌파 지지자 사이에서 투쟁이 전개되었다.
R. 그림은 당이 치머발트 연합에 가맹하여 그 우파의 정치 방침에 동조하자고 주장하는 결의안을 상정했다. 좌파 세력은 로잔 지부의 이름으로 그림의 결의안에 수정동의를 제출했다. 수정안은 승리한 프롤레타리아 혁명만이 제국주의 전쟁을 종식시킬 수 있다고 천명하면서, 전쟁에 반대하는 대중적인 혁명적 투쟁을 요구했다. 그림의 압력으로 수정안이 철회되었지만, 볼셰비키인 M. M. 하리토노프(Kharitonov, 스위스 당의 한 지부로부터 대의원으로 파견되어 대회에 출석했다)가 그 안을 다시 제출했다. 그림 일파는 전술적 고려 때문에 수정안을 승인하지 않을 수 없었고, 결국 258대 141로 수정동의가 채택되었다.—원서 편집자

세 그루 소나무 사이에서
길을 헤매는

분트의 《회보》[1] 1호(1916년 9월)에는 페테르부르크 분트 파
의 한 성원이 1916년 2월 26일에 쓴 편지가 실렸다.

"우리가 조국 방위 명제를 승인하는 데 따르는 곤란이 굉
장히 커지고 있는데, 이는 우리의 러시아 동지들이 이제까지
그래 왔던 것처럼 우리가 폴란드 문제를 묵살하는 것이 이미
가능하지 않게 되었기 때문이다."(이 신사양반이 말하는 "동지들"
은 포트레소프 일파라는 것을 잊지 마시라.) "그리고 우리들 중 조국
방위론자들조차 러시아에 대해서는 '무병합' 명제를 적용하길
원치 않고 있는 사정은, 현재 심리적으로 조국 방위를 받아들

[1] 분트(리투아니아·폴란드·러시아의 유대인노동자총동맹)는 주로 러시아
서부 지역에 거주하는 반(半)프롤레타리아 분자들과 유대계 수공업 직
인들로 구성되었다. 노동운동에 민족주의와 분리주의를 실어나르는 전
달자였다.
《분트 재외위원회 회보Bulletin of the Bund Committee Abroad》는 1916년
에 제네바에서 발행되어 전부 두 호가 나왔고, 사회배외주의적 입장을
취했다. 레닌이 여기서 인용한 「러시아에서 온 편지」는 《회보》1호에 실
린 것인데, 그에 대한 좀 더 상세한 분석이 레닌의 글 「치헤이제 파 의원
단과 그 역할」(이 책에 수록—편집자)에 제시되어 있다.—원서 편집자

일 준비가 되어 있지 않은 사람들의 눈에 조국 방위가 틀렸음을 보여주는 강력한 반대 논거로 보이고 있다. 그 사람들은 빈정대는 어조로 '도대체 당신들은 무엇을 방어하겠다는 겁니까?'라고 반문하고 있는 것이다. 독립 폴란드라는 생각이 이제 상층부에서 승인을 받고 있다."(어느 상층부인지 알 수 없다.)

우리가 1915년의 결의 속에서, 분트에서는 친(親)독일 배외주의가 우세를 점하고 있다고 언명했을 때 코소프스키 일파가 내놓을 수 있었던 유일한 답변은 욕설이었다. 그러나 이제 우리의 언명은 그들 자신의 기관지에서, 그것도 그들 자신의 당 동료에 의해 확증되고 있다! 만약 분트의 '조국 방위론자들'이 "러시아에 대해서는"(독일에 대해서는 한 마디도 없다는 점에 주목하라) '무병합' 명제를 적용하는 것을 바라지 않는다면, 그것은 본질적으로 친독일 배외주의와 어떤 차이가 있는가?

분트 파에게 생각할 의지와 능력이 있다면, 자신들이 병합 문제에서 길을 헤매고 있다는 것을 깨달을 것이다. 그들이 방황하고 혼란스러워하는 데서 벗어나는 길은 오직 하나, 일찍이 1913년에 분명하게 밝힌 우리의 강령²을 채택하는 것이다. 즉 병합 부정 정책을 성실하고 똑바르게 실행하기 위해서는, 피억압 민족의 사회주의자와 민주주의자는 자신들의 모든 선

---

2 1913년 12월 15일자 《사회민주주의자》 32호에 발표된 「러시아 사회민주노동당 민족 강령The National Programme of the R.S.D.L.P.」(본 전집 54권에 수록―편집자)을 가리킨다.―옮긴이

전·선동에서, 억압 민족(대러시아인이든 독일인이든, 또는 우크라이나인을 대하는 폴란드인이든 매한가지다)의 사회주의자 가운데 '자' 민족으로부터 억압받고 있는(또는 폭력적으로 붙들려 있는) 민족의 분리의 자유를 일관되게 무조건적으로 찬성하지 않는 패거리를 모리배라고 낙인찍지 않으면 안 된다.

만약 분트 파가 이 결론을 받아들이지 않거나 받아들이고 싶어하지 않는다면, 그것은 단지 러시아의 포트레소프들, 독일의 레기엔들, 쥐데쿰(Südekum)들, 심지어 레데부어들(레데부어는 알자스-로렌의 분리의 자유에 찬성하지 않는다), 폴란드의 민족주의자, 더 정확히는 사회배외주의자 등과 다투는 것이 싫어서일 뿐이다.

아무렴, 정당한 이유긴 하지!

| 1916년 9~10월에 집필

1931년 『레닌 잡록집』 17권에 처음으로 발표

이탈리아 사회당 대회에
보내는 인사

이탈리아 사회당은 1892년에 창당했는데, 출발부터 모든 근본적인 정치적·전술적 문제들을 놓고 기회주의 세력과 혁명적 세력 간에 첨예한 투쟁이 벌어지는 무대가 되었다. 레지오 에밀리아에서 열린 당 대회(1912년)에서는, 전쟁을 지지하고 정부 및 부르주아지와의 협력을 주창한 좀 더 솔직한 개량주의자들이 좌파의 압력으로 제명되었다. 1914년 12월에 이 당은 부르주아지의 제국주의적 정책을 지지하고 이탈리아의 참전을 촉구한 일단의 변절자들(그 중에는 무솔리니(Mussolini)도 포함)을 제명했다. 이탈리아가 1915년 5월에 실제로 참전했을 때 당은 3개의 독자적 분파로 쪼개졌다. (1)우파: 부르주아지의 전쟁 수행을 도왔다. (2)중앙파: 당의 다수를 이루었고, '전쟁에 대해 참가도, 사보타지도 없는' 정책을 취했다. (3)좌파: 보다 단호한 입장을 취했지만, 전쟁에 반대하는 일관된 투쟁을 조직하지 못했다. 좌파는 제국주의 전쟁을 내란으로 전화할 필요 또는 부르주아지와 협력하고 있는 개량주의자들과 단절할 필요를 이해하지 못했다.

이탈리아 사회주의자들은 루가노에서 스위스 사회주의자들과 합동 회의(1914년)를 했고, 치머발트(1915년)와 키엔탈(1916년)의 국제 사회주의 회의에 적극적으로 참가했다.

당의 지도자들인 라자리(Lazzari)와 세라티(Serrati)는 부르주아지의 제국주의적·강도적 계획을 폭로했고, 국제 사회민주주의 연락선을 복구하는 데 적극적으로 나섰다.

이 글, 레닌의 인사 메시지는 1916년 10월 15~6일 취리히에서 열린 당 대회에 보낸 것인데, 10월 15일 개회식에서 낭독되었다. 대회에 대한 간략한 보도가 《아반티!*Avanti!*》 290호(1916년 10월 18일)에 실렸다.

1916년 말에 개량주의자들이 우위를 점하면서 이 당은 사회평화주의로 넘어갔다.—원서 편집자

존경하는 동지들께

러시아 사회민주노동당 중앙위원회를 대표해서 이탈리아 사회당 대회에 인사를 드리며, 대회가 끝까지 성공적으로 진행되기를 기대합니다.

이탈리아 사회당은 교전국의 모든 사회주의 당들 가운데, 만약 사회주의를 배반하고 부르주아지의 편에 서지 않았다면, 할 수 있었고, 또 마땅히 했어야 할 것을 한 **최초의** 사회주의 당입니다. 그것은 '본국'의 군 검열과 군 당국의 손이 미치지 못하는 자유로운 나라에서, 전쟁에 대한 사회주의적 태도가 자유롭게 표명되고 토론될 수 있는 나라에서 자신의 대회 또는 회의를 소집하는 것입니다. 이탈리아 사회당 대회——애국주의적 재갈 물리기로부터 자유로운——가 그 동안 이탈리아 사회당이 거의 모든 유럽 사회주의 당들에 의한 사회주의 배반에 맞선 투쟁에서 이미 성취한 것에 버금가는 것을, 아니 그 이상을 성취하리라는 기대를 표명해봅니다.

우리 당의 대표는 치머발트와 키엔탈에서 귀당의 대표와 함께 일했습니다. 양당을 가른 유일한 중대한 차이는 사회배외주의자——즉 말은 사회주의자이되 행동은 배외주의자——와 단절하는 문제에 대한 의견 차이뿐이었습니다. 다시 말해 지금의 제국주의 전쟁에서 '조국 방위'를 주창하거나 정당화하려 하는 자들, 식민지 분할과 세계 지배를 위한 이 반동적인 강도들의 전쟁에서 '자'국 정부와 '자'국 부르주아지를 직접적 또는 간접적으로 지지하는 모든 자들과 단절하는 것이 불가피하고 필요한 것인가를 둘러싼 의견 차이였습니다. 사회주의를 위한 프롤레타리아트의 혁명적 투쟁이 위선이 아닌 진실된 것이려면, 단지 말로만의 항의에 머무는 것이 아니려면, 사회배외주의자와의 단절은 역사적으로 불가피하며 반드시 필요하다고 우리는 믿습니다. 반면 귀당의 대표들은 사회배외주의자(쇼비니스트)와의 단절 없이도 프롤레타리아트가 승리할 수 있는 희망이 여전히 존재한다고 믿고 있었습니다.

우리는 전세계 사회주의의 발전이 양당 간 이러한 차이의 근거를 점차 제거해줄 거라고 기대해봅니다.

한편 이 제국주의 전쟁에서——그리고 지금의 이른바 모든 '대'국들의 정책 전체에 의해 준비되고 촉진되고 있는 이후의 제국주의 전쟁에서도 마찬가지로——노동운동은 '조국 방위' 지지자와 반대자로 갈라져 있다는 것이 사실이 되어가고 있습니다. 이것은 전세계에서, 교전국뿐만이 아니라 선진 자본주의 나라인 미국 같은 주요 중립국에도 그대로 적용되는 사실입니다.

다른 한편으로 우리는 사회당 중앙기관지《아반티!》최근호의 편집국 논설(「독일 사회주의자 협의회의 폐회」)을 특히 만족스럽게 읽고 있습니다. 독일 사회주의자 회의는 최근 몇 달간 전세계 사회주의 내에서 일어난 가장 두드러진 사건 중 하나인데, 왜냐하면 독일 사회주의 내에서만이 아니라 전세계 사회주의 내에서의 3대 경향이 이 회의에서 충돌했기 때문입니다. 첫째는 공공연한 사회배외주의로서 독일에서는 레기엔, 다비트 일파, 러시아에서는 플레하노프, 포트레소프, 치헨켈리, 프랑스에서는 르노델(Renaudel)과 셈바, 이탈리아에서는 비솔라티(Bissolati)와 그의 당으로 대표되는 경향입니다. 둘째는 하제-카우츠키 경향으로서 사회배외주의의 기본 사상, 즉 현 전쟁에서 '조국 방위'에 동의하며, 이 사상을 진정한 사회주의·국제주의와 화해시키려고 합니다. 셋째는 진정한 사회주의·국제주의적 경향으로서 독일에서는 인터나치오날레 그룹과 독일국제사회주의자들(Internationale Sozialisten Deutschlands, I.S.D.)[1]로 대표됩니다.

앞에서 말한《아반티!》편집국 논설(269호, 1916년 9월 27일)에서는 이 세 경향을 평가하며 다음과 같이 쓰고 있습니다.

"베트만-홀베크(Bethmann-Hollweg, 1차 세계대전 당시 독일 총리)를 비롯한 그 밖의 전쟁 지지자들과의 참담한 거래를 통해 독일 프롤레타리아트의 계급투쟁을 망가뜨리려고 한 레기엔들, 에버트(Ebert)들, 다비트들에게 독일 프롤레타리아트가 결국은 승리할 것이라는 데에는 의심의 여지가 없다. 이것을 우리는 마음으로부터 확신한다."

우리도 그것을 확신합니다.

《아반티!》는 계속해서 이렇게 쓰고 있습니다.

"그럼에도 독일 사회주의자 회의는, 반대파 내 하제를 주요 대표자로 하는 그룹의 이후 행동이 무엇인지 어떤 확신도 주고 있지 않다."

"리프크네히트, 메링, 클라라 체트킨, 로자 룩셈부르크를 포함하는 인터나치오날레 그룹은 그 밖의 모든 조국 반역자 및 태업자들과 함께 변함없이 제자리에 남아 있다."

"하제는 우리가 보기에 일관성이 결여되어 보인다."

그런 후 《아반티!》는 자신이 보는 하제와 그의 그룹——우

I   1차 세계대전 중에 《리히트슈트랄렌》을 중심으로 하여 결집한 독일 사회민주당 내 좌파 그룹. 《리히트슈트랄렌》의 이름은 '광선'이라는 뜻이며, 이 잡지는 1913년부터 1921년까지 베를린에서 발행됐다. 이 그룹은 전쟁과 기회주의에 대해 공공연하게 반대 입장을 표명했고, 사회배외주의자 및 중앙파와의 단절을 가장 일관되게 주창했다. 이 그룹의 지도자 율리안 보르하르트는 치머발트 좌파의 결의 및 선언 초안에 서명했다. 치머발트 회의 직후 이 그룹은 치머발트 좌파에 가입했다. 이런 취지의 내용을 밝힌 성명이 그룹의 기관지 《인터나치오날레 플뤼그블래터 Internationale Flügblätter》('국제 전단'이라는 뜻의 이름) 1호(1915년)에 발표되었다. 그러나 이 그룹은 실질적인 대중적 지지 기반을 갖지 못했고 곧 해체되었다.—원서 편집자

리가 우리의 출판물에서 전세계 사회주의 내 카우츠키주의 경향이라고 부른 것——의 "일관성 결여"가 무엇인지를 설명합니다.

"그들은 리프크네히트와 그의 동지들이 도달한 논리적인, 당연한 결론을 승인하지 않는다."

우리는 《아반티!》의 이러한 언명을 마음으로부터 환영합니다. 우리는 독일 사회민주당 중앙기관지이자 카우츠키주의 경향의 주요 기관지인 《포어베르츠》가 《아반티!》의 이러한 언명과 관련하여 1916년 10월 7일에 쓴 다음과 같은 이야기는 틀렸다고 확신합니다.

"《아반티!》는 독일 당 내부의 사정과 제 세력 관계에 대해 충분히 올바른 정보를 입수하고 있지는 못하다."

우리는 《아반티!》가 "충분히 올바른" 정보를 받고 있으며, 하제 그룹이 틀렸고 리프크네히트 그룹이 옳다고 본 것이 우연이 아님을 확신합니다. 따라서 우리는 이탈리아 사회당이 리프크네히트의 원칙과 전술을 옹호함으로써 국제 사회주의에서 두드러진 지위를 점할 것으로 기대합니다.

우리 당은 이탈리아 당보다 비할 수 없이 더 어려운 조건에 처해 있습니다. 우리의 출판물 전부가 탄압으로 질식당하고 있습니다. 그러나 우리는 망명지에서도 러시아 국내의 우리 동지들의 투쟁을 지원하는 것이 가능했습니다. 러시아 국내의 우리 당에 의한 이 전쟁 반대 투쟁이 진정으로 선진적인 **노동자들**과 노동자 대중의 투쟁이라는 것은 다음의 두 사실로 증명됩니다. 첫째는 러시아에서 선도적인 공업 지대가 밀집된 주(州)들의 노동자들에 의해 선출된 우리 당의 노동자 의원들——페트롭스키(Petrovsky), 샤고프(Shagov), 바다예프(Badayev), 사모일로프(Samoilov), 무라노프(Muranov)——이 전쟁에 반대하는 혁명적 선전을 했다는 죄목으로 차르 정부에 의해 시베리아 유형에 처해진 사실입니다.[2] 둘째는 그들이 유형에 처해지고 한참 시간이 지난 뒤에도 페트로그라드의 우리 당 소속 선진 노동자들이 전시산업위원회 참가를 단호하게 거부한 사실입니다.

1917년 1월, 협상국(앙탕트: 영국, 프랑스, 러시아) 사회주의자 회의[3]가 소집됩니다. 우리는 이미 런던에서 치뤄진 이와 같은 회의에 참가를 시도한 적이 한 번 있습니다.[4] 그러나 우리 대표가 유럽 사회주의자들의 배반에 대해 감히 진실을 말하려

---

2   개전 초기부터 볼셰비키 두마 의원들은 노동자계급의 이익을 정력적으로 지지하고 나섰다. 그들은 당 정책에 발맞춰 전쟁공채 투표를 거부했고, 전쟁의 제국주의적·반민중적 성격을 폭로했으며, 노동자들이 차리즘과 부르주아지와 지주에 맞서 투쟁하도록 추동했다. 그러한 혁명적 활동의 결과로 재판을 받고 시베리아 유형에 처해졌다. 레닌은 「러시아 사회민주노동당 두마 의원단 재판으로 무엇이 폭로되었는가?What Has Been Revealed by the Trial of the Russian Social-Democratic Labour Duma Group?」(본 전집 59권 『제2인터내셔널의 붕괴』에 수록—편집자)에서 이 재판에 대해 평가하고 있다.—원서 편집자

고 했을 때 곧바로 발언을 제지당했습니다. 그 경험을 통해 우리는 그 같은 회의들에서는 비솔라티들, 플레하노프들, 셈바들 그리고 그와 같은 유의 사람들에게밖에 자리를 내줄 수 없다고 생각하게 되었습니다. 이런 이유로 우리는 회의에 출석하는 것을 단념하고, 유럽의 노동자들에게 편지를 써서 사회배외주의자의 인민 기만을 폭로할 것입니다.

다시 한 번 이탈리아 사회당 대회에 인사를 전하며, 대회의

3 앙탕트 사회주의자 회의(Conference of Entente Socialists)는 프랑스 사회배외주의자 알베르 토마, 피에르 르노델, 마르셀 셈바가 주창자가 되어 초청한 회의다. 러시아 사회민주노동당은 레닌의 제안에 따라 성명을 발표하여 이 회의의 배반자적 성격을 폭로하고, 모든 국제주의자들을 향해 이 회의 초청을 거부할 것을 호소했다. 이 성명은 1916년 11월 《스보르니크 소치알 데모크라타》 2호에 발표되었다. 회의는 연기되다가 1917년 8월 28일에 마침내 열렸다.—원서 편집자

4 1915년 2월 14일 런던에서 열린 협상국 사회주의자 회의를 가리킨다. 영국, 프랑스, 벨기에, 러시아의 사회배외주의 그룹 및 평화주의 그룹의 대표자들이 출석했다.
볼셰비키는 초청받지 못했지만 레닌의 지시에 따라 리트비노프(M. M. Litvinov)가 회의에 참석해서, 레닌이 집필한 초안을 기초로 하여 작성된 러시아 사회민주노동당 중앙위원회 성명을 낭독했다. 성명은 사회주의자가 부르주아 정부에서 사퇴할 것, 제국주의자와의 동맹과 협력을 폐기할 것, 제국주의 정부에 대한 정력적인 투쟁을 벌일 것, 전쟁공채 투표를 거부할 것을 요구했다. 이 성명은 러시아 사회민주노동당 중앙기관지 《사회민주주의자》 40호(1915년 3월 29일)에 발표되었다. 레닌은 다음 글들에서 이 회의에 대해 평가하고 있다. 「런던 회의The London Conference」, 「런던 회의에 대하여On the London Conference」(두 글 모두 본 전집 59권 『제2인터내셔널의 붕괴』에 수록—편집자).—원서 편집자

성공을 바라는 진지한 희망을 표합니다.

| 1916년 10월 상반기에 집필

1931년『레닌 잡록집』17권에 처음으로 발표

'군비철폐' 슬로건에 대하여

레닌이 1916년 10월에 집필한 이 글 「'군비철폐' 슬로건에 대하여」는 9월에 독일어로 집필한 「프롤레타리아 혁명의 군사 강령」과 많은 부분 내용이 중복된다. 「프롤레타리아 혁명의 군사 강령」은 스위스, 스웨덴, 노르웨이의 좌파 사회민주주의 출판물에 발표할 계획으로 집필한 것인데 당시에는 발표되지 못했다. 레닌은 그 글을 러시아어로 출판하면서 얼마간 재편집했는데, 그것이 이 글 「'군비철폐' 슬로건에 대하여」다. 1917년 9월과 10월에 국제사회주의청년조직연맹의 기관지 《유겐트 인터나치오날레》 편집국은 레닌의 동의하에 「프롤레타리아 혁명의 군사 강령」을 독일어 그대로 자신의 잡지에 실었다. '프롤레타리아 혁명의 군사 강령'이라는 제목은 잡지 편집국이 붙인 것으로 보인다.—옮긴이 대부분 작은 나라들이고 현 전쟁에 연루되지 않은 나라들—예를 들어 스웨덴, 노르웨이, 네덜란드, 스위스—에서 '민병' 또는 '인민무장'이라는 기존 사회민주주의 최소강령 요구를 '군비철폐'라는 새로운 요구로 대체하자는 데 찬성하는 목소리들이 있다. 국제 청년 조직의 기관지《유겐트 인터나치오날레(청년 인터내셔널)》3호에 군비철폐에 찬성하는 편집국 논설이 발표되었다.

스위스 사회민주당 대회를 앞두고 작성된, 군사 문제에 관한 그림의 테제에서도 우리는 '군비철폐' 사상에 대한 양보가 있음을 보게 된다. 스위스 잡지《노이에스 레벤》(1915년)에서 롤란트-홀스트는 겉으로는 두 요구 간의 '화해'를 내세우고 있지만, 실제로는 그 역시 군비철폐 사상에 양보를 하고 있다. 국제적 좌파 기관지《포어보테》2호에 기존의 인민무장 요구를 옹호하는 네덜란드 마르크스주의자 바인코프(Wijnkoop)의 글이 실렸다. 스칸디나비아의 좌파는, 뒤에 발표된 글들[1]에서 분명히 볼 수 있듯이, '군비철폐'를 받아들이고 있다. '군비철폐'

가 평화주의의 요소를 담고 있음을 간혹 인정하면서도 말이다.

군비철폐론자들의 입장을 좀 더 면밀히 검토해보자.

I

군비철폐 찬성론의 기본 전제 중 하나——이 전제가 언제나 분명하게 표명되고 있지는 않지만——는 이렇다. '우리는 전쟁, 즉 모든 전쟁 일반에 반대하며, 우리의 이 견해를 가장 분명하고 명쾌하게 표현하고 있는 것이 군비철폐 요구다.'

이것이 왜 그릇된 생각인지는 내가 유니우스의 소책자에 대해 논평한 글에서 밝힌 바 있다. 독자는 그 논평을 참조하면 될 것이다.[2] 사회주의자는 사회주의자임을 그만두지 않는 이상, 모든 전쟁을 다 반대할 수는 없다. 물론 지금의 제국주의 전쟁은 눈감아주면 안 된다. 이 '대'국들 간의 전쟁은 전형적인 제국주의 시대의 전쟁이다. 그러나 예를 들어 피억압 민족이 억압자에 대항하여 스스로를 억압으로부터 해방하기 위해 민주주의적 전쟁과 봉기를 일으키는 것도 충분히 있을 수 있는

[1] 카를 킬봄의 「스웨덴 사회민주주의와 세계 전쟁」 및 아르비드 한센의 「노르웨이에서 현 단계 노동운동의 몇 가지 특징」을 가리킨다. 두 글 모두 《스보르니크 소치알 데모크라타》 2호(1916년 12월)에 실렸다.—원서 편집자

[2] 「유니우스 팸플릿에 대하여」(이 책에 수록—편집자) 참조.—원서 편집자

일이다. 부르주아지에 대항하는 프롤레타리아트의 사회주의를 위한 내란 또한 피할 수 없다. 한 나라에서 승리를 거둔 사회주의가 다른 부르주아 나라 또는 반동적인 나라와 전쟁을 하는 것도 일어날 수 있다.

군비철폐는 사회주의의 이상이다. 사회주의 사회에서는 전쟁이 없을 것이다. 그 결과로 군비철폐가 실현될 것이다. 그러나 사회주의가 사회 혁명과 프롤레타리아트의 독재 **없이** 실현될 것이라고 기대하는 자는 그 누구든 사회주의자가 아니다. 독재는 직접적으로 **폭력**에 기초한 국가권력이다. 그리고 20세기에는 폭력이──문명 시대 일반에서 그렇듯이──주먹도, 곤봉도 아닌, **군대**를 의미한다. '군비철폐'를 강령에 넣는 것은 '우리는 무기 사용에 반대한다'고 전면 공표하는 것과 같다. '우리는 폭력에 반대한다'고 말하는 것만큼이나 여기에는 일말의 마르크스주의도 없다.

이 문제에 대한 국제적 토론이 주로──전적으로는 아니지만──독일어로 진행되고 있다는 점에 유의할 필요가 있다. 지금까지 우리가 이야기해온 '군비철폐'에 대해 독일어로는 두 개의 단어가 쓰이고 있는데, 둘 사이의 차이점을 러시아어로 옮기는 것이 쉽지 않다. 하나(Abrüstung)는 본래 '군비축소'를 의미하는 것으로, 예를 들어 카우츠키와 그 일파가 군축의 의미로 쓰고 있다. 또 하나(Entwaffnung)는 본래 '군비철폐'를 의미하는 것으로, 주로 좌파가 군사주의의 폐지, 모든 군사주의적 제도의 폐지의 의미로 쓰고 있다. 이 글에서 우리가 이야기하고 있는 것은 후자의 요구인데, 일부 혁명적 사회민주주의자들 사이에서 현재 통용되고 있는 것도 이 후자의 '군비철폐' 요구다.

제국주의 대국의 현 정부를 향한 카우츠키 파의 '군축' 설교는 비속하기 짝이 없는 기회주의다. 그것은 실제로는──감상적인 카우츠키 파의 '선한 의도'에도 불구하고──노동자들을 혁명적 투쟁으로부터 유리시키는 역할을 하는 부르주아 평화주의다. 왜냐하면 제국주의 열강의 현 부르주아 정부들이 금융자본의 수천 타래의 실과 그들 정부 사이의 수천, 수백의 이에 상응하는(즉 약탈적이고 강도적이며 제국주의 전쟁을 준비하는) 비밀조약으로 얽어매여 있지 않다는 생각을, 그러한 설교를 통해 노동자들에게 심어주려 하기 때문이다.

II

무기 사용과 무기 획득을 배우려고 노력하지 않는 피억압 계급은 노예처럼 취급받아 마땅하다. 우리가 부르주아 평화주의자나 기회주의자가 되어버린 것이 아니라면, 우리는 계급투쟁과 지배계급 권력을 타도하는 것 말고는 어떤 탈출구도 없고 또한 있을 수도 없는 계급 사회에 살고 있음을 망각할 수 없다.

노예제나 농노제에 기초한 것이든 지금처럼 임금노동에 기초한 것이든 모든 계급 사회에서 억압 계급은 항상 무장을 하고 있다. 오늘날의 상비군뿐만 아니라 민병(militia)도──예를 들어 스위스의 민병 같은 가장 민주주의적인 부르주아 공화국의 민병조차──부르주아지가 프롤레타리아트를 적으로 하여 무장한 것이다. 이것은 깊이 생각해볼 필요도 없을 만큼 초보적인 진실이다. 모든 자본주의 나라에서 예외 없이 파업 노동자들을 상대로 군대(공화제적·민주주의적 민병을 포함하여)를 사용한다는 사실을 떠올리는 것으로 충분하다. 부르주아지가 프롤레타리아트를 적으로 하여 무장하고 있다는 점은 오늘날의 자본주의 사회의 가장 기본적이고 중요한 사실 중 하나다.

그런데 이러한 사실을 앞에 두고 혁명적 사회민주주의자가 '군비철폐' '요구'를 내걸라고 촉구받다니! 이것은 계급투쟁 관점을 완전히 방기하는 것, 모든 혁명 사상을 거부하는 것과 같다. 부르주아지를 쳐부수고 수탈하고 무장해제시키기 위한 프롤레타리아트의 무장, 이것이 우리의 슬로건이어야 한다. 이것이야말로 혁명적 계급이 가질 수 있는 단 하나의 전술이다. 자본주의적 군국주의의 객관적 발전 전체로부터 논리적으로 뒤따르는 전술이자, 그러한 발전이 지시하는 전술이다. 프롤레타리아트는 부르주아지를 무장해제시킨 뒤에야 비로소 자신의 세계사적 사명을 배반하지 않고 모든 무기(군비)를 고철더미 속에 버리는 것이 가능해질 것이다. 프롤레타리아트는 틀림없이 그렇게 할 것이지만, 그것은 오직 그런 조건이 달성되었을 때뿐이며 그 전에는 결코 아니다.

지금의 전쟁이 반동적인 기독교 사회주의자들과 훌쩍거리며 칭얼대는 소부르주아들 사이에서 공포와 두려움만을, 일체의 무기 사용과 유혈참사 등에 대한 혐오만을 불러일으킨다면 우리는 다음과 같이 말해야 한다. 자본주의 사회는 **끝이 없는 공포**이며, 이제까지 늘 그래 왔다고. 모든 전쟁들 가운데에서도 가장 반동적인 지금의 전쟁이 이 사회에게 **공포의 끝**을 준비시키고 있다면, 우리는 하등 절망에 빠질 이유가 없다. 단 하나의 정당한 혁명적 전쟁, 즉 제국주의적 부르주아지에 대항하는 내란이 부르주아지 자신에 의해 만인의 눈앞에서 공공연하게 준비되고 있는 이 시기에 '군비철폐' 설교와 '요구', 더 정확하게는 군비철폐라는 꿈을 말하는 것은 절망의 표현 외에 아무것도 아니다.

누군가는 생명 없는 회색 이론이라고 말할지 모르지만, 우리는 그들에게 다음의 두 가지 세계사적 사실을 상기시키고자 한다. 하나는 트러스트의 역할 및 산업에서의 여성 고용의 역할, 다른 하나는 1871년의 파리코뮌과 러시아의 1905년 12월 봉기.

부르주아지는 트러스트를 키워서 여성과 아동을 공장으로 내몰아 그들을 혹사시키고 극단적인 궁핍으로 몰아넣는 것을 자신의 업무로 삼는다. 우리는 이러한 발전을 '요구'하지도, '지지'하지도 않는다. 우리는 그것과 싸운다. 그렇다면 어떻게 싸우는가? 우리는 트러스트와 여성 고용이 진보적임을 설명한다. 우리는 수공업 체제나 독점 이전의 자본주의로의 복귀를, 여성의 가사노동으로의 복귀를 원하지 않는다. 트러스트 등을 통해 전진, 그리고 그것들을 넘어 사회주의로!

이 주장은 객관적 발전을 고려한 것이며, 약간의 필요한 변경을 거치면, 오늘날 주민의 군사화에도 적용될 수 있다. 오늘날 제국주의적 부르주아지는 성인들뿐 아니라 청년들까지 군사화하고 있다. 내일은 여성의 군사화도 시작할 것이다. 우리의 태도는 다음과 같은 것이어야 한다. 그래, 좋다! 전속력으로 진행하라! 더 빨리 나아갈수록 자본주의에 맞서는 무장봉기에 그만큼 더 가까이 갈 것이다. 사회민주주의자가 파리코뮌의 예를 잊지 않았다면, 어떻게 청년 등의 군사화에 대한 두려움에 굴복할 수 있겠는가? 이것은 '생명 없는 이론'도 꿈도 아니다. 이것은 사실이다. 그리고 만약 모든 경제적·정치적 사실들에도 불구하고, 사회민주주의자들이 제국주의 시대 및 제국주의 전쟁은 불가피하게 이러한 사실들의 반복을 야기하게 마련이라는 것을 의심하기 시작한다면, 그것은 정말로 유감스러운 사태가 될 것이다.

파리코뮌을 목격한 어느 부르주아 관찰자는 1871년 5월에 한 영국 신문에 기고한 글에서 다음과 같이 말했다. "만약 프랑스 민족이 전부 여성으로 구성되어 있다면, 그 얼마나 무시

무시한 민족일 것인가!" 파리코뮌에서는 여성들과 10대 아이들이 성인 남성들과 어깨를 나란히 하고 함께 싸웠다. 부르주아지를 타도하기 위한, 다가오는 전투에서도 결코 다르지 않을 것이다. 프롤레타리아 여성들은, 무장이 빈약하거나 비무장한 노동자들이 잘 무장된 부르주아지의 군대에게 사살당하는 것을 그냥 보고만 있지 않을 것이다. 그들은 1871년에 했던 것처럼 무장하게 될 것이다. 그리고 오늘날의 겁먹은 민족들로부터——더 정확히 말하면, 정부에 의해서라기보다는 기회주의자들에 의해 조직이 파괴되고 있는 오늘날의 노동운동으로부터——조만간, 그리고 틀림없이 혁명적 프롤레타리아트의 '무시무시한 민족들'의 국제적 동맹이 생겨나리라는 데에는 의심의 여지가 없다.

현재 사회 생활 전체가 군사화되고 있다. 제국주의는 세계의 분할·재분할을 위한 강대국들의 격렬한 투쟁이다. 따라서 제국주의는 모든 나라에서, 심지어 중립국 및 약소국에서까지 더 한층 군사화에 열을 올리게 될 수밖에 없다. 프롤레타리아 여성들은 그것에 어떻게 대항할 것인가? 그냥 모든 전쟁과 군사적인 모든 것을 저주함으로써? 그냥 군비철폐를 요구함으로써? 억압받는, 진정으로 혁명적인 계급의 여성들은 그런 수치스러운 역할을 결코 받아들이지 않을 것이다. 그들은 자신의 아들에게 이렇게 말할 것이다.

"너는 곧 어른이 될 것이다. 너는 총을 받게 될 것이다. 그것을 가지고 필요한 군사기술을 제대로 배워라. 지금 전쟁에서 일어나고 있는 것, 너의 형제인 다른 나라 노동자를 쏘라고 하는, 사회주의의 배반자들이 너한테 시키고 있는 것을 하지 않기 위해서는 프롤레타리아에게 이 지식이 필요하다. 프롤레타리아는 자국의 부르주아지와 싸우기 위하여 이 군사 지식이 필요하다. 기도하고 비는 것으로가 아니라 부르주아지를 쳐부수고 무장해제시킴으로써 착취와 빈곤과 전쟁에 종지부를 찍기 위하여 그것이 필요하다."

지금의 전쟁과 관련하여 이런 선전, 정확히 이와 같은 선전을 하는 것을 피하려 한다면, 국제적인 혁명적 사회민주주의, 사회주의 혁명, 전쟁에 반대하는 전쟁 등의 멋진 말들을 쓰는 것을 그만두는 편이 낫다.

III

군비철폐론자들은 강령상의 '인민무장' 조항이 더 쉽게 기회주의에 대한 양보에 이른다는 이유로 그 조항에 반대한다. 우리는 앞에서 군비철폐와 계급투쟁의 관계, 군비철폐와 사회혁명의 관계라는 가장 중요한 문제를 검토했다. 이제 우리는 군비철폐 요구와 기회주의 간의 관계를 검토할 것이다. 군비철폐 요구가 받아들여질 수 없는 주된 이유들 중의 하나는 그 요구가 만들어내는 환상과 함께 그 요구가 불가피하게 기회주의에 대한 우리의 투쟁을 약화시키고 투쟁의 활력을 빼앗아간다는 데 있다.

의심할 바 없이, 이 투쟁은 지금 인터내셔널이 직면한 중요하고 직접적인 문제다. 기회주의에 대한 투쟁과 긴밀히 연결되지 않는 제국주의에 대한 투쟁은 공문구가 아니면 사기다. 치머발트와 키엔탈의 주된 결함 중의 하나——이 제3인터내셔널의 싹들이 어쩌면 대실패로 끝날지도 모르게 될 주된 이유 중의 하나——는 기회주의와의 투쟁이라는 문제가 해결은 고사하고 공공연하게 제기조차 되지 않았다는 것이다. 기회주의자들과 단절할 필요를 선언한다는 의미에서 말이다. 기회주의는 일시적이긴 하지만 지금 유럽 노동운동에서 승전보를 울리고 있다. 기회주의의 양대 색조는 모든 대국들에서 분명하게 나타나고 있다. 첫째는 공공연하고 노골적인, 따라서 덜 위험한 조류로서, 플레하노프, 샤이데만, 레기엔, 알베르 토마, 셈바, 반데르벨데, 하인드먼, 헨더슨 등의 사회제국주의다. 둘째는 은폐된, 카우츠키 류의 기회주의로서, 독일에서는 카우츠키-하제와 사회민주당 노동자 의원단, 프랑스에서는 롱게, 프레세망, 메이에라 등, 영국에서는 램지 맥도널드를 비롯한 독립노동당의 지도자들, 러시아에서는 마르토프와 치헤이제 등, 이탈리아에서 트레베스를 비롯한 이른바 좌파 개량주의자 등이다.

공공연한 기회주의는 드러내놓고 직접적으로 혁명에 반대

한다. 혁명적 운동의 초기 단계부터 분출까지 계속 반대한다. 공공연한 기회주의는 정부와 직접적으로 동맹을 맺고 있다. 장관 자리를 받아들이는 것에서 전시산업위원회 참여에 이르기까지 이 동맹의 형태는 다종다양하다. 가면 쓴 기회주의자인 카우츠키 파는 노동운동에 훨씬 더 해롭고 위험한데, 왜냐하면 공공연한 기회주의와의 통일·단결에 대한 옹호를 그럴싸한 사이비 '마르크스주의적' 표어와 평화주의적 슬로건으로 덮어 감추고 있기 때문이다. 이 양대 기회주의와의 투쟁은 프롤레타리아 정치의 모든 분야에서, 즉 의회, 노동조합, 파업, 군대 등에서 수행되어야 한다.

이 양대 기회주의의 고유한 주요 특징은 무엇인가?

그것은 지금의 전쟁과 혁명 간의 연관이라는 구체적 문제를 비롯해 혁명의 그 밖의 구체적 문제들을 묵살하고 은폐하거나, 경찰의 금지령을 염두에 두고 다룬다는 것이다. 더군다나 전쟁 전에 이 임박한 전쟁과 프롤레타리아 혁명 간의 연관이 무수히——비공식적으로, 공식적으로 모두(공식적으로는 바젤 선언에서)——강조되었음에도 불구하고 말이다.

군비철폐 요구의 주된 결함은 혁명의 모든 구체적 문제들을 회피한다는 것이다. 그것이 아니라면, 군비철폐론자들은 전적으로 새로운 종류의 혁명, 비무장 혁명을 지지하는 것인가?

IV

계속하자. 우리는 결코 개량을 위한 투쟁을 반대하지 않는다. 그리고 대중적 소요와 대중적 불만의 수많은 분출 및 우리의 노력에도 불구하고 이 전쟁으로부터 혁명이 일어나지 않는다면, 우리는 최악의 경우에 인류가 제2의 제국주의 전쟁을 겪을 슬픈 가능성에 대해서도 무시할 생각이 없다. 우리가 찬성하는 개량의 강령은 기회주의자들을 향해서도 겨누어진 강령이다. 만약 우리가 기회주의자들에게 개량을 위한 투쟁을 전부 맡겨두고 막연한 '군비철폐' 판타지 속에서 슬픈 현실로부터의 도피처를 찾는다면, 기회주의자들은 더할 나위 없이 기뻐할 것이다. '군비철폐'는 불유쾌한 현실로부터 도피하는 것을 의미할뿐, 그것에 맞서 싸우는 것을 의미하지 않는다.

그런데 좌파 중 일부 사람들은 조국 방위 문제에 대해 충분히 구체적인 대답을 내놓지 못하고 있는데, 이것이 그들의 태도가 지닌 커다란 결함이다. '일체의' 조국 방위에 반대한다는 '일반' 명제를 제출하는 것보다, 현 제국주의 전쟁에서 조국 방위는 부르주아적·반동적 기만이라고 말하는 것이 이론적으로 훨씬 더 옳고, 실천적으로도 비교할 수 없이 더 중요하다. '어떤 상황에서도' 조국 방위에 반대한다는 '일반적' 입장을 취하는 것은 옳지 않을 뿐만 아니라, 노동자 당 내에서 노동자들의 직접적인 적인 기회주의자에게 '타격'이 되지도 않는다.

민병 문제에 대한 구체적이고 실천적으로 필요한 답을 제시하는 데서는 우리는 다음과 같이 말해야 한다. 우리가 찬성하는 것은 부르주아 민병이 아니라, 오직 프롤레타리아 민병뿐이다. 그러므로 미국이나 스위스, 노르웨이 등과 같은 나라라하더라도 상비군은 물론 부르주아 민병도 '한 푼도, 한 사람도안 된다.' 가장 자유로운 공화제 나라들(예를 들어 스위스)에서 민병이 점점 더——특히 1907년과 11년에——프로이센화(化)되고 있고, 파업 노동자들을 진압하는 용도로 이용되는 등 자본의 용병으로 전락하고 있음을 보게 되는 상황이므로 더욱더그렇다. 우리는 병사들에 의한 장교 선출, 모든 군법의 폐지, 외국인 노동자와 토착 노동자 간의 동등한 권리(다수의 외국인 노동자들의 일체의 권리를 부정하면서 그들을 더욱더 후안무치하게 착취하는 스위스 같은 제국주의 국가들에서 특히 중요한 사항)를 요구할 수있다. 나아가 우리는 해당 나라의, 이를테면 주민 백 명당 하나의 단위로 자발적인 군사훈련 단체를 결성할 권리 등을, 국가가 보수를 부담하는 교관의 자유로운 선거와 함께 요구할 수있다. 오직 이러한 조건들 아래에서만 프롤레타리아트는 자신의 노예 소유주들을 위해서가 아니라 자기 자신을 위한 군사훈련을 할 수 있을 것이며, 이와 같은 훈련의 필요는 프롤레타리아트의 이익이 절박하게 지시하고 있는 바이다. 러시아 혁명이 보여준 바, 필연적으로 혁명운동의 그 모든 성공은, 심지어어느 한 도시, 어느 한 공업지대의 장악이나 군대의 어느 한 부대의 획득과 같은 부분적인 성공조차도, 승리한 프롤레타리아트로 하여금 바로 이와 같은 강령을 실행에 옮기지 않을 수 없게 한다.

끝으로, 기회주의는 강령만으로는 무찌를 수 없으며 오직 행동을 통해서만 무찌를 수 있다. 파산한 제2인터내셔널의 가장 크고 치명적인 오류는 그 말이 그 행동과 일치하지 않는다는 것, 위선적이고 비양심적으로 혁명적 언사를 늘어놓는 습관을 키웠다는 것(바젤 선언에 대해 카우츠키와 그 일파가 지금 보여주고 있는 태도에 주목하라)이다. 사회적 사상으로서의 군비철폐——어떤 정신병자의 발명품이 아니라, 특정한 사회적 환경에서 나오고 또 그 환경에 영향을 미칠 수 있는 사상으로서의 군비철폐——는 작은 나라들에서 특별히 '평온한' 조건이 지배적일 때 예외적으로 제시된다. 그 작은 나라들이 꽤 오랫동안 전쟁과 학살이라는 세계의 행로에서 벗어나 있었고, 앞으로도 그런 식으로 남아 있기를 희망할 때 말이다. 이 점을 이해하기 위해서는, 예를 들어 노르웨이의 군비철폐론자들이 펼쳤던 주장들을 살펴보면 된다. 그들은 다음과 같이 말한다. "우리는 소국이고, 우리의 군대는 작다. 열강에 맞서 우리가 할 수 있는 것은 아무것도 없다[그리고 그 결과, 이 또는 저 열강 진영과의 제국주의적 동맹에 강제로 편입되는 것에 맞서 우리가 할 수 있는 것은 아무것도 없다]. …… 우리는 우리의 벽지(僻地)에 평화롭게 남아 우리의 벽지정치를 계속하길 원하며, 군비철폐, 강제력 있는 중재재판소, 영세중립(벨기에 식의 '영세' 중립, 맞나?) 등을 요구한다."

초연히 남아 있으려는 소국들의 소시민적 지향, 세계사적인 거대한 전투들로부터 가능한 한 멀리 떨어져 있거나 자신의 상대적으로 독점적인 지위를 이용하여 완고한 부동상태로 남아 있으려는 소부르주아적 열망이 일부 소국들에서 군비철폐 사상이 어느 정도 인기를 끄는 객관적 사회 환경이다. 이러한 지향과 열망은 반동적이며, 전적으로 환상에 기초해 있다. 왜냐하면 어떤 식으로든 제국주의는 소국들을 세계 경제와 세계 정치의 소용돌이 속으로 끌어들이고야 말기 때문이다.

스위스의 경우를 예로 들어보자. 스위스의 제국주의적 환경은 노동운동에 두 가지 객관적인 경로를 지시한다. 기회주의자들은 부르주아지와의 동맹하에 자기 나라를 제국주의 부르주아 관광객들로부터 나오는 이윤 위에서 번성할 공화제적·민주주의적인 독점적 연방으로 바꾸려 하고 있고, 이 '평온한' 독점적 지위를 느긋하게 조용히 지켜가려 하고 있다. 실제로 이러한 정책이 바로 특권적인 지위에 있는 소국의 특권적인 소수 노동자층이 프롤레타리아트 대중을 적으로 하여 자국의 부르주아지와 맺은 동맹의 정책이다. 스위스의 진짜 사회민주주의자들은 스위스의 상대적으로 자유로운 상태와 그 '국제적' 입지(문화 수준이 가장 높은 나라들에 인접해 있다는 것, 스위스가 운 좋게도 '자국 독자 언어'를 가지고 있지 않고 3개의 세계어를 사용한다는 사정)

를 이용하여 전 유럽 프롤레타리아트의 혁명적 분자들이 **혁명적 동맹을 확대·강화**하도록 돕고자 애쓰고 있다. 알프스의 매력적인 풍광을 기반으로 하여 엄청나게 평온하게 장사할 수 있는 이 독점적인 지위를, 우리 나라의 부르주아지가 가능한 한 오래 보유하도록 도와주자. 이것이 스위스 기회주의자들의 정책의 객관적 내용이다. 부르주아지의 타도를 위해 프랑스, 독일, 이탈리아 프롤레타리아트의 혁명적 부분들의 동맹이 강고해지도록 돕자. 이것이 스위스 혁명적 사회민주주의자들의 정책의 객관적 내용이다. 불행히도 이 정책은 아직껏 스위스 '좌파'에 의해 전혀 제대로 실행되지 않고 있고, 1915년 아라우 당 대회의 훌륭한 결정(혁명적 대중투쟁의 승인)은 여전히 죽은 문서로 남아 있다. 그러나 지금 우리가 논의하고 있는 것은 이 문제가 아니다.

지금 우리의 관심을 끄는 문제는 다음과 같다. 군비철폐 요구가 스위스 사회민주주의자들 사이에 일고 있는 이 혁명적 동향에 부합하는가? 명백히 아니다. 객관적으로 군비철폐 '요구'는 노동운동의 기회주의적이고, 편협한 민족적인 노선, 소국이 갖는 전망과 시야로 제약된 노선에 부합한다. 객관적으로 '군비철폐'는 소국들의 극히 민족적이고, 고유한 의미에서 민족적인 강령이다. 그것은 국제적인 혁명적 사회민주주의의 국제적 강령이 아님이 확실하다.

덧붙임: 기회주의적인 독립노동당의 기관지인 영국의 《사회주의 평론*The Socialist Review*》[3] 지난 호(1916년 9월) 287쪽에는 이 당의 뉴캐슬 회의 결의가 실려 있다. 어느 정부든 정부에 의해 수행되는 그 어떤 전쟁도, 설사 그것이 '명목상' '방위' 전일지라도 지지하길 거부할 것이라는 결의다. 그리고 같은 호 205쪽의 편집국 논설에서는 다음과 같은 성명이 나온다. "우리는 결코 신페인(Sinn Fein) 당의 봉기(1916년의 아일랜드 봉기)에 찬성하지 않는다. 우리는 그 어떤 형태의 군사주의와 전쟁에도 찬성하지 않는 것과 똑같이 어떠한 무장봉기에도 찬성하지 않는다."

소국이 아닌 대국의 이들 '반군사주의자', 이와 같은 군비철폐론자가 최악의 기회주의자라는 것을 증명할 필요가 있을까? 하지만 그들이 봉기를 군사주의와 전쟁의 '한 형태'로 보고 있다는 것은 이론상 지극히 옳다.

| 1916년 10월에 집필

1916년 12월에 《스보르니크 소치알 데모크라타》 2호에 처음 발표

---

3 1908년부터 1934년까지 개량주의적인 영국 독립노동당이 런던에서 발행한 월간지. 1차 세계대전 중에 램지 맥도널드 등이 이 잡지에 기고했다.─원서 편집자

제국주의와
사회주의 내의 분열

기회주의가 (사회배외주의의 형태로) 유럽의 노동운동에 대해 거둔 기괴하고 역겨운 승리와 제국주의 사이에는 뭔가 연관이 있는가?

　　이것이 오늘날 사회주의의 근본 문제다. 그리고 우리는 (1)오늘날의 시대가 제국주의 시대고 지금의 전쟁[1]이 제국주의 전쟁이라는 것, (2)사회배외주의와 기회주의 사이에는 불가분의 역사적 연관이 있고 이 둘은 동일한 이데올로기적·정치적 내용을 갖고 있다는 것을, 우리의 당 문헌에서 충분히 입증했다. 그러므로 이제 이 근본 문제에 대한 검토를 시작할 수 있고, 그렇게 해야만 한다.

　　가능한 한 정확하고 완전하게 제국주의에 대한 정의를 내리는 것에서부터 시작해야 한다. 제국주의란 자본주의의 특수한 역사적 단계다. 그 특수성은 세 가지다. 제국주의는 (1)독점자본주의, (2)기생적이거나 부패해가는 자본주의, (3)사멸해가

---

[1]　1914~8년의 1차 세계대전.—원서 편집자

는 자본주의다. 독점이 자유경쟁을 대체했다는 것이 제국주의의 근본적인 경제적 특징이고 그 본질이다. 독점은 주되게 다섯 가지 형태를 취하며 나타난다. (1)카르텔·신디케이트·트러스트: 독점적 자본가 집단을 낳을 정도로 생산의 집적이 이루어졌다. (2)대은행들의 독점적 지위: 4~5개의 거대 은행이 미국, 프랑스, 독일의 경제 생활 전체를 지배하고 있다. (3)트러스트와 금융과두제(금융자본은 은행자본과 융합한 독점적 산업자본이다)가 원료자원을 장악하고 있다. (4)국제적 카르텔에 의한 세계의 (경제적) 분할이 시작되었다. 이런 국제적 카르텔은 이미 백개도 넘는데, 이들이 세계 시장 전체를 지배하며, 이 세계 시장을 '사이좋게' 분할하고──전쟁이 그것을 재분할할 때까지는 '사이좋게'──있다. 비독점 자본주의하에서의 상품 수출과 구별되는, 매우 특징적인 현상으로서의 자본 수출은 세계의 경제적·영토적·정치적 분할과 밀접하게 결합되어 있다. (5)세계의 영토적 분할(식민지)이 완료되었다.

미국과 유럽에서, 그리고 나중에는 아시아에서 자본주의의 최고 단계로서의 제국주의는 1898~1914년의 기간에 완전히 형성되었다. 미국-스페인 전쟁(1898년), 보어전쟁(1899~1902년), 러일전쟁(1904~5년)과 1900년 유럽 경제공황은 세계사의 새로운 시대의 주요 역사적 이정표들이다.

제국주의가 기생적인 또는 부패해가는 자본주의라는 사실은, 우선 첫째로 생산수단의 사적소유 체제하에서 모든 독점에 특징적인 부패 경향에서 나타나고 있다. 민주주의적·공화제적 제국주의 부르주아지와 반동적·군주제적 제국주의 부르주아지 간의 차이는 사라져가고 있는데, 그 이유는 바로 그들 양자가 함께 산 채로 썩어가고 있기 때문이다(그렇다고 해서 개개 산업 부문에서, 개개 나라에서, 개개 시기에 자본주의가 이례적으로 급속하게 발전할 가능성이 배제되는 것은 아니다). 둘째로 자본주의의 부패는 거대한 금리생활자층, 즉 '이자표'로 생활하는 자본가들이 형성되는 것에서 나타난다. 4대 제국주의 나라들——영국, 미국, 프랑스, 독일——각각에서 유가증권 형태의 자본 액수는 1,000억~1,500억 프랑에 달하며, 이로부터 각국은 적어도 50억~80억 프랑의 연소득을 올린다. 셋째로 자본 수출은 기생성이 한층 더 심화된 것이다. 넷째로, "금융자본은 지배를 지향하지, 자유를 지향하지 않는다." 도처에서의 정치적 반동이 제국주의의 특징이다. 수뢰, 대규모 매수, 온갖 종류의 사기. 다섯째로 피억압 민족의 착취——이것은 영토 병합과 불가분하게 연결되어 있다——와, 특히 한 줌의 '대'국들에 의한 식민지의 착취는 '문명' 세계를 점점 더 비문명 민족의 수억 인민의 신체에 달라붙은 기생충으로 변모시킨다. 고대 로마의 프롤레타리아트는 사회의 비용으로 살아갔지만, 오늘의 사회는 근대 프롤레타리아의 비용으로 살아간다. 마르크스는 시스몽디(Sismondi)의 이 심오한 통찰을 특별히 강조했다.[2] 그러나 제국주의는 사정을 어느 정도 변화시키고 있다. 제국주의 나라들에서 프롤레타리아트의 특권적 상층부는 부분적으로는 비문명 민족의 수억 인민의 비용으로 살아가고 있다.

제국주의가 **사멸해가는** 자본주의이자 사회주의로 **이행해가**고 있는 자본주의라고 하는 이유는 명백하다. 자본주의로부터 자라나온 독점은 **이미 죽어가는** 자본주의이며, 자본주의에서 사회주의로의 이행의 시작이다. 제국주의에 의한 노동의 거대한 **사회화**(제국주의의 변호론자들인 부르주아 경제학자들이 '연동'이라고 부르는 것)도 결국 같은 의미다.

제국주의를 이와 같이 정의할 때 우리는 카를 카우츠키와 완전히 대립하게 되는데, 그는 제국주의를 '자본주의의 한 단계'로 보는 것을 거부하고, 금융자본이 "선호하는" 정책으로, '공업'국이 '농업'국을 병합하는 하나의 경향으로 정의하고 있다.[3] 카우츠키의 이러한 정의는 이론적인 측면에서 완벽한 기만이다. 제국주의의 고유한 특징은 산업자본의 지배가 아니라 금융자본의 지배이며, 특별히 농업국만이 아니라 **모든 종류의** 나라들을 병합하려는 지향에 있다. 카우츠키는 '군축', '초제국주의' 등과 같은 그의 속류 부르주아 개량주의를 위한 길을 닦

---

2 카를 마르크스의 『루이 보나파르트의 브뤼메르 18일*The Eighteenth Brumaire of Louis Bonaparte*』의 2판 서문, 6쪽을 보라.—원서 편집자

3 레닌 주 "제국주의는 고도로 발달한 산업 자본주의의 산물이다. 제국주의는 더 광대한 농업 지역을, 거기에 거주하는 민족들이 누군지와 관계없이 정복하고 병합하려는 모든 산업 자본주의 민족의 지향이다."(카우츠키, 《노이에 차이트》, 1914년 9월 11일)

기 위해 제국주의 정치를 제국주의 경제로부터 분리시키고, 정치에서의 독점을 경제에서의 독점으로부터 분리시킨다. 이러한 이론상의 허위의 모든 목적과 의의는, 제국주의의 가장 뿌리 깊은 모순들을 모호하게 하고, 그리하여 제국주의의 변호론자들인 노골적인 사회배외주의자들 및 기회주의자들과의 '통일·단결'이라는 이론을 정당화하는 데 있다.

이 문제와 관련해서 카우츠키가 마르크스주의로부터 이탈했다는 것을, 우리는 《사회민주주의자》와 《코뮤니스트》[4]에서 충분히 다룬 바 있다. 우리의 러시아 카우츠키주의자들, 즉 악셀로드와 스펙타토르를 선두로 하는 조직위원회파——여기에는 심지어 마르토프도, 그리고 상당 정도는 트로츠키까지 포함된다——는 하나의 유파로서의 카우츠키주의의 문제에 대해 침묵을 지키는 쪽을 택했다. 그들은 카우츠키가 전쟁 중에 쓴 논설들을 감히 옹호할 용기는 없고, 다만 카우츠키를 칭찬하는 것으로 한정하거나(악셀로드가 자신의 독일어판 소책자에서 이렇게 하고 있다. 조직위원회는 이 소책자를 러시아어로 출판할 것을 약속한 바 있다), 카우츠키의 개인 편지를 인용하는 것으로 한정한다(스펙타토르가 이렇게 하고 있다). 이 편지에서 카우츠키는 자신이

---

4 《사회민주주의자》는 러시아 사회민주노동당 기관지다. 1908년 2월부터 1917년 1월까지 비합법 신문으로 발행됐다.
《코뮤니스트》는 《사회민주주의자》 편집국이 1915년에 제네바에서 발행한 잡지로, 한 호(1·2호 합본호)만 나왔다.—원서 편집자

반대파에 속한다고 하면서, 위선적인 방식으로 자신의 배외주의적 선언을 지워버리려고 애쓴다.

제국주의에 대한 카우츠키의 '견해'——제국주의에 대한 미화와 다름없는——는 힐퍼딩의 『금융자본』에 비해 퇴보한 것이다(현재 힐퍼딩이 열심히 사회배외주의자들과의 '통일·단결'을 옹호하며 카우츠키를 옹호하고 있을지라도!). 아니, 심지어 **사회자유주의자** J. A. 홉슨(Hobson)보다도 퇴보한 것임을 지적해두자. 결코 마르크스주의자라고 자처하지 않는 이 영국의 경제학자는 1902년에 출간된 저서에서 카우츠키보다 훨씬 더 심도 있게 제국주의를 규정하고, 제국주의의 모순들을 폭로하고 있다[5] 홉슨은 제국주의의 기생적 성격이라는 아주 중요한 문제에 대해 다음과 같이 썼다(그의 책에서는 카우츠키의 평화주의적이고 '화해주의적'인 상투어들이 거의 다 발견된다).

홉슨의 의견에 따르면, 구 제국들의 힘이 약화된 것은 다음과 같은 두 종류의 사정 때문이었다, (1)"경제적 기생성"과 (2)종속민족으로 군대를 편성한 것. "첫 번째, 경제적 기생성의 습관이 존재한다. 이것에 의해 지배 국가는 자국 지배계급을 부유하게 하고, 자국 하층계급을 매수하여 묵종시키기 위해 그 속령과 식민지와 종속국을 이용한 것이다." 두 번째 사정에 관해 홉슨은 다음과 같이 쓰고 있다.

---

5   레닌주 J. A. 홉슨, 『제국주의론*Imperialism*』, 런던. 1902년.

제국주의의 맹목성〔제국주의자들의 '맹목성'이라는 이 지루한 노래는 '마르크스주의자' 카우츠키의 입에서보다 사회자유주의자 홉슨의 입에서 듣는 게 보다 적절하다〕의 가장 기이한 징후 가운데 하나는 영국과 프랑스를 비롯한 그 밖의 제국주의 나라들이 무모할 정도로 무신경하게 이 위험스런 의존의 길로 들어서고 있다는 점이다. 이 점에서 극단으로 치닫고 있는 것은 영국이다. 우리가 인도 제국을 정복했던 전투의 대부분은 현지 주민들로 편성된 군대에 의해 수행되었다. 인도에서는, 최근에는 이집트에서도, 대규모의 상비군은 영국인 사령관들의 지휘를 받고 있다. 우리의 아프리카 자치령과 관련된 전투도 남부지역을 제외하고는 거의 모두가 우리 대신 현지인들로 편성된 군대에 의해 수행되었다.

중국 분할의 전망에 대해 홉슨은 다음과 같은 경제적 평가를 하고 있다.

그때가 되면, 서유럽의 대부분은 오늘날 이미 남잉글랜드와 리비에라와 이탈리아 및 스위스의 관광지나 저택 지대가 보여주고 있는 모습과 특성을 띠게 될지도 모른다. 즉 극동으로부터 배당금과 연금을 수령하는 극소수 부유한 귀족들, 이보다 다소큰 규모의 전문직과 상인 집단, 그리고 가정부, 하인 집단 등과 운수업 및 소모품 최종 생산 공정에 종사하는 노동자들로 구성된 지역들 말이다. 식료품과 공산품이 아시아와 아프리카에서 공물로 유입되고 있을 테니 아마 주요 산업 부문은 모두 소멸해버렸을 것이다. …… 우리는 지금보다 큰 서구 국가들의 동맹, 즉 유럽 대국들의 연방이라는 가능성까지 예견해왔다. 아마도 이것은 세계 문명의 대의를 촉진시키기는커녕 서구의 기생(寄生) 상태라는 거대한 위험을 초래할 것이다. 즉 일군의 선진 공업국에서 그 상층 계급이 아시아, 아프리카로부터 막대한 공물을 걷어들이고, 그걸로 거대한, 말 잘 듣는 가내 종복(從僕) 대중을 부양한다. 이들 대중은 더 이상 농사와 매뉴팩처 같은 주요 산업에 종사하지 않고, 새로운 금융귀족의 통제를 받으며 개인 서비스나 2차 공업 노동을 한다. 이러한 이론(전망이라고 말해야 옳겠지만)을 고려할 가치가 없다고 일축하는 사람이 있다면, 이미 이러한 상태에 빠져버린 오늘날 남잉글랜드 지구들의 경제적·사회적 조건들을 살펴보라. 또한 금융업자, '투자가'(금리생활자), 정계 관료와 상공업계 임원 등의 집단들이 중국을 자신들의 경제적 지배에 종속시켜, 이 세계 역사상 최대의 잠재적 이윤 저수지로부터 이윤을 빨아들여 유럽에서 소비할 경우, 이러한 제도가 얼마나 널리 확대될 것인가를 생각해보라. 물론 사태가 너무 복잡하고 세계 여러 세력들의 움직임도 예측하기 매우 어렵기 때문에, 장래에 대해 이런 또는 저런 하나의 해석을 부여하기란 가능하지 않을 것이다. 그러나 오늘날 서유럽의 제국주의를 좌우하고 있는 힘들은 이 방향으로 움직이고 있고,

달리 이에 대한 저항이나 교란이 없는 한 대체로 이와 같은 결말을 향해 나아갈 것이다.

이러한 '저항'은 오직 혁명적 프롤레타리아트에 의해서만, 오직 사회 혁명의 형태로만 이루어질 수 있다는 것을 사회자유주의자인 홉슨은 이해할 수 없다. 그렇기 때문에 그가 사회자유주의자인 것이다! 그럼에도 그는 일찍이 1902년에 '유럽합중국'의 의미와 의의(카우츠키주의자인 트로츠키를 위해 말해두지만!), 지금 각국의 위선적 카우츠키주의자들이 얼버무리고 있는 모든 것들——기회주의자들(사회배외주의자들)은 바로 아시아와 아프리카의 등에 올라타 제국주의적 유럽을 만들어내기 위해 제국주의적 부르주아지에게 협력하고 있다는 것, 객관적으로 기회주의자들은 소부르주아지의 일부이며 제국주의적 초과이윤에 매수된 자본주의의 경비견이자 노동운동을 타락시키는 자로 전향해버린 노동자계급의 특정 층이라는 것——에 대한 훌륭한 통찰을 보여주었다.

노동운동 내에서 (장기간?) 승리를 구가하고 있는 기회주의와 제국주의적 부르주아지 간의 이 뿌리 깊은 커넥션, 경제적 커넥션에 대해, 우리는 여러 편의 글과 우리 당의 결의들을 통해 되풀이하여 지적해왔다. 그리고 덧붙이자면, 이로부터 우리는 사회배외주의자들과의 분리가 불가피하다는 결론을 내렸다. 우리의 카우츠키주의자들은 문제를 회피하는 쪽을 택했다! 예를 들어 마르토프는 강연에서, 《조직위원회 재외서기국 회보》[6](4호, 1916년 4월 10일)에 나오는 다음과 같은 궤변을 본인 입으로 표명했다.

만약 지적인 발달 면에서 '인텔리겐차'에 매우 근접해 있고, 가장 숙련되어 있는 노동자 집단이 숙명적으로 혁명적 사회민 주주의로부터 멀어져 기회주의로 흐른다면, 혁명적 사회민주주 의의 대의는 슬프고, 정말이지 절망적인 상태라고 할 수밖에 없 을 것이다.

특정층의 노동자들이 기회주의와 제국주의적 부르주아지 에게로 이미 넘어갔다는 사실을, '숙명적으로'라는 바보 같은 말과 교묘한 논점 돌리기를 통해 회피하고 있는 것이다! 그리 고 이것이 조직위원회(O. C.)의 궤변가들이 회피하고 싶어하는 바로 그 사실이다! 그들은 카우츠키주의자 힐퍼딩과 그 밖의 많은 사람들이 지금 자랑스럽게 내걸고 있는 '공식 낙관론'에 자신들을 가두고 있다. 객관적 조건들이 프롤레타리아트의 통 일과 혁명적 조류의 승리를 보장하고 있다! 우리는 프롤레타 리아트에 관해서는 정말 '낙관론자'다!

그러나 실제로는 힐퍼딩, 조직위원회파, 마르토프 등 이 모

6   멘셰비키의 기관지로 중앙파적 견해를 대변했다. 1915년 2월부터 1917 년 3월까지 제네바에서 발행됐다. 모두 10호가 나왔다.—원서 편집자

든 카우츠키주의자들은 기회주의에 관해서…… 낙관론자인 것이다. 이것이 문제의 본질이다.

프롤레타리아트는 자본주의의 자식이다. 단순히 유럽 자본주의 또는 제국주의적 자본주의의 자식이 아니라 세계 자본주의의 자식이다. 세계적 차원에서 50년 이르든 50년 늦든, 세계적 잣대로 잴 때 그것은 부분적인 문제다. 당연히 "프롤레타리아트는" 통일을 "이룰 것이며", 혁명적 사회민주주의는 "필연적으로" 그 안에서 승리할 것이다. 그러나 문제는 그것이 아니잖은가. 카우츠키주의자 신사양반들. 문제는 바로 지금 유럽의 제국주의 나라들에서 여러분이 기회주의자들에게 아첨하고 있다는 것 아닌가. 계급으로서의 프롤레타리아트와는 완전히 이질적이고, 부르주아지의 종복 겸 하수인 노릇을 하며, 부르주아지의 영향을 실어나르는 전달자인 기회주의자들에게 말이다. 노동운동이 이들 기회주의자들로부터 해방되지 못하면, 노동운동은 부르주아적 노동운동으로 머무르게 될 것이다. 당신들이 기회주의자들과의 '통일 단결'을, 레기엔들, 다비트들, 플레하노프들, 치헨켈리들, 포트레소프들 등과의 '통일 단결'을 주창할 때 당신들은 객관적으로 제국주의적 부르주아지가 노동운동 내 자신의 가장 충성스런 하수인들의 도움으로 노동자들을 노예화하는 것을 옹호하고 있는 것이다. 세계적 규모로 혁명적 사회민주주의의 승리는 절대적으로 불가피하지만, 이 승리의 진군은 당신들에 대항하여 나아가고 있고, 또한 나아갈 것이다. 그 승리는 당신들에 대한 승리가 될 것이다.

1914~6년에 전세계에 걸쳐 명백히 갈라진, 오늘날 노동운동 내 이 두 경향——두 당이라고까지 할 수 있다——에 대해서는 마르크스와 엥겔스가 영국에서 대략 1858년부터 1892년까지 수십 년에 걸쳐 그 궤적을 추적한 바 있다.

마르크스와 엥겔스 둘 다 1898~1900년에야 시작된 세계 자본주의의 제국주의 시대를 생전에 보지는 못했다. 그러나 영국의 특수성은 이미 19세기 중반에 제국주의의 최소한 두 가지 주요 특징들을 드러냈다는 데 있다. 그 두 가지 특징 중 하나는 광대한 식민지고, 다른 하나는 세계 시장에서의 독점적 지위에서 기인하는 독점이윤이다. 이 두 가지 지점에서 영국은 당시 자본주의 나라들 가운데 예외적인 존재였고, 엥겔스와 마르크스는 이 예외를 분석하여, 그것이 영국 노동운동 내 기회주의의 (일시적) 승리와 어떠한 연관이 있는지를 아주 명확하고 확실하게 밝혀냈다.

1858년 10월 7일에 마르크스에게 보낸 편지에서 엥겔스는 다음과 같이 쓰고 있다. "영국 프롤레타리아트는 사실상 점점 더 부르주아적으로 되어가고 있어서 모든 민족들 중에서 가장 부르주아적인 이 민족은 부르주아지와 나란히 부르주아적 귀족과 부르주아적 프롤레타리아트를 보유하는 것을 궁극적 목표로 하고 있는 게 확실합니다. 전세계를 착취하는 민족으로서는 이것이 물론 어느 정도는 당연한 것일 테죠." 1872년 9월

21일자 조르게(Sorge)에게 보낸 편지에서 엥겔스는, 마르크스가 "영국 노동운동 지도자들은 매수되었다"고 발언했다는 이유로 헤일즈(Hales)가 인터내셔널 연합평의회에서 대소동을 일으키고 마르크스를 비난하는 결의안을 밀어붙였다는 이야기를 조르게에게 전하고 있다. 1874년 8월 4일 마르크스는 조르게에게 다음과 같은 편지를 썼다. "이곳〔영국〕의 도시 노동자들에 대해 말하자면 그들의 지도자 일당이 국회에 들어가지 못한 게 참 애석한 일이네. 그렇게만 됐으면 그들을 모두 쓸어버릴 수 있는 가장 확실한 길이었을 텐데." 1881년 8월 11일에 마르크스에게 보낸 편지에서 엥겔스는 "부르주아지에게 매수되었거나 적어도 보수를 받는 자들이 지도자가 되는 것을 허용한 저 최악의 영국 노동조합"에 대해 언급하고 있다. 1882년 9월 12일에 카우츠키에게 보낸 편지에서 엥겔스는 다음과 같이 쓰고 있다. "자네는 나에게 영국 노동자들이 식민지 정책에 대해 어떻게 생각하냐고 물었지. 정치 일반에 대해서 생각하는 것과 똑같은 방식으로 생각할 것이네. 이곳에는 노동자당이란 없고, 단지 보수당과 자유주의적 급진당만 있을 뿐이네. 그리고 노동자들은 영국의 세계 시장 독점과 식민지 독점으로 차려진 잔칫상 한 귀퉁이를 차지하고 앉아 흥겹게 즐기고 있다네."

1889년 12월 7일 엥겔스는 조르게에게 다음과 같이 쓰고 있다. "이곳〔영국〕에서 가장 역겨운 것은 노동자들 사이에 뿌리 깊이 만연해 있는 부르주아적 '품위 있음'(respectability)이라네. …… 내가 그 중 제일 낮다고 여기는 톰 맨마저도 자기가 런던 시장과 점심을 같이 먹게 될 거라고 신나서 떠들더군. 이런 모습을 프랑스인들과 비교해보면, 왜 혁명이 좋은 건지를 깨닫게 될걸세." 1890년 4월 19일자 편지에는 이렇게 썼다. "그러나 수면 아래서는 〔영국 노동자계급의〕 운동은 계속되고 있고, 점점 더 광범한 층을 포괄하고 있는데, 이제까지 정체기에 있던 바로 최하층〔강조는 엥겔스〕 대중 사이에서 특히 두드러지게 나타나고 있다네. 이 대중이 돌연 자신을 발견하고, 이 움직이는 거대한 대중이 바로 자신들이라는 생각을 떠올릴 날은 이제 더 이상 멀지 않았다네." 1891년 3월 4일에는 이렇게 썼다. "붕괴한 항만노조의 실패. 부유한, 따라서 겁 많은, '구' 보수적 노동조합이 필드에 혼자 남아 있다." 1891년 9월 14일에는 이렇게 쓰고 있다. 영국노총(TUC) 뉴캐슬 총회에서 8시간 노동제에 반대하는 구 노조 조합원들은 패배했고, "부르주아 신문들은 부르주아 노동자당의 패배를 인정하고 있다."(강조는 모두 엥겔스)

수십 년에 걸쳐 반복해서 말한 이런 생각을 엥겔스는 출판물을 통해 공개적으로도 표명했다. 이 사실은 1892년 『영국 노동자계급의 상태 *The Condition of the Working Class in England*』 2판에 그가 쓴 서문이 증명한다. 여기서 그는 "거대한 노동자 대중"과 대비하여 "노동자계급 가운데 귀족", "소수 특권적 노동자"에 대해 이야기하고 있다. 노동자계급 가운데 "얼마 안 되는 특권적이며 보호 받는 소수층"만이 1848~68년 영국의 특권적 지위로부터 "상시적으로 이익을 얻은" 반면 "대부분의 노동자들은 기껏해야 일시적인 개선밖에 경험하지 못했다." "이러한 〔영국의 공업〕 독점이 붕괴되면서 영국 노동자계급은 이 특권적 지위를 상실할 것이다." '신' 노조, 즉 비숙련 노동자 조합의 조합원들은 "정신이 미개척지와도 같다는 엄청난 장점을 갖고 있었다. 즉 더 나은 지위에 있는 '구 노조 조합원들'의 뇌를 구속하고 있는 전래의 '품위 있는' 부르주아적 편견으로부터 전적으로 자유롭다는 장점 말이다." 영국에서 "이른바 노동자 의원"이라는 자들은 "노동자라는 자신의 자격을 자신의 자유주의의 바다에 스스로 빠뜨려버렸기 때문에 노동자계급의 일원이라는 사실을 너그럽게 용서받은" 자들이다.

우리는 독자들이 마르크스와 엥겔스가 직접 말한 것들을 전체로서 연구할 수 있도록 의도적으로 다소 길게 인용했다. 이것들은 연구되어야 하며, 주의 깊게 숙고할 만한 가치가 있다. 왜냐하면 이것들이 제국주의 시대의 객관적 조건이 지시하는 노동운동 전술의 중심점이기 때문이다.

여기에서도 카우츠키는 '쟁점을 흐리고', 마르크스주의를 기회주의자들과의 감상적인 화해로 대체하고자 시도했다. 영국의 독점을 파괴하기 위한 수단으로서 독일의 참전을 정당화하고 있는 공공연한 사회제국주의자들(렌쉬 같은 자들)에 대해 반론을 제기하는 가운데 카우츠키는 이러한 명백한 허위를 마찬가지의 명백한 또 다른 허위로 '정정'하고 있다. 그는 철면피한 허위를 상냥한 허위로 바꿔놓고 있는 것이다! 영국의 **공업독점**은 오래전에 무너지고 파괴되어, 더 이상 파괴될 것이 남아 있지 않다고 그는 말한다.

이 주장은 왜 거짓말인가?

그 이유는 첫째, 이 주장이 영국의 **식민지 독점**이라는 문제를 회피하고 있기 때문이다. 엥겔스는 우리가 보았듯이 일찍이 34년 전인 1882년에 이 점을 분명하게 지적했다! 영국의 공업독점은 파괴되었을지 모르지만, 영국의 식민지 독점은 남아 있을 뿐만 아니라 극도로 강화되었다. 왜냐하면 전세계의 분할이 이미 완료되었기 때문이다! 이러한 상냥한 거짓말을 통해 카우츠키는 '전쟁을 해야 할 이유가 없다'는 부르주아 평화주의적·기회주의 속물적인 사상을 슬그머니 끌어들이고 있다. 반대로 지금 **자본가들**은 전쟁을 벌일 이유를 갖고 있을 뿐 아니라, 자본주의를 유지 보존하길 원한다면 전쟁을 벌일 수밖에 없다. 왜냐하면 식민지의 무력 재분할 없이는 새로운 제국주의 나라들은 보다 오랜 (그리고 더 약한) 제국주의 대국들이 누리고 있는 특권을 손에 넣을 수가 없기 때문이다.

둘째, 왜 어떻게 영국의 독점이 영국에서 기회주의의 (일시적인) 승리를 설명해주는가? 그 이유는 독점이 초과이윤을, 즉 전세계에 걸쳐 통상적이고 관례적인 자본주의적 이윤을 상회

하는 잉여 이윤을 낳기 때문이다. 자본가는 자국 노동자를 매수하고, 모종의 동맹 (웹 부부가 묘사한 영국의 노동조합과 고용주 간의 저 유명한 '동맹'을 상기하라)──어느 한 나라의 노동자와 그 자본가가 다른 나라에 대항하여 맺는 동맹──을 만들어내는 데 이 초과이윤의 일부분(그럼에도 적지 않은 부분!)을 할애하는 것이 가능하다. 영국의 공업 독점은 이미 19세기 말에 파괴되었다. 여기에는 의문의 여지가 없다. 그러나 이 파괴는 어떻게 일어났는가? 모든 독점이 소멸된 것인가?

만약 그렇다면 카우츠키의 (기회주의자들과의) 화해 '이론'이 어느 정도 정당화될 수 있다. 하지만 그렇지 않다는 데 문제의 핵심이 있다. 제국주의는 독점 자본주의다. 어느 카르텔·트러스트·신디케이트도, 어느 거대 은행도 모두 독점이다. 초과이윤은 소멸되지 않았고, 아직도 남아 있다. 특권을 갖고 있고 금융적으로 부유한 한 나라가 다른 모든 나라들을 착취하는 것은 그대로이며, 그 착취는 더 강화되었다. 한 줌의 부국들──독립적이고 진정으로 거대하며 '근대적'인 부를 의미한다면 그런 나라는 오직 4개국, 즉 영국, 프랑스, 미국, 독일뿐이다──은 독점을 거대한 규모로 발전시켰고, 수십억까지는 아니더라도 수억에 달하는 초과이윤을 획득하고 있다. 그들은 다른 나라의 수억 주민들의 등 위에 '타고 앉아서', 특히 풍부하고, 특히 기름지며 손쉬운 노획물의 분할을 위해 서로 싸우고 있다.

실제로 이것이야말로 제국주의의 경제적·정치적 본질이며,

카우츠키가 폭로하는 대신에 얼버무리고 넘어간 가장 근본적인 모순이다.

제국주의 '대'국의 부르주아지는 연간 약 10억 프랑에 이르는 초과이윤을 얻을 수 있기 때문에 '자'국 노동자의 상층에 1억 프랑쯤을 지출해서 그들을 매수하는 것이 경제적으로 가능하다. 이 작은 '떡고물'이 노동 장관들, '노동자 의원들'(이 용어에 대한 엥겔스의 근사한 분석을 떠올려보라), 전시산업위원회[7]의 노동자위원들, 노동관료들, 편협한 직업별 노조 소속 노동자들, 사무소 직원들 사이에서 어떻게 분배되느냐는 부차적인 문제다.

1848년과 1868년 사이에, 그리고 어느 정도로는 그후에도 오직 영국만 독점적 지위를 누렸다. 이것이 바로 영국에서 기회주의가 수십 년 동안 승리를 구가할 수 있었던 이유다. 다른 어느 나라도 영국처럼 자원이 매우 풍부한 식민지나 공업 독점을 보유하지 못했다.

19세기의 마지막 3분의 1 기간은 새로운 시대, 제국주의 시대로 넘어가는 과도기였다. 하나의 대국이 아니라, 몇몇——극

7 레닌 주 전시산업위원회는 제국주의적 대부르주아지가 차리즘의 전쟁 수행을 지원할 목적으로 1915년 5월 러시아에서 설립한 기구다. 부르주아지는 노동자들을 자신의 영향력 안에 두고 조국 방위 의식을 불어넣고자 전시산업위원회 내 '노동자 그룹'을 결성했고, 이를 통해 부르주아지와 프롤레타리아트 간의 '계급휴전'이 러시아에서 확립되었다는 것을 보여주고자 했다. 볼셰비키는 전시산업위원회에 대한 보이콧을 내걸었는데, 노동자 다수의 지지를 얻어 이 보이콧을 확보하는 데 성공했다.

소수이긴 하지만——대국의 금융자본이 독점적 지위를 누린다(일본과 러시아에서는 군사력의 독점이나 광대한 영토의 독점, 소수민족들과 중국 등을 약탈하는 특별 편의에 대한 독점이 현대의, 최신의 금융자본의 독점을 부분적으로는 보완하고, 부분적으로는 대체한다). 이러한 차이가 영국의 독점적 지위가 수십 년 동안 **도전받지 않은 채로 남아 있을** 수 있었던 이유를 설명한다. 현대 금융자본의 독점은 격렬한 도전을 받고 있다. 제국주의 전쟁의 시대가 시작된 것이다. 전에는 하나의 나라의 노동자계급을 수십 년 동안 매수하고 타락시키는 것이 가능했다. 이제 이것은 불가능하지는 않더라도 일어날 것 같지 않다. 대신 모든 제국주의 '대'국들이 저마다 매수할 수 있고 또 실제 매수하는 노동귀족층의 규모는 (1848~68년의 영국에서보다) **작아졌다.** 전에는 하나의 나라만이 독점을 누렸기 때문에 '**부르주아 노동자 당**'——엥겔스의 아주 심오한 표현을 빌린다면——이 하나의 나라에서만 생겨날 수 있었지만, 대신 오랫동안 존속할 수 있었다. 이제는 '**부르주아 노동자 당**'이 모든 제국주의 나라들에서 **불가피하고** 전형적인 존재가 되었지만, 노획물의 분할을 놓고 그들이 벌이고 있는 필사적인 투쟁을 생각하면 그런 당이 여러 나라에서 오랫동안 승리를 구가할 수 있을 것 같지는 않다. 왜냐하면 트러스트와 금융과두제, 물가폭등 등이——한 줌의 최상층을 매수하는 것은 **가능**하겠지만——프롤레타리아트와 반(半)프롤레타리아트 대중을 점점 더 억압하고 짓누르고 파산시키고 고통을 주기 때문이다.

한편 부르주아지와 기회주의자들은 한 줌의 매우 부유하고 특권을 지닌 민족들을 나머지 인류의 신체에 들러붙은 '영구' 기생충으로 변모시키고, 현대 군국주의가 제공하는 고성능 대량살상 무기로 흑인과 인디언 등을 예속시켜 그들을 '영원히 착취하려는' 경향을 보이고 있다. 그런가 하면 전보다 더 많이 억압받고 제국주의 전쟁의 부담을 통째로 짊어지게 된 대중은 이 굴레를 던져버리고 부르주아지를 타도하려는 경향을 보이고 있다. 노동운동의 역사는 이제 불가피하게 이 두 경향 사이의 투쟁 속에서 전개될 것이다. 왜냐하면 전자의 경향은 우연히 나타나는 것이 아니라, 경제적인 '근거'를 갖고 있기 때문이다. 모든 나라에서 부르주아지는 진작부터 자신을 위해서 사회배외주의자들의 '부르주아 노동자 당'을 낳고 기르고 보호해왔다. 이탈리아의 비솔라티 당처럼 철저하게 사회제국주의적이며 뚜렷한 형태를 갖춘 당이 있고 반쯤 형태를 갖춘 포트레소프, 그보즈됴프, 불킨(Bulkin), 치헤이제, 스코벨레프 등의 준(準)당이 있지만 그 차이는 본질적인 것이 아니다. 중요한 것은 경제적으로 볼 때 노동귀족층이 부르주아지 측으로 탈주할 조건이 무르익었고 기정사실화되었다는 점이다. 그리고 이러한 경제적 사실과 계급들의 상호관계에서의 이러한 변동이 어떠한 꼴로든 정치적 형식을 발견하는 데는 별다른 '어려움'이 없을 것이다.

이와 같은 경제적 기초 위에서 언론, 의회, 조합, 정당 등 현대 자본주의의 정치적 제도들이 품위 있고 온순하며 개량주의적이고 애국주의적인 사무고용원들과 노동자들의 경제적 특권과 떡고물에 버금가는 **정치적 특권과 떡고물**을 만들어내고 있다. 정부나 전시산업위원회, 의회와 다양한 위원회들에서의 직책, '품위 있는' 합법 신문의 편집진 자리, 그에 못지않게 품위 있는 '부르주아적 준법' 노동조합의 운영위원회 직책 등 수입도 좋고 안락한 제도권 자리들이 바로 제국주의적 부르주아지가 '부르주아 노동자 당'의 대표자들과 지지자들을 유인하고 보상하는 미끼인 것이다.

정치적 민주주의 기제도 이와 동일한 방향으로 작용한다. 이 시대에는 어떤 것도 선거 없이는 행해질 수 없고, 대중 없이는 아무것도 가능하지 않다. 출판과 의회제도의 이 시대에는 널리 가지를 뻗고 있고 체계적으로 관리되는 잘 갖춰진 아첨과 거짓말과 사기의 시스템 없이는, 그 시스템을 통해 유행하는 표어와 문구로 현실을 조작하고 노동자에게 뭐든 좋다는 개량과 복리를——노동자가 부르주아지를 타도하는 혁명적 투쟁을 포기한 이상——사방팔방으로 약속하지 않고는 대중의 인기를 얻는 것이 불가능하다. 나더러 이 시스템의 이름을 붙여보라고 한다면, 로이드 조지주의라고 부르겠다. '부르주아 노동자 당'의 원조 격인 나라에서 이 시스템의 가장 선두에 서 있고 가장 능란한 대표자 중 한 사람인 영국 장관 로이드 조지

(Lloyd George)의 이름을 따서 말이다. 제1급의 부르주아 실무가이자 교활한 정치가이며, 노동자 청중이 원한다면 어떤 연설이든 혁-혁-혁명적인 연설까지도 기꺼이 해내는 대중연사인 동시에, 순종하는 노동자들에게 알맞은 시혜물을 사회개량(보험 등)이라는 형태로 능히 얻어내는 자인 로이드 조지는 부르주아지에게 근사하게 봉사한다.[8] 그것도 다름 아닌 노동자들 사이에서 부르주아지에게 봉사하며, 부르주아지의 영향을 다름 아닌 프롤레타리아트에게로 실어나른다. 부르주아지가 대중을 도덕적으로 복속시키는 데 있어 가장 절실하게 필요로 하고, 복속시키기가 가장 힘들다고 느끼고 있는 프롤레타리아트에게 말이다.

그런데 로이드 조지와 샤이데만, 레기엔, 헨더슨, 하인드먼, 플레하노프, 르노델 사이에 그리 큰 차이가 있는가? 뒤에 불린 사람들 가운데 몇 사람은 마르크스의 혁명적 사회주의로 돌아올 것이라는 반론이 있을지 모르겠다. 그럴 수도 있다. 하지만 문제를 그것의 정치적·대중적 측면에서 본다면 별 의미 없는 정도의 차이에 불과하다. 현재의 사회배외주의적 지도자들 가운데 어떤 인자들은 개별적으로 프롤레타리아트에게로 돌

---

8 레닌 주 최근 나는 영국의 한 잡지에서 로이드 조지의 정적인 한 보수당원이 쓴 「보수당원의 입장에서 본 로이드 조지」라는 제목의 기사를 읽었다. 전쟁이 이 정적의 눈을 뜨게 해주었고, 로이드 조지가 얼마나 뛰어난 부르주아지의 종복인가를 확실히 깨닫게 해주었다! 보수당은 그와 화해했다!

아올지도 모른다. 그러나 사회배외주의적 또는 (같은 것이지만) 기회주의적 **조류**는 소멸할 수도, 혁명적 프롤레타리아트에게로 '돌아올' 수도 없다. 이 정치적 조류, 이 '부르주아 노동자 당'은 마르크스주의가 노동자들 사이에서 인기 있는 곳에서는 어디서든 마르크스의 이름을 걸고 맹세할 것이다. 그것을 금지시킬 수는 없다. 어떤 회사가 어느 특정 상표나 간판, 광고를 사용하든 그것을 금지시킬 수 없는 것처럼 말이다. 언제나 역사에서는 피억압 계급 사이에서 인기 있는 혁명적 지도자의 이름을, 그의 사후에 그의 적들이 피억압 계급을 속이기 위해 이용하려고 해온 사례들이 많이 있었다.

사실 정치적 현상으로서의 '부르주아 노동자 당'은 이미 모든 선두권 자본주의 나라에서 형성되었다. 이들 당——또는 그룹, 조류 등 뭐라고 하든 상관없다——에 대해 모든 전선에서 결연하고 가차 없는 투쟁을 벌이지 않는다면, 제국주의와의 투쟁도, 마르크스주의도, 사회주의적 노동운동도 다 공론이 될 뿐이다. 러시아의 치헤이제 파 의원단9과 《나셰 디엘로》와 《골로스 트루다*Golos Truda*》10, 그리고 재외 조직위원회파는 이와 같은 하나의 당의 변종들에 불과하다. 이들 당이 사회 혁명 전에 소멸할 것이라고 생각할 근거는 전혀 없다. 반대로 혁명이 가까이 다가올수록, 혁명의 불길이 더 세차게 타오를수록, 혁명의 진행 과정에서 전환과 비약이 더 급격하고 격렬해질수록, 노동운동 내에서는 기회주의적인 소부르주아적 조류에 대한 혁명적인 대중적 조류의 투쟁이 담당하는 역할도 더욱 커질 것이다. 카우츠키주의는 독립적인 조류가 아니다. 왜냐하면 노동자 대중 속에서든 부르주아지 측으로 탈주한 특권 노동자층 속에서든 그 어디에도 뿌리가 없기 때문이다. 그러나 카우츠키주의의 위험성은, 그것이 과거의 이데올로기를 이용하여 프롤레타리아트와 '부르주아 노동자 당'을 화해시키려 하고, 프롤레타리아트를 그 당에 묶어두려 하며, 그렇게 함으로써 그 당의 위신을 높이고자 노력하고 있다는 사실에 있다. 대중은 더 이

9 4차 두마 당시 N. S. 치헤이제를 우두머리로 한 멘셰비키 의원단. 1차 세계대전 당시 공식적으로는 중앙파 노선을 따랐지만, 실제로는 러시아 사회배외주의자들을 지지했다. 1916년에 이 의원단은 M. I. 스코벨레프, I. N. 툴랴코프(Tulyakov), V. I. 하우스토프(Khaustov), N. S. 치헤이제, A. I. 치헨켈리로 구성되었다. 레닌은 다음과 같은 글들에서 그들의 기회주의적 정책을 비판했다. 「치헤이제 파 의원단과 그 역할」(이 책에 수록—편집자), 「조직위원회와 치헤이제 파 의원단은 그들 자신의 정책을 가지고 있는가?Have the Organizing Committee and the Chkheidze Group a Policy of Their Own?」(본 전집 62권에 수록—편집자).—원서 편집자

10 '우리의 대의'라는 뜻의 《나셰 디엘로》는 멘셰비키의 월간지로서 청산파와 러시아 사회배외주의자들의 주요 대변지였다. 1914년 10월에 폐간된 《나샤 자리야》('우리의 새벽'이라는 뜻)를 대신하여 1915년에 페트로그라드에서 발행되었다. 기고자들로는 Y. 마옙스키(Mayevsky), P. P. 마슬로프(Maslov), A. N. 포트레소프, N. 체레바닌(Cherevanin) 등이 있었다. 모두 여섯 호가 나왔다.
'노동자의 목소리'라는 뜻의 《골로스 트루다》는 《나셰 골로스》('우리의 목소리'라는 뜻)가 폐간된 후 1916년 사마라에서 발행된 멘셰비키의 합법 신문이다. 3호까지 나왔다.—원서 편집자

상 공공연한 사회배외주의자를 따르지 않는다. 로이드 조지는 영국의 노동자 집회에서 쫓겨났고, 하인드먼은 탈당했으며, 르노델과 샤이데만, 포트레소프와 그보즈됴프는 경찰의 보호를 받고 있다. 드러나지 않게 사회배외주의자들을 엄호하고 있는 카우츠키 파가 훨씬 더 위험하다.

카우츠키 파의 궤변 논법 가운데 가장 상투적인 논법은 '대중'을 들먹이는 것이다. 그들은 자신들이 대중과 대중조직으로부터 분리되길 원치 않는다고 말한다! 그러나 엥겔스가 어떻게 문제를 제기했는지 생각해보라. 19세기에 영국 노동조합 '대중조직'은 부르주아 노동자 당의 편이었다. 마르크스와 엥겔스가 그 때문에 그 부르주아 노동자 당과 화해하는 일은 없었다. 오히려 부르주아 노동자 당을 폭로했다. 마르크스와 엥겔스는 첫째, 노동조합 조직이 직접적으로는 **프롤레타리아트의 소수층**만을 포괄하고 있다는 것을 잊지 않았다. 당시 영국은 오늘날의 독일과 마찬가지로 프롤레타리아트의 5분의 1도 조직되지 못한 상황이었다. 자본주의에서 프롤레타리아트의 다수를 조직하는 것이 가능하다고는 정말로 생각할 수 없다. 둘째, 이 점이 핵심인데 문제는 조직의 규모라기보다는 그 조직의 정책이다. 즉 그 정책이 현실에서 객관적으로 어떤 의의를 내포하느냐다. 그 정책이 대중을 대변하며 대중에게 봉사하는가, 즉 자본주의로부터의 그들의 해방을 목표로 하는가, 아니면 소수층의 이해를 대변하고 그 소수층과 자본주의의 화해를 목표로 하는가? 19세기의 영국이 바로 후자의 경우였으며 오늘의 독일 등도 그러하다.

엥겔스는 구 노동조합의 '부르주아 노동자 당'——특권적 소수—과 진정한 다수인 '하층 대중'을 구분하고, '부르주아적 품위'에 감염되지 않은 그 하층 대중에게 호소하고 있다. 이것이야말로 마르크스주의적 전술의 핵심이다!

우리도, 다른 누구도, 현재 프롤레타리아트 가운데 어느 정도가 사회배외주의자와 기회주의를 추종하고 있고 앞으로도 추종할 것인지 정확하게 산정할 수는 없다. 그것은 오직 투쟁에 의해서만 드러날 것이고, 오직 사회주의 혁명에 의해서만 확실하게 결정될 것이다. 그러나 우리는 제국주의 전쟁에서 '조국 방위론자'가 대표하고 있는 것은 소수층밖에 없다는 사실을 확실하게 알고 있다. 따라서 우리가 여전히 사회주의자이기를 원한다면, 더 낮고 더 깊게 현실의 대중 속으로 내려가는 것이 우리의 의무다. 이것이 기회주의와의 투쟁의 모든 의미이며 모든 내용이다. 기회주의자들과 사회배외주의자들이 실제로는 대중의 이익을 배반하고 팔아먹고 있다는 사실, 그들이 노동자 가운데 소수층의 일시적 특권을 옹호하고 있다는 사실, 그들이 부르주아 사상과 영향의 전달자라는 사실, 그들이 실제로는 부르주아지의 동맹자이며 하수인이라는 사실, 이 모든 사실을 폭로함으로써 우리는 대중에게 그들의 진정한 정치적 이익을 분간하는 것을 가르치고, 제국주의 전쟁과 제국주휴전의 모든 길고 고통에 찬 정세 변화를 거쳐 사회주의와 혁명을 위해 투쟁하는 것을 가르친다.

기회주의와의 단절이 불가피하며 반드시 필요하다는 것을 대중에게 설명하는 것, 기회주의와의 가차 없는 투쟁에 의해 대중을 혁명을 위해 교육시키는 것, 민족적 자유주의 노동자 정치의 온갖 추악함을 은폐하는 것이 아니라 폭로하기 위해서 전쟁의 경험을 이용하는 것, 이것이 세계 노동운동에서의 유일한 마르크스주의적 방침이다.

다음 글에서는 카우츠키주의와 구별되는, 이 방침의 주요 특징들을 총괄해볼 것이다.

| 1916년 10월에 집필

1916년 12월에 《스보르니크 소치알 데모크라타》 2호에 발표

스위스 사회민주당
대회에서의 연설

1916년 11월 4~5일 취리히에서 개최된 스위스 사회민주당 대회는 당 국회의원단의 활동, 재정 개혁, 키엔탈 결의와 그뤼틀리 동맹에 대한 태도, 당헌 개정 등을 심의했다.

레닌은 모든 회기에 출석했고, 러시아 사회민주노동당 중앙위원회를 대표하여 개회식에서 연설을 했다. 독일어로 한 그의 연설을 많은 이들이 경청했다. 이 대회에서는 사실상 매 의제마다 당내 각 경향들 사이에 첨예한 투쟁이 일어났다.

레닌이 볼 때 이 대회의 긍정적인 면은 우파와 중앙파를 상대로 한 좌파의 활기찬 투쟁이었다. 의원단에 대해서는, 노동자계급의 이익을 위한 투쟁의 실례를 세울 것, 그리고 모든 의원단 활동에서 당의 결정을 지침으로 삼을 것을 권고하는 결의가 채택되었다. 재정 개혁에 대한 결의는 R. 그림과 후버(Huber)가 상정한 것인데, 직접세에 찬성하고 담배, 주류, 인지세 등의 간접세를 허용하는 것이었다. 키엔탈 대회에 대한 태도 문제에 대해서는 두 개의 결의안이 제출되었는데, 하나는 당 집행부의 안이고 다른 하나는 좌파의 안이었다. 이 문제는 임시대회로 넘겨졌다. 그뤼틀리 동맹——특별 지위를 누린 가맹 조직으로서 전쟁에서 극단적인 배외주의적 입장을 취했다——에 대해서는, 동맹의 맹원으로서는 당원 자격을 가질 수 없다는 결정이 내려졌다. 당헌 개정 문제는 임시대회로 넘겨졌다.

레닌은 이 대회를 다음과 같이 평가했다. "치머발트에 가맹하고 혁명적 대중투쟁을 승인한다는 결정(1915년 아라우 대회의 결의)은 여전히 서류상의 결정으로 남아 있다는 것, 그리고 당내에 '중앙파'가 완연하게 형성되었다는 것이 명확히 확인되었다. R. 그림을 필두로 한 이 '중앙파'는 '좌익적' 언명과 '우익적', 즉 기회주의적 전술을 결합시키고 있다."(『스위스 사회민주당 내 치머발트 좌파의 임무』(이 책에 수록—편집자) 참조.)—원서 편집자 스위스 사회민주당은 최근 영예롭게도 공식 덴마크 사회민주당의 지도자이자 장관인 스타우닝(Stauning) 씨의 노여움을 샀습니다. 스타우닝은 또 한 명의 사이비 사회주의자 장관 반데르벨데에게 보내는 올해 9월 15일자 편지에서 다음과 같이 자랑스럽게 공언했습니다. "우리(덴마크 당)는 이탈리아 당과 스위스 당의 발기로 치머발트 운동의 이름 아래 실행되고 있는 조직적으로 유해한 분열 활동에 대해 단호하고 명확하게 관계를 끊었습니다."

러시아 사회민주노동당 중앙위원회를 대표해서 스위스 사회민주당에 인사를 드리며, 귀당이 앞으로도 혁명적 사회민주주의자의 국제적 통합을 지지하기를 기대합니다. 이 국제적 통합은 치머발트에서 시작한 것이지만, 부르주아 정부에 장관으로 입각한 사회애국주의적 배반자들과 사회주의 사이의 완전한 단절로 마무리되어야 합니다.

이 분립은 모든 발달한 자본주의 나라들에서 무르익어가고 있습니다. 독일에서는 카를 리프크네히트의 동료 오토 륄레 동지가 독일 당의 중앙 기관지(《포어베르츠》, 1916년 1월 12일)를 통해 분립이 불가피해졌다고 천명했을 때 기회주의자들과 이른바 중앙파로부터 공격을 받았습니다. 그러나 여러 사실들은 뢸레 동지가 옳다는 것, 독일에는 사실상 두 개의 당이 존재하는데 하나는 부르주아지와 정부가 강도 전쟁을 벌이는 것을 돕고 있는 데 반해 다른 하나는 그 활동을 대부분 비합법으로 전개하고 있고 실제 대중들 사이에서 진실로 사회주의적인 격문을 뿌리며 대중시위와 정치파업을 조직하고 있다는 것을 점점 더 명확하게 말해주고 있습니다.

프랑스에서는 국제연락재건위원회¹가 최근에 『치머발트 사회주의자와 전쟁』이라는 소책자를 냈는데, 거기서 우리는 프랑스 당 안에 3개의 주요 유파가 활동하고 있다는 사실을 보

I 1916년 1월에 파리에서 프랑스 국제주의자들이 결성한 조직이다. 프랑스에서 공식 사회배외주의 조직들에 대한 대항 세력으로는 최초로 결성된 혁명적 사회주의 조직이다. 제국주의 전쟁에 반대하는 선전을 수행하며 일련의 소책자와 전단을 발행하여, 제국주의자들의 강도적 목적을 폭로하고 사회배외주의자들이 노동자계급을 배반한 것을 규탄했다. 하지만 기회주의자들과의 단호한 단절의 필요를 제대로 인식하지 못했고, 명확하고 일관된 혁명적 투쟁 강령을 갖지 못했다. 그럼에도 레닌은 이 위원회를 프랑스에서 국제주의적 세력이 결집하고 치머발트 좌파가 영향력을 넓힐 수 있는 하나의 요인으로 보았다. 레닌의 권고로 이네사 아르망(Inessa Armand)이 이 위원회에 참여했다.
국제연락재건위원회는 러시아 10월 혁명의 영향과 프랑스 노동운동의 성장으로 프랑스에서 혁명적·국제주의적 세력의 중심이 되었다. 1920년에 공산당과 통합했다.—원서 편집자

게 됩니다. 첫 번째는 당내 다수를 이루고 있고, 소책자에서 사회민족주의자, 사회배외주의자로 낙인찍고 있는 유파로서, 우리 계급의 적들과 '신성동맹'을 맺었습니다. 두 번째 유파는 소책자에 따르면 당내 소수파를 대표하며, 국회의원 롱게-프레세망을 지지하고, 주요 문제에서 다수파와 손을 잡고 있고, 불평분자들을 끌어모아 그들의 사회주의적 양심을 달래서 당의 공식 정책을 따르도록 유도함으로써 무의식적으로라도 다수파에게 아주 이로운 존재가 되고 있습니다. 세 번째 유파는 치머발트 파라고 소책자는 말합니다. 이들은 프랑스가 전쟁에 연루된 것은 독일이 프랑스에 선전포고를 해서가 아니라, 프랑스가 조약과 차관을 통해 프랑스를 러시아에 매어놓은 제국주의 정책을 취했기 때문이라고 주장합니다. 이 세 번째 유파는 "조국 방위는 사회주의자가 할 일이 아니다"라고 분명하게 선언하고 있습니다.

우리 러시아에서도, 영국에서도, 중립국 미국에서도 동일하게——사실상 전세계가 동일하게——이 세 유파가 생겨났습니다. 이들 유파의 투쟁이 지금부터 당분간 노동운동의 운명을 결정할 것입니다.

요즘 아주 많이 논의되고 있는 또 한 가지 문제에 대해 몇마디 말해보겠습니다. 우리 러시아 사회민주주의자들이 많은 경험을 갖고 있는 것으로, 다름 아닌 테러리즘 문제입니다.

우리는 아직 오스트리아의 혁명적 사회민주주의자들에 관

한 정보가 없습니다. 오스트리아에 혁명적 사회민주주의자들이 있다는 것을 알고는 있지만, 그들에 관한 정보는 어쨌든 매우 빈약합니다. 그래서 우리는 프리츠 아들러(Fritz Adler) 동지가 슈튀르크(Stürgkh)를 암살한 것[2]이 전술로서 테러리즘을 적용한 것이었는지, 즉 대중의 혁명적 투쟁과는 무관하게 정치적 암살을 한 것이었는지, 아니면 공식 오스트리아 사회민주주의자들의 조국 방위 전술에 대한 기회주의적·비사회주의적인 옹호로부터 혁명적 대중투쟁 전술로 넘어가는 과정에서 한 행위였는지 알지 못합니다. 후자로 추측하는 것이 실정에 더 부합하는 것으로 보입니다. 따라서 이탈리아 사회당 중앙위원회가 제의하여 결의했고 10월 29일자 《아반티!》에 발표한 프리츠 아들러에게 전하는 인사는 완전한 공감을 받을 만합니다.

어쨌든 러시아에서의 혁명과 반혁명의 경험은 전술로서의 테러리즘을 반대하는 우리 당의 20여 년의 투쟁이 옳다는 것을 증명해주고 있다고 우리는 확신합니다. 그러나 이 투쟁은 억압자에 대한 피억압자의 모든 폭력 사용을 부정하는 쪽으로 기운 기회주의와의 가차 없는 투쟁과 긴밀히 결부되어 있었다는 것을 잊어서는 안 됩니다. 우리는 대중투쟁에서나 대중투쟁과의 연결 속에서 폭력을 사용하는 것을 언제나 찬성해왔습니다. 둘째, 우리는 테러리즘에 반대하는 투쟁을, 1905년 12월보

2   오스트리아 사회민주당 지도부의 일원인 프리츠 아들러가 오스트리아 수상 슈튀르크를 암살한 사건.—원서 편집자

다 앞서 오래전에 시작된 다년간의 무장봉기 선전과 연결시켰습니다. 우리는 무장봉기가 정부의 정책에 대응해 프롤레타리아트가 취할 수 있는 최선의 수단일 뿐만 아니라 사회주의와 민주주의를 위한 계급투쟁 발전의 불가피한 결과라고 간주해 왔습니다. 셋째, 우리는 단지 폭력 행사를 원칙적으로 승인하는 것과 무장봉기를 선전하는 것에 머물지 않았습니다. 예를 들어 혁명이 일어나기 4년 전에 우리는 억압자를 향한 대중의 폭력 사용——특히 가두시위에서의——을 지지했습니다. 우리는 그와 같은 모든 시위 하나하나가 가르친 교훈을 나라 전역에 퍼나르고자 했습니다. 우리는 경찰과 군대에 대한 완강하고 체계적인 대중적 저항을 조직하는 것에, 그리고 이 저항을 통해 가능한 한 많은 군대 단위들을 프롤레타리아트의 편으로 끌어들이는 것에, 또 농민과 군대가 정부에 대항하는 프롤레타리아트의 투쟁에 의식적으로 참가하도록 유도하는 것에 점점 더 많은 주의를 쏟기 시작했습니다. 이러한 것들이 우리가 테러리즘과의 투쟁에서 적용한 전술이며, 이 전술은 성공적인 것으로 입증되었다고 우리는 확신합니다.

동지들, 연설을 마치며 다시 한 번 스위스 사회당 대회에 인사를 전합니다. 대회를 끝까지 성공적으로 마치시길 바랍니다.

| 러시아어로는 1924년에 처음으로
《프롤레타르스카야 레볼류치아》4호에 발표

단독강화

러시아와 독일은 벌써부터 단독강화 교섭을 하고 있다. 이 협상은 공식 협상이며, 주요한 점에서 양국은 이미 의견일치를 이루었다.

이러한 내용을 담은 성명이 최근 베른의 사회주의 신문에 발표되었는데, 그것은 이 신문이 갖고 있는 정보에 기초한 것이다.[1] 베른 주재 러시아 대사는 서둘러 이 보도의 내용을 부인하는 공식 입장을 발표했고, 프랑스 배외주의자들은 "독일 측의 추잡한 공작"으로 그런 소문이 나게 된 거라고 몰아갔지만, 해당 사회주의 신문은 이러한 부인은 눈곱만큼도 중요하지 않다고 밝혔다. 그 신문은 자신의 보도를 뒷받침하는 증거로 독일의 '정치가'(뷜로(Bülow))와 러시아의 '정치가'(슈튀르머(Stürmer)와 기에르스(Giers), 그리고 스페인에서 도착한 한 외교관)가

1 레닌이 여기서 말하고 있는 것은 《베르너 타그바흐트》로, 러시아와 독일 간 단독강화 교섭에 관한 다음과 같은 기사들이 게재됐다. 1916년 10월 11일자 230호에 실린 「단독강화 준비」, 10월13일자 241호에 실린 편집국 사설 「평화 소문」, 10월 14일자 242호에 실린 단편 기사 「단독강화에 대하여」.—원서 편집자

모두 스위스에 와 있다는 사실과 스위스의 재계가 러시아 재계로부터 그와 비슷한 정보를 입수한 사실을 지적했다.

물론 러시아 측의 기만일 수도 있고, 독일 측의 기만일 수도 있고, 양측 모두의 기만일 수도 있다. 어느 경우든 다 충분히 가능성 있는 일이다. 러시아로서는 단독강화 교섭을 진행하고 있다고 인정할 수가 없는 입장이고, 독일로서는 러시아와 영국 사이를 이간질할 기회를 놓칠 수가 없는 입장이다. 실제로 교섭이 이뤄지고 있는지, 그렇다면 얼마나 성공적으로 진행되고 있는지와 관계 없이 말이다.

단독강화 문제를 규명하기 위해서는 스위스에서 일어나고 있는 일에 대한 소문과 보도——이것은 사실상 검증이 불가능하다——로부터가 아니라, 논란의 여지가 없이 확정적인 지난 수십 년간의 정치적 사실들로부터 출발해야 한다. 지금 푸리시케비치(Purishkevich)와 밀류코프(Milyukov) 밑에서 마르크스주의 제복을 착용한 시종 또는 광대 역으로 뽑힌 플레하노프 씨, 치헨켈리 씨, 포트레소프 씨 일파가 기를 쓰고 "독일 측의 전쟁 책임"과 "러시아 측의 방위 전쟁"을 입증하고야 말겠다면 그렇게 하라고 놔두자. 계급적으로 각성한 노동자들은 이들 어릿광대에게 귀 기울인 적도 없고, 또 앞으로도 귀 기울이지 않을 것이다. 대국들 사이의 제국주의적 제 관계가 전쟁을 낳았다. 대국들의 노획물 분배를 위한 투쟁, 그들 중 누가 이 또는 저 식민지와 소국을 집어삼킬 것인가를 결정하는 투쟁에 의해 전쟁이 생겨난 것이다. 그 가운데 두 개의 충돌이 이 전쟁의 전면에 있다. 첫째는 영국과 독일 간의 충돌이고, 둘째는 독일과 러시아 간의 충돌이다. 이 세 개의 강대국, 이 3대 약탈국이 현 전쟁에서 주요 대립축이고, 나머지는 홀로 설 수 없는 동맹군이다.

양대 충돌은 전쟁 전 수십 년간 이들 대국이 밟아온 정치 역정 전체에 의해 준비된 것이다. 영국은 독일의 식민지를 탈취하고 자국의 주요 경쟁국을 파멸시키기 위해 싸우고 있다. 이 경쟁국은 우월한 기술, 조직, 통상(通商) 활동력에 의해 영국을 무자비하게, 워낙 철저하게 몰아붙이다 보니, 영국으로서는 전쟁이 아니고는 자국의 세계 지배를 유지하는 것이 더 이상 가능하지 않게 된 것이다. 독일이 싸우고 있는 이유는, 독일 자본가들이 식민지와 종속국을 약탈함에 있어 세계의 우위를 차지할 '신성한' 부르주아적 권리가 자신들에게 있다──그것도 완전히 정당하게──고 생각하기 때문이다. 독일은 특히 발칸 제국과 터키를 자국에 종속시키기 위해 싸우고 있다. 러시아는 갈리치아와 아르메니아, 콘스탄티노플을 손에 넣기 위해, 그리고 발칸 제국을 자국에 종속시키기 위해 싸우고 있다. 여기서 갈리치아는 러시아로서는 우크라이나 인민을 교살하기 위해 특히 필요한데, 왜냐하면 갈리치아 외에 우크라이나 인민이 자유를 가질 수 있는──물론 상대적으로 말해서──곳은 어디에도 없기 때문이다.

러시아와 독일 간의 강도적인 '이해' 충돌과 나란히 러시아와 영국 간에도 그에 못지않은——더하지는 않더라도——뿌리 깊은 충돌이 존재한다. 대국 간의 수세기에 걸친 경쟁과 객관적인 국제적 역관계에 의해 규정되고 있는 러시아의 제국주의적 정치의 목표는 간단히 다음과 같이 정의할 수 있겠다. 오스트리아와 터키를 약탈(전자는 갈리치아를 병합함으로써, 후자는 아르메니아와 특히 콘스탄티노플을 병합함으로써)하기 위해, 영국과 프랑스의 도움을 얻어 유럽에서 독일의 힘을 분쇄하고, 그 뒤에는 전체 페르시아를 탈취하고 중국 분할을 완성하는 등을 위해 일본과 독일의 도움을 얻어 아시아에서 영국의 힘을 분쇄하는 것이 목표다.

수세기 동안 차리즘은 콘스탄티노플을 정복하고 나아가 아시아의 점점 더 많은 부분을 정복하기 위해 애써왔고, 여기에 발맞춰 체계적으로 정책을 실행하면서 대국 간의 모든 적대와 충돌을 빠뜨리지 않고 이용해왔다. 영국은 러시아의 이러한 야욕을 저지하는 데서 독일보다는 한층 장기적으로, 한층 완강하고 힘 있게 대응해왔다. 1878년에 러시아 군대가 콘스탄티노플에 접근하자 다다넬스 해협에 출동한 영국 함대가 러시아 군이 '차르그라드'[2] 입성을 감행하면 러시아를 포격하겠다고 위협했던 때부터 1885년에 러시아가 중앙아시아(아프가니

---

2   차르그라드는 콘스탄티노플의 옛 러시아 명칭이다.—원서 편집자

스탄. 러시아 군의 중앙아시아 심장부 진출로 영국의 인도 지배가 위협받았다)에서 노획물 분배를 놓고 영국과 일촉즉발 상태에 들어갔던 때까지, 나아가 1902년에 영국이 대(對) 러시아 전쟁을 준비하고 있는 일본과 동맹을 맺었던 때까지, 이 긴 기간 전체를 통해 러시아의 강도 정책에 대한 가장 단호한 적수는 영국이었다. 왜냐하면 세계 지배에서 영국의 우위를 러시아가 뒤엎을 기세였기 때문이다.

그런데 지금은 어떤가? 현 전쟁에서 무슨 일이 일어나고 있는지 한번 보라. '사회주의자'가 프롤레타리아트를 버리고 부르주아지에게로 넘어가서, 러시아가 '방위전', '구국' 전쟁(치헤이제의 말)을 수행하고 있다는 식의 이야기를 하고 있다. 이에 노동자들은 인내심을 잃고 있다. 감미로운 말들로 노동자들을 위로하고자 하는 카우츠키 일파가 민주주의적 강화를 이야기하며 마치 현 정부들이——또는 이 문제에서는 어느 부르주아 정부도——그러한 강화를 체결하는 것이 가능한 것처럼 설교하고 있는 것에도 노동자들은 인내심을 잃고 있다. 실제로는 현 정부들은 상호 비밀조약, 즉 자신의 동맹국과의 비밀조약 및 자신의 동맹국을 적으로 하는 비밀조약 등의 각종 그물망에 얽혀 있다. 그리고 이들 조약의 내용은 우연히 만들어진 것이 아니다. 그 내용은 단순히 '악의'에 의해서가 아니라, 제국주의적 대외정책의 경과와 발전 전체에 의해 결정된 것이다. 일반적으로 훌륭한 것들(조국 방위, 민주주의적 강화)에 관한 상투적 문구로 노동자들의 눈과 귀를 가리고서 외국 약탈을 위한 자국 정부의 비밀조약을 폭로하지 않는 '사회주의자들'은 사회주의를 완전히 배반한 자들이다.

독일, 영국, 러시아의 어느 정부로서도 사회주의자 진영으로부터 공정한 강화를 말하는 소리가 들려오는 것은 오히려 득이 될 뿐인데, 왜냐하면 그런 소리들이 첫째는 지금의 정부 하에서 그와 같은 강화가 이루어질 수 있다는 믿음을 사람들에게 심어주고 있기 때문이고, 둘째는 이들 정부의 강도 정책으로부터 주의를 다른 데로 분산시켜주기 때문이다.

전쟁은 정치의 계속이다. 그러나 정치 또한 전쟁 중에 '계속' 된다! 독일은 불가리아나 오스트리아와 노획물 분배에 대해 비밀조약을 맺었는데, 지금도 계속해서 이 문제에 관한 비밀 교섭을 진행하고 있다. 러시아는 영국, 프랑스 등과 맺은 비밀 조약들이 있는데, 이 조약들 모두가 강탈과 약탈에 관한 조약으로, 독일의 식민지를 약탈하고, 오스트리아를 약탈하고, 터키를 분할하는 등의 내용이다.

이런 상황에서 인민과 정부를 향해 공정한 강화를 연설하는 '사회주의자들'은, 내밀한 협정을 맺고 있는 요정 여사장과 경찰서장이 교회 신도석 맨 앞줄에 앉은 것을 보면서 이 두 사람과 신도들을 향해 이웃사랑과 기독교 계율 준수를 '설교하는' 목사와 닮았다.

러시아와 영국 사이에 비밀조약이 있는 것은 확실하며, 그것은 무엇보다도 콘스탄티노플에 관한 것이다. 러시아는 콘스탄티노플을 얻길 희망하고 있는데 영국이 러시아에게 그걸 주고 싶어하지 않는다는 사실은 잘 알려져 있다. 만약 영국이 실제로 러시아에게 콘스탄티노플을 준다 해도 나중에 다시 빼앗으려고 하든지, 그 '양보'의 대가로 러시아가 불리한 조건을 받아들이게 하든지 할 것이다. 비밀조약의 내용은 알려져 있지 않지만, 영국과 러시아 사이의 투쟁의 중심에는 바로 이 문제가 있고 이 투쟁은 지금도 계속되고 있다는 것은 익히 알려져 있을 뿐만 아니라, 조금도 의심할 바가 없는 사실이다. 또한 러시아와 일본 사이에서는 기존 조약들(예를 들어 1910년 조약은 일본이 조선을, 러시아가 몽골을 '집어삼키는' 것을 양해하고 있다)에 더하여 새로운 비밀조약이 지금의 전쟁 중에 체결되었다. 그 새 조약은 중국뿐만 아니라 어느 정도는 영국에도 창끝을 겨눈 것이라는 것 역시 알려져 있는 사실이다. 조약 전문이 알려져 있진 않지만, 이것 또한 의심의 여지가 없는 사실이다. 1904~5년에 일본은 영국의 도움을 얻어 러시아를 격파했는데, 지금은 러시아의 도움을 받아 영국을 격파하기 위해 조심스럽게 준비하고 있다.

러시아의 '지배층' 안에는 친(親)독일 당──혈제(血帝) 니콜라이의 궁정 도당, 귀족, 군벌 등──이 있다. 최근 독일의 부르주아지와 그들의 뒤를 좇고 있는 사회배외주의자들은 전력을 다해 영국을 타격하기 위해 친러시아 정책 쪽으로, 러시아와 단독강화를 맺고 러시아를 회유하는 쪽으로 방향을 튼 것이 분명해 보인다. 독일이 이런 계획을 세웠으리라는 것은 의심할 필요 없이 확실하다. 러시아 측에서 보자면 사정은 이렇다. 차리즘으로서는 당연히 가능한 한 많은 것, 갈리치아 전체, 폴란드와 아르메니아와 콘스탄티노플 전체를 '거머쥐고' 오스트리아를 '때려눕히기' 위해서 먼저 독일을 완전히 분쇄하는 쪽이 바람직하다. 그후에 일본의 도움을 얻어, 다시 등을 돌려 영국에 맞서면 한층 수월해질 것이다. 그러나 확실히 러시아에게는 그럴 힘이 없다. 이것이 근본적인 문제다.

왕년의 사회주의자 플레하노프 씨는, 일반적으로 러시아의 반동파는 독일과의 강화를 바라는 반면 "진보적 부르주아지"는 "프로이센 군국주의"의 파괴와 "민주주의" 영국과의 우호관계를 바라고 있다는 식으로 상황을 그려내고 있지만, 그것은 유아 수준의 정치적 인식을 갖고 있는 사람에게나 걸맞은 동화 같은 이야기다. 실제로는 차리즘과 모든 러시아 반동파와 "진보적" 부르주아지(10월당원들과 카데츠)가 같은 것을 바라고 있다. 유럽에서는 독일과 오스트리아와 터키를 약탈하고, 아시아에서는 영국을 타도(페르시아와 몽골과 티베트 전체를 탈취하기 위해)하기를 모두가 바라고 있는 것이다. 이들 '친우(親友)' 사이에는 단지 언제, 어떻게 독일과의 투쟁에서 영국과의 투쟁으로 전환할 것인가에 대해서만 의견 차이가 있을 뿐이다. 단지 언제, 어떻게만!

이 문제, 친우들 간에 이견이 있는 단 하나의 문제인 이 문제의 해결은 군사적·외교적 고려사항들에 달려 있고, 이 사항들을 죄다 알고 있는 것은 차르 정부뿐이며, 밀류코프와 구치코프는 그것의 4분의 1밖에 모른다.

독일과 오스트리아로부터 폴란드 전체를 탈취하라! 차리즘은 여기에 전적으로 찬성이다. 하지만 힘이 있나? 그리고 영국이 그걸 허락할까?

콘스탄티노플과 다다넬스 해협을 탈취하라! 오스트리아를 때려눕혀 분할 해체하라! 차리즘은 여기에 전적으로 찬성이다. 하지만 힘이 있나? 그리고 영국이 그걸 허락할까?

차리즘은 정확히 몇백만 명의 병사가 살육되었는지, 아직 어느 정도나 더 많이 인민으로부터 징수하는 것이 가능한지, 정확히 어느 정도 탄환이 소비되고 있는지, 아직 어느 정도나 더 탄환을 보충할 수 있는지(일본은 중국과의 전쟁이 실현 가능해져서 임박하면 더 이상 탄환을 제공하지 않을 것이다!) 알고 있다. 차리즘은 콘스탄티노플과 관련한 비밀교섭, 살로니카와 메소포타미아 등에서의 영국 군 병력 주둔과 관련한 영국과의 비밀교섭이 어떤 식으로 진행되어왔는지, 또 지금 어떤 식으로 진행되고 있는지 알고 있다. 이 모든 것을 알고 있는 차리즘은 모든 패를 손에 쥐고서 정확하게 계산을 하고 있다. 매우 의심스럽고 불확실한 요소인 '전쟁의 운'이라는 것이 특별히 큰 역할을 담당하는 그와 같은 문제에서 과연 정확하게 계산하는 것이

가능하다면 말이다.

밀류코프들과 구치코프들로 말할 것 같으면, 아는 것에 비해 항상 말이 더 많다. 그리고 플레하노프들과 치헨켈리들과 포트레소프들은 차리즘의 비밀조약에 대해 아는 게 전혀 없다. 그들은 자신들이 전에 알고 있던 것도 까먹고 있고, 외국의 출판물을 통해 알 수 있는 것도 조사하지 않고 있다. 또 차리즘의 전쟁 전 대외정책 추이도 추적하지 않고 있고, 전쟁 중의 대외정책 추이도 검토하지 않고 있다. 그 덕에 그들은 사회주의적 어릿광대 역할을 썩 잘 해내고 있다.

자유주의 계열로부터 받는 모든 원조에도 불구하고, 전시산업위원회의 모든 열의에도 불구하고, 탄환 생산을 더 늘리자는 고귀한 대의에 플레하노프들과 그보즈됴프들과 포트레소프들과 불킨들과 치르킨(Chirkin)들과 치헤이제들(이들은 "구국"을 내걸었다. 웃지 마시라!)과 크로포트킨(Kropotkin)들과 그 밖의 시종 무리들이 바친 모든 협력에도 불구하고, 이 모든 것에도 불구하고, 이후 가능한 동맹국과 이미 참전한 동맹국 모두 합쳐도 현재의 군사력(또는 군사적 무능력) 상태로는 더 큰 노획물을 차지하는 것이 가능하지 않다는 것을, 또는 독일에 더 심대한 타격을 주는 것이 가능하지 않다는 것을, 또는 설사 가능하더라도 감당할 수 없는 과도한 비용을 쏟아서만이 겨우 가능하다는 것을(예를 들어, 다시 러시아 병사 1천만 명을 더 전장에서 잃어야 하며, 새로 이 1천만 명을 충원하여 훈련시키고 장비를 갖추는 데 다시 수십억 루블과 수년간의 전쟁을 요한다) 차리즘이 납득하게 된다면, 그때는 독일과의 단독강화를 꾀할 수밖에 없다.

만약 '우리'가 유럽에서 과도하게 큰 노획물을 좇는다면, '우리'는 '우리의' 군사자원을 몽땅 소진시키면서 유럽에서는 거의 아무것도 손에 넣지 못하고 아시아에서는 '우리의 몫'을 챙길 기회마저 잃을 위험 부담을 안게 된다. 차리즘은 바로 이렇게 판단하고 있다. 그리고 그것은 제국주의적 이익이라는 관점에서 보자면 올바르게 판단하고 있는 것이다. 차리즘은 밀류코프들과 플레하노프들과 구치코프들과 포트레소프들 같은 부르주아적·기회주의적 수다쟁이들보다 더 올바르게 판단한다.

루마니아와 그리스('우리'는 이들 나라로부터 취할 수 있는 것은 모두 취했다)를 병합한 뒤에도 여전히 유럽에서 큰 노획물을 손에 넣는 것이 불가능하면, 지금이라도 취할 수 있는 것을 취하자! 영국은 지금 당장 우리에게 그 어느 것도 내줄 수 있는 게 없다. 독일은 아마 쿠를란트와 폴란드 일부를 우리에게 돌려줄 것이고, 틀림없이 동부 갈리치아——이 지역은 우크라이나 운동, 즉 역사적으로 이제까지 잠자고 있던 수백만 명의 인민이 자유와 토착어 사용 권리를 쟁취하고자 잠에서 깨어나 떨쳐 일어선 운동을 교살하기 위해서 '우리에게' 특히 중요하다——를 넘겨줄 것이며, 터키령 아르메니아도 넘겨줄 게 거의 확실하다. 지금 이것을 취하면, 우리는 **전보다 강해져서** 전쟁으로부터 빠져나가는 것이 가능해진다. 그렇게 되면 내일은 현명하게 일본과 독일의 도움을 받고 사랑하는 '조국'을 '구함'에 있어 밀류코프들과 플레하노프들과 포트레소프들의 추가 협력을 얻는다. 그로써 영국과의 전쟁에서 아시아의 꽤 큰 몫 페르시아와, 대양으로 나가는 출구를 가진 페르시아 만 전체——이것은 지중해로의 출구밖에, 그것도 군도(群島)를 모두 거쳐서만 겨우 나갈 수 있는 출구밖에 없는 콘스탄티노플과는 격이 다르다. 콘스탄티노플의 경우에는 영국이 이들 군도를 손쉽게 장악하여 요새화할 수 있기 때문에, 그렇게 되면 '우리'가 공해로 나가는 출구를 모두 빼앗길 수 있다——를 손에 넣는 것도 가능하다.

이것이 바로 차리즘의 셈법이다. 그리고 반복해서 말하지만 차리즘은 정확하게 셈을 하고 있다. 협소한 군주제적 관점에서뿐만 아니라, 일반 제국주의적 관점에서도 말이다. 차리즘은 자유주의자들과 플레하노프들과 포트레소프들보다 더 많이 알고 더 멀리 본다.

따라서 우리가 내일 또는 모레 자다 깨서 3인의 군주가 다음과 같이 선언하는 것을 듣게 되는 것도 전혀 불가능하지 않다. "우리는 사랑하는 국민들의 소리에 귀를 기울여 국민들에게 평화의 은혜를 베풀고자 휴전협정에 조인하고 전 유럽 평화회의를 소집하기로 결정했다." 3인의 군주는 그 와중에도 반데르벨데와 플레하노프와 카우츠키의 연설로부터 일부 문구를 인용하여 다음과 같이 유머감각을 과시할지도 모른다. 우리는 군비축소 문제와 "항구적" 평화 등의 문제를 토의할 것을 "약속"하는 바다. 약속은 이 물가폭등의 시대에도 돈 한 푼 안 들이고 할 수 있는 일이다. 반데르벨데와 플레하노프와 카우츠키는 강화회의가 열리고 있는 곳과 같은 도시에서 자신들의 '사회주의' 대회를 열기 위해 부랴부랴 달려올 것이다. 경건한 소망과 감미로운 문구, '조국 옹호'에 대한 소신이 모든 나라 국어로 끝도 없이 수다가 펼쳐질 것이다. 무대는 잘 차려질 것이다. 독일을 적으로 하는 영-러 제국주의 동맹에서 영국을 적으로 하는 러-독 제국주의 동맹으로 갈아타는 것을 은폐하기 위한 무대 말이다!

그러나 전쟁이 이런 식으로 아주 가까운 미래에 종결될지, 러시아가 독일을 정복하고 가능한 한 많이 오스트리아로부터 약탈하려는 노력을 좀 더 길게 '유지해나갈'지, 단독강화 교섭이 결국 노련한 공갈범의 속임수로 판명되고 말지(차리즘은 영국에 독일과의 강화조약 초안을 보여주면서 이렇게 말한다. "수십억 루블과 이러이러한 양보를 보장하겠는가? 못 하겠다면 내일 이 조약에 조인할 것이다.")는 모른다. 어느 쪽이든 제국주의적 전쟁은 제국주의적 평화 외의 다른 방식으로는 끝날 수가 없다. 제국주의 전쟁이 부르주아지에 대항하는 프롤레타리아트의 사회주의를 위한 내란으로 전화되지 않는다면 말이다. 어느 쪽이든, 이러한 내란으로의 전화가 일어나지 않는다면, 제국주의 전쟁은 약소국(세르비아, 터키, 벨기에 등)을 희생시킨 위에 제국주의 3대 열강——영국, 독일, 러시아——가운데 하나 또는 두 개의 열강이 강화를 맺는 것으로 결론이 날 것이다. 그리고 전쟁이 끝난 후 세 명의 강도 모두가 더욱더 강해져서 자기들끼리 노획물(식민지들, 벨기에, 세르비아, 아르메니아)을 나눠 갖는 것도 얼마든지 가능하다. 유일한 논쟁은 서로가 차지할 몫을 둘러싼 논쟁일 것이다.

어느 쪽이든, 양대 사회배외주의자들, 즉 노골적이고 완연한 사회배외주의자들(현 전쟁에서 '조국 방위'를 공공연하게 승인하는 자들)과 위장한 미지근한 중도적 사회배외주의자들("승자도, 패자도 없는" "평화" 일반을 설교하고 있는 카우츠키 파)이 놀림감이 되어 창피당하는 것은 필연적이며 피할 수 없고 의심의 여지가 없다. 전쟁을 시작한 부르주아 정부 또는 그와 비슷한 부르주아 정부에 의해 체결되는 모든 강화는 이 두 가지 유형의 사회주의자가 제국주의와 관련하여 어떤 굽실대는 종복 역할을 담당했는지 인민들에게 극명하게 보여줄 것이기 때문이다.

이 전쟁의 결말이 무엇이든, 이 전쟁으로부터 벗어나는 단하나의 가능한 사회주의적 활로는 프롤레타리아트에 의한 사회주의를 위한 내란을 통하는 길뿐이라고 주장한 자들이 옳았음이 입증될 것이다. '어느 쪽이든' 차리즘의 패배, 차리즘의 완전한 군사적 괴멸 쪽이 해가 가장 적을 것이라고 주장한 러시아 사회민주주의자들이 옳았음이 입증될 것이다. 역사는 결코 멈춰 서 있지 않으며, 이 전쟁 중에도 계속해서 전진할 것이기 때문이다. 그리고 만약 유럽 프롤레타리아트가 지금 사회주의를 향해 전진하는 것이 가능하지 않다면, 이 첫 번째 제국주의

대전에서 사회배외주의적·카우츠키주의적 굴레를 벗어던지는 것이 가능하지 않다면, 동유럽과 아시아는 차리즘이 군사적으로 완전히 괴멸하여 자신의 반(半)봉건형(型) 제국주의적 정치를 실행할 일체의 가능성을 박탈당할 경우에만 민주주의를 향해 성큼 전진할 수 있다.

전쟁은 사회배외주의와 카우츠키주의를 포함하여 모든 무기력한 것을 부수고 때려눕힐 것이다. 제국주의적 평화는 이들의 무기력함을 더 한층 부각시키고, 훨씬 더 명료하게, 훨씬 더 비열하고 혐오스런 빛으로 그 몰골을 비출 것이다.

| 《사회민주주의자》56호, 1916년 11월 6일

열 명의 '사회주의자' 장관!

국제 사회배외주의 사무국[1]의 서기 위스망스(Huysmans)는 덴마크의 사이비 '사회민주'당 지도자인 덴마크 무임소장관[2] 스타우닝에게 다음과 같은 축전을 보냈다. "장관에 임명되신 것을 신문을 보고 알았습니다. 진심으로 축하드립니다. 이로써 이제 우리는 전세계에 모두 열 명의 사회주의자 장관을 갖게 되었습니다. 일은 진척되고 있습니다. 안녕히 계십시오."

---

[1] 사회배외주의로 타락한 국제사회주의사무국(I.S.B.)을 레닌은 이렇게 불렀다. 제2인터내셔널 파리 대회(1900년)의 결정에 따라 창설된 인터내셔널의 상임 집행기관으로서 브뤼셀에 본부가 있었다. 각국의 가맹 당들은 이 사무국에 두 명씩을 파견하여 연 4회 회의를 열었고, 회의와 회의 사이의 기간에는 벨기에 노동당 집행부가 사무국을 대신했다. 에밀 반데르벨데가 이 사무국의 의장을, 카밀 위스망스가 서기를 맡았다. 레닌도 1905년부터 러시아 사회민주노동당을 대표해서 국제사회주의사무국의 성원으로 활동했다. 레닌의 제안으로 1914년 6월에 리트비노프가 레닌을 대신해서 사무국에 파견되었다.
1차 세계대전의 발발과 함께 국제사회주의사무국은 사회배외주의자들의 말 잘 듣는 도구가 되었다. 헤이그로 본부를 옮기면서부터 위스망스가 활동을 주도했다.—원서 편집자

[2] 無任所長官, 특정 부처를 관장하지 않는 장관.—편집자

정말이지, 일은 진척되고 있다. 제2인터내셔널은 민족적 자유주의 정치와 완전히 융합하는 방향으로 급속히 진척되고 있다. 독일의 극단적인 기회주의자들과 사회배외주의자들의 전투적 기관지인 쳄니츠의 《폴크스슈티메*Volksstimme*》[3]는 이 전보를 인용하며 얼마간 앙심을 품은 말투로 다음과 같이 논평했다. "국제사회주의사무국 서기가 사회민주주의자의 장관직 수락을 거리낌 없이 환영하고 있다. 그러나 전쟁 직전에만 해도 모든 당 대회와 국제 대회가 이에 대해 격하게 반대 의견을 표명했다! 시대도, 관점도 변하고 있다. 다른 문제들과 마찬가지로 이 문제에 대해서도."

하일만(Heilmann), 다비트, 쥐데쿰 들은 위스망스, 플레하노프, 반데르벨데 들을 내려다보면서 이제야 정신 차렸다며 머리를 쓰다듬어줄 권리가 충분히 있다.

스타우닝은 반데르벨데에게 쓴 편지를 최근에 공개했는데, 이 편지는 친독일 사회배외주의자가 프랑스 사회배외주의자에게 내뱉었을 법한 독설로 가득 차 있다. 스타우닝은 득의양양한 모습을 보여주는데 그 중에서도 특히 뽐내고 있는 것은 이런 것이다. "우리[덴마크 당]는 이탈리아 당과 스위스 당의 발기로 치머발트 운동의 이름 아래 실행되고 있는 조직적으로

3 '인민의 소리'라는 이름의 독일 사회민주당 기관지. 1891년 1월부터 1933년 2월까지 쳄니츠에서 발행됐다. 1차 세계대전에서 사회배외주의적 입장에 섰다.—원서 편집자

유해한 분열 활동에 대해 단호하고 명확하게 관계를 끊었습니다."글자 그대로다!

덴마크에서 민족국가가 형성된 것은 16세기로 거슬러 올라간다. 덴마크의 인민 대중은 오래전에 부르주아 해방운동을 통과했다. 주민의 96퍼센트 이상이 덴마크 태생의 덴마크인이다. 독일에 거주하는 덴마크인은 20만 명도 안 된다(덴마크 인구는 290만 명이다). 이 사실 하나로도, '독립 민족국가'가 당면 과제라고 떠드는 덴마크 부르주아지의 얘기가 얼마나 조잡한 부르주아적 기만인지가 증명된다. 20세기에 이 얘기를 입에 올리고 있는 이들은, 독일 거주 덴마크인 숫자에 필적하는 인구를 가진──그리고 지금 덴마크 정부의 매매 대상이 되고 있는──식민지를 보유하고 있는 덴마크의 부르주아지와 군주제주의자들이다.

누가 오늘날에는 인간 매매가 없다고 말하는가? 아주 활기차게 매매가 이루어지고 있다. 덴마크는 세 개의 섬──물론 모두 인간이 거주하고 있는 곳들이다──을 아메리카에 수백만 달러에 팔려고 하고 있다(아직 최종적으로 타결되지는 않았다).

추가로, 덴마크 제국주의의 고유한 특징은 육류제품과 유제품 시장에서 독점적으로 유리한 지위를 점하고 있는 결과, 즉 값싼 해상운송을 이용하여 세계 최대 시장인 런던에 이들 제품을 공급하고 있는 덕분에 막대한 초과이윤을 얻고 있다는 것이다. 이로 인해 덴마크 부르주아지와 부농(러시아 나로드니

키가 지어낸 동화와는 반대로 이들 부농은 가장 순수한 유형의 부르주아
다)은 영국 제국주의 부르주아지의 '번영하는' 기식자(寄食者)가
되어, 그들이 손쉽게 벌어들인 두툼한 이윤을 나눠 갖는다.

독일 사회민주당의 우익, 즉 기회주의자들을 확고하게 지
지했고 또 지금도 지지하고 있는 덴마크 '사회민주'당은 이러한
국제 정세에 완전히 굴복했다. 덴마크 사회민주주의자들은 (완
곡한 어법으로) '중립을 유지하기 위해' 부르주아 군주제 정부의
공채에 찬성 투표를 했다. 1916년 9월 30일에 열린 대회에서는
90퍼센트에 이르는 다수파가 내각 참여와 정부와의 협정에 찬
성 의견을 표명했다! 베른의 사회주의 신문의 통신원은 덴마
크에서 입각론(入閣論) 반대 입장을 대표하고 있는 인물이 게
르손 트리에르(Gerson Trier)와 편집자 I. P. 순드보(Sundbo)라고
보도했다. 트리에르는 훌륭한 연설로 혁명적 마르크스주의 입
장을 옹호했다. 그리고 당이 내각에 참여하기로 결정하자 그는
중앙위원회에서, 나아가 당에서 탈퇴하며, **부르주아** 당의 당원
으로 남아 있지 않겠다고 선언했다. 최근 몇 년간 덴마크 '사회
민주'당이 보여준 모습은 부르주아 급진파와 전혀 다를 것이
없다.

트리에르 동지의 건투를! "일은 진척되고 있"다는 위스망
스의 말은 맞다. 다만, 혁명적 프롤레타리아트 대중의 대표자
인 혁명적 마르크스주의자들과 플레하노프, 포트레소프, 위스
망스 들 같은 제국주의적 부르주아지의 동맹자이자 하수인을,

정확하고 분명하게, 정치적으로 성실하게, 사회주의의 입장에서 볼 때 필연적으로 구분하는 방향으로 진척되고 있다. 후자는 '지도자들' 대다수를 갖고 있지만, 피억압 대중의 이익이 아니라 부르주아지의 편으로 탈주하고 있는 소수 특권적 노동자의 이익을 대표하고 있다.

러시아의 계급적으로 각성한 노동자들, 즉 지금 시베리아 유형에 처한 국회의원들을 선출한 노동자들, 제국주의 전쟁 지지를 목적으로 하는 전시산업위원회에 참가하는 것에 반대 투표를 한 노동자들은 열 명의 장관의 '인터내셔널'에 여전히 소속해 있기를 바랄까? 스타우닝들의 인터내셔널에? 트리에르 같은 사람들이 탈퇴하고 있는 인터내셔널에?

| 《사회민주주의자》 56호, 1916년 11월 6일

스위스 사회민주당 내 치머발트 좌파의 임무

1차 세계대전 동안 레닌은 스위스에 거주했으며 스위스 사회민주당의 당원이기도 했다. 그리하여 이 당 좌파와 함께 활동했고, 당의 모임에 참석하여 조언을 했다.

레닌은 이 테제「스위스 사회민주당 내 치머발트 좌파의 임무」를 러시아어와 독일어로 썼고, 이 테제는 프랑스어로도 번역되었다. 또한 스위스 내 볼셰비키 그룹들과 스위스의 좌파 사회민주주의자들에게 배포되어 그들의 모임에서 토론되었다.—원서 편집자 스위스 사회민주당 취리히 대회(1916년 11월 4~5일)는 '치머발트에 합류하며 혁명적 대중투쟁을 승인한다'는 지난 당 대회(1915년 아라우 대회)의 결정이 여전히 서류상의 문구에 불과함을 최종적으로 확인시켜주었다. 그리고 당내에는 '중앙파'——독일에서는 카우츠키-하제 및 사회민주당 노동자의원단 경향, 프랑스에서는 롱게-프레세망 경향과 비슷한 경향——가 확실하게 형성되었다는 것도 확인시켜주었다. R. 그림을 선두로 하는 이 '중앙파'는 '좌익적' 공언과 '우익적', 즉 기회주의적 전술을 결합시키고 있다.

그러므로 스위스 사회민주당 내 치머발트 좌파의 임무는 아라우 당 대회 결정이 죽은 문서로 남아 있지 않도록 당에 체계적으로 영향을 미치기 위해 즉각적이고 실질적으로 세력 결집을 하는 것이다. 치머발트 좌파의 이와 같은 세 결집은, 아라우와 취리히의 양 대회가 보여준 바, 스위스 프롤레타리아트의 혁명적·국제주의적 공명이라는 점에 조금의 의문도 남기지 않은 만큼 더더욱 절실히 필요하다. 리프크네히트와 의견이 유사하다는 결의를 채택하는 정도로는 충분치 않다. 지금의 사회 민주당은 혁신이 필요하다는 그의 슬로건[1]을 진심으로 받아들이지 않으면 안 된다.

스위스 사회민주당 내 치머발트 좌파의 정강은 대체로 다음과 같은 것이어야 한다.

I. 전쟁과 부르주아 정부 일반에 대한 태도

1. 현재의 제국주의 전쟁에서든 지금 준비되고 있는 새로운 제국주의 전쟁에서든 스위스 측의 '조국 방위'란 부르주아가 인민을 기만하는 것일 뿐이다. 왜냐하면 현 전쟁 또는 유사한 전쟁에 스위스가 참가하는 것은 실제로는 제국주의 양 진

[1] 이 슬로건은 카를 리프크네히트가 1914년 10월 2일 독일 사회민주당 지도부에게 보낸 공개 서한에서 제기한 것이다. 레닌은 「국제사회주의위원회와 모든 사회주의 당에 보내는 호소 테제Theses for an Appeal to the International Socialist Committee and All Socialist Parties」(본전집 65권에 수록―편집자)에서 이 서한을 인용하고 있다.
리프크네히트의 서한이 제출된 배경은 이렇다. 1914년 8월에 리프크네히트는 당 지도부에게 일련의 반전 집회를 배치해줄 것, 그리고 당 국회의원단 이름으로 모든 당원들에게 전쟁에 반대할 것을 촉구하는 성명을 내줄 것을 요청했다. 제안은 거부되었다. 1914년 9월 리프크네히트는 벨기에와 네덜란드를 순회하며 국제주의적 사회주의자들에게 독일 당 내부의 상황을 알렸다. 이 일로 당 지도부는 그에게 징계를 내렸다. 공개 서한은 이 징계 조치에 대한 회답이었다.―원서 편집자

영 중 한쪽 편에 서서[2] 강도적이고 반동적인 전쟁에 참가하는 것일 뿐, '자유', '민주주의', '독립' 등을 위한 전쟁이 아니기 때문이다.

2. 스위스 사회민주당은 스위스 부르주아 정부와 스위스의 모든 부르주아 당들을 완전히 불신하지 않으면 안 된다. 왜냐하면 이 정부는 (a)제국주의적 '대'국의 부르주아지와 경제적으로, 금융적으로 긴밀히 엮여 있고 그들 대국에 완벽하게 종속되어 있으며, (b)일찌감치 국제 문제와 국내 문제 모든 방면에 걸쳐 정치적 반동으로 돌아섰고(정치경찰, 유럽의 반동과 유럽의 군주제에 대한 굴종 등), (c)스위스의 가장 반동적인 군사 정당과 군부의 손에서 움직이는 장기 말이 점점 되어가고 있음을 수년 간에 걸친 모든 정책들(1907년의 군 재편성, 에글리 '재판 사건', 드 로오 '재판 사건'[3] 등)로 증명했기 때문이다.

3. 이 점들로 볼 때 스위스 사회민주당의 긴급한 임무는 제국주의적 부르주아지와 군부 앞에서 머리를 조아리고 있는 이 정부의 본질을 폭로하고, 정부가 민주주의 등의 공문구로 인민을 기만하고 있는 것을 들춰내고, 이 정부가 (스위스를 지배하고 있는 부르주아지 전체의 동의를 얻어) 스위스 인민의 이익을 제국주의 양 진영 어느 한쪽에 팔아넘길 가능성이 아주 크다는 것을 밝히는 것이다.

---

2 초고에는 '과 동맹하여'라는 말이 '편에 서서'라는 말에 겹쳐서 씌어 있다.―원서 편집자

4. 그러므로 스위스가 이 전쟁에 휩쓸려 들어가는 경우 '조국 방위'를 무조건적으로 거부하는 한편, '조국 방위' 슬로건으로 인민을 기만하는 것을 폭로하는 것이 사회민주주의자의 의무다. 이런 전쟁에서는 노동자와 농민이 자신의 이익이나 민주주의를 위해서가 아니라 오직 제국주의 부르주아지의 이익을 위해 목숨을 바치게 된다. 다른 모든 선진국의 사회주의자들과 마찬가지로 스위스의 사회주의자들도 오직 조국이 사회주의적 방향으로 새롭게 재조직되는 경우에만 조국의 군사적 방어를, 즉 부르주아지에 대항하는 프롤레타리아 사회주의 혁명의 방어를 승인할 수 있고, 또 승인해야만 한다.

5. 평화로운 시기든 전쟁 중이든 상관 없이, '중립을 방어한다'는 둥 어떤 기만적인 문구가 동원되더라도 상관 없이, 사회민주당과 그 의원단은 전쟁공채 투표에 찬성표를 던져서는 안된다.

6. 전쟁에 대한 프롤레타리아트의 대답은 부르주아지의 지

3 에글리(Karl Heinrich Egli)는 스위스 군의 대령으로 1차 세계대전 동안 독일과 독일 동맹국들을 위해 스파이 활동을 했다. 당시 그는 스위스 참모본부의 참모부장이었다. 1916년 초에 사회민주당 신문과 의원단의 고발로 재판을 받았다. 부르주아지와 군부가 압력을 넣어 무죄 선고를 받았지만, 군을 떠나지 않으면 안 되었다.
    드 로오(De Lohs)는 스위스 군의 대령으로 1916년 8월에 스위스의 전쟁 참가를 촉구하는 글들을 발표했다. 사회민주당 신문이 그에 대해 폭로하며 그를 해임하라고 요구했지만, 군 사령부에 의한 견책 처분으로 그쳤다.—원서 편집자

배를 타도하고 정치권력을 획득하고 사회주의 사회──이것만이 인류를 전쟁으로부터 구할 것이다──를 실현하기 위해, 혁명적 대중행동을 선전하고 준비하고 실행하는 것 외에 다른 것일 수 없다. 그것을 실현하고자 하는 결의가 모든 나라 노동자의 의식 속에서 전례 없는 속도로 무르익어가고 있다.

7. 시위와 대중파업이 혁명적 행동에 포함되어야 하지만, 결코 병역 거부는 우리가 취해야 할 행동이 될 수 없다. 무기를 드는 것을 거부하는 것이 아니라, 이 무기를 '자'국 부르주아지를 향해 돌리는 것만이 오직 프롤레타리아트의 임무에 부합할 수 있고, 국제주의의 최상의 대표자들──예를 들어 카를 리프크네히트──의 슬로건에 합치할 수 있다.

8. 정치적 자유의 폐지 또는 축소를 목표로 하는──전전에든 전시에든──정부의 아무리 작은 조치라도 이에 맞서 사회민주주의 노동자는 비합법 조직을 만들어, 전쟁에 반대하는 전쟁을 위한 체계적이고 집요한 선전을 어떠한 희생도 마다하지 않고 수행해야 하며, 그리하여 대중에게 전쟁의 진정한 성격을 설명해야 한다.

II. 물가폭등과 대중의 견딜 수 없는 경제적 상태

9. 교전국들뿐 아니라 스위스도 물가가 천정부지로 치솟았

고 생필품 품귀 현상이 나타났다. 한 줌의 부자들은 가증스럽게도 이런 상황을 이용해 전대미문의 치부를 하고 있으며 대중은 극심한 궁핍으로 내몰리고 있다. 재앙과도 같은 이런 현실에서 사회민주당의 임무는 개량주의적 투쟁을 하는 것이 아니라 혁명적 투쟁을 하는 것이다. 어쩔 수 없는 일시적 곤란과 패배에 굴하지 않고, 체계적이고 집요하게 그런 투쟁을 선전하고 준비하는 것 말이다.

10. 수많은 부르주아적 재정 개혁안에 대한 대응에 있어, 사회민주당의 주된 임무는 노동자와 빈농을 전쟁에 동원하고 전쟁의 부담조차 그들에게 떠넘기려는 부르주아지의 기도를 폭로하는 것이어야 한다.

어떤 경우, 어떤 구실 앞에서도 사회민주당은 간접세에 동의하면 안 된다. 사회민주주의자가 간접세에 동의하는 것을 허용한 아라우 대회(1915년)의 결정과 취리히 당 대회(1916년)에서 채택된 후버-그림(Huber-Grimm) 결의는 폐기되어야 한다. 즉각 모든 사회민주주의 조직은 1917년 2월 베른 당 대회의 준비를 가장 정력적으로 개시하고, 이 결의들을 폐기하는 데 찬성하는 대의원을 선출해야 한다.

부르주아 정부가 현재의 곤경에서 벗어나는 것을 도와 자본주의 체제를 유지하고 보존하는 것, 즉 대중의 궁핍을 영속화하는 것은 자유주의적 관리들의 임무지, 결코 혁명적 사회민주주의자의 임무가 아니다.

11. 사회민주주의자는 다음의 세율을 밑돌지 않는 높은 누진세율에 의한 단일 연방세로 재산세와 소득세를 도입하는 것이 지금 반드시 필요함을 대중들 사이에서 가능한 한 널리 선전해야 한다.

재산	소득	세율
20,000프랑	5,000프랑	면세
50,000프랑	10,000프랑	10%
100,000프랑	25,000프랑	40%
200,000프랑	60,000프랑	60%
		등

연금 수령자에 대한 조세는,

1일 4프랑 이하 :	면세
5프랑 이하 :	1%
10프랑 이하 :	20%
20프랑 이하 :	25%
	등

12. 사회민주당 내 다수의 기회주의자들도 퍼뜨리고 있는 부르주아의 거짓말, 즉 혁명적으로 높은 세율의 재산세와 소득세를 도입하자는 것은 '현실성이 없다'는 거짓말과 가차 없

이 싸워야 한다. 오히려 그것이야말로 현실적인 정책이며, 유일하게 사회민주주의적인 정책이다. 첫째, 우리는 부자들이 '받아들일 수 있을 만한' 것에 우리 자신을 꿰맞추어서는 안 된다. 따라서 우리는 사회민주당에 대해 냉담한 태도를 취하거나, 불신의 눈으로 보는——대개는 그 개량주의적이고 기회주의적인 성격으로 인해——빈민과 무산자의 광범한 대중에게 호소하지 않으면 안 된다. 둘째, 부르주아지가 양보할 수밖에 없게 하는 방법은 그들과 '교섭'하는 것도, 그들의 이익이나 편견에 우리 스스로를 '맞춰주는' 것도 아니다. 그들에게 대항하여 대중의 혁명적 힘을 준비하는 것만이 유일한 방법이다. 우리가 혁명적으로 높은 세율의 정당성과 그러한 세율을 쟁취하기 위해 싸워야 할 필요를 더욱더 많은 사람들에게 설득하면 할수록 부르주아지는 그만큼 더 서둘러 양보를 할 것이다. 그리고 우리는 부르주아지의 완전한 수탈을 위한 불굴의 투쟁을 해나가는 데서 아무리 작은 양보라도 모든 양보 하나하나를 이용할 것이다.

13. 연방정부 관리를 비롯한 그 밖의 모든 유급 근무원들의 봉급을 그 가족 수에 따라 연간 최고 5천에서 6천 프랑 사이로 정한다. 그 외의 소득의 축적을 일절 금지하고, 위반 시 금고와 해당 소득의 몰수에 처한다.

14. 공장——첫째로 주민에게 공급할 생필품을 생산하는 공장들——과 15헥타르 이상(40에이커 이상)의 토지를 보유한

모든 농업기업(스위스에서 이런 기업의 수는 전체 농업기업 25만 2천 개 가운데 불과 2만 2천 개, 즉 10분의 1밖에 안 된다)을 강제수용한다. 이 공장들과 농업기업들을 개조한 것을 기초로 하여 식량 생산을 높여, 인민에게 식품을 저렴하게 공급할 수 있도록 체계적인 조치를 취한다.

15. 스위스 내 모든 수력발전 시설을 국가가 즉시 강제수용한다. 이 수용 자산에 대해서는 다른 수용 자산들의 경우와 마찬가지로 위에서 언급한 재산세율과 소득세율을 적용한다.

III. 긴급한 민주주의적 개량과 정치투쟁·의회 제도의 이용

16. 의회 연단과 발의권 및 국민투표의 이용. 이것을 개량주의적인 방식으로 수행하면 안 된다. 즉 부르주아지가 '받아들일 수 있을 만한', 따라서 대중이 겪고 있는 주요한 근본 해악들을 제거할 힘을 가지지 못하는 그러한 개량을 내걸기 위해서가 아니라 스위스의 사회주의적 개조를 주창하는 선전을 위해서다. 이 사회주의적 개조는 경제적으로 완전히 실현 가능하며, 견딜 수 없이 높은 생활물가와 금융자본의 억압 때문에 더욱더 절실하게 필요해지고 있다. 뿐만 아니라 전쟁이 만들어 놓은 국제 관계가 전 유럽의 프롤레타리아트를 혁명의 길로 들어서지 않을 수 없도록 압박하고 있기 때문에 그 이유에서라

도 사회주의적 개조가 더더욱 절실해지고 있다.

17. 남성의 정치적 권리에 비해 여성의 정치적 권리를 제약하는 모든 제한 규정을 예외 없이 철폐한다. 전쟁과 물가폭등이 광범한 인민 대중을 동요시키고, 특히 여성이 정치에 관심을 기울이고 있는 이 시기에 왜 이런 개조가 반드시 필요한지를 대중에게 설명해야 한다.

18. 모든 외국인의 스위스 국적으로의 무료 강제전적을 실시한다. 스위스에 3개월 이상 거주한 외국인은, 합당한 사유로 최고 3개월을 넘지 않는 연기 신청을 하는 경우를 빼고는 모두 스위스 시민이 되게 한다. 일반 민주주의적 관점에서뿐만 아니라 스위스가 제국주의적 환경에 둘러싸여 있어서 다른 어느 유럽 나라들보다도 외국인 비율이 크기 때문에 이 같은 조처가 스위스에 특히 절실하다는 것을 대중에게 설명해야 한다. 이들 외국인의 10분의 9는 스위스에서 통용되는 3개 언어 중 하나를 쓴다. 외국인 노동자의 정치적 무권리와 소외된 상태는 정치적 반동이 득세하는 토양이 된다. 반동이 이미 고조되어 프롤레타리아트의 국제적 연대를 약화시키고 있다.

19. 1917년 국회(Nationalrat) 선거에서는, 유권자 앞에서 정강을 미리 전면적으로 토의하고, 특히 전쟁 및 조국 방위에 대한 태도 문제와 물가폭등에 대한 개량주의적 투쟁인가, 혁명적 투쟁인가 하는 문제를 토의한 위에 그것을 바탕으로 비로소 사회민주당 후보자를 세워야 한다. 이 내용의 선전을 선전

하는 데 즉각 착수한다.

IV. 당이 즉시 해야 할 선전·선동·조직의 임무

20. 대중에 대한 사회민주당의 영향을 넓히기 위한 체계적이고 끈기 있는 활동 없이는, 근로 피착취 대중의 새로운 층을 운동에 끌어들이지 않고서는, 혁명적 대중투쟁에 대한 아라우 대회의 결정을 실행하는 것은 불가능하다. 자본주의에서는 언제나 조직된 노동자들이 피억압 계급 가운데 소수일 수밖에 없다. 사회 혁명을 위한 선전·선동은 이 소수의 노동자들뿐만 아니라, 자본주의의 끔찍한 억압 때문에 체계적으로 조직화될 수 없었던 다수 피착취자들도 이해할 수 있도록 보다 구체적이고, 보다 일목요연하게, 당면한 실천적 문제들을 중심으로 이루어져야 한다.

21. 보다 광범한 대중에게 영향을 미치기 위해 당은 무료 배포할 전단의 발행을 보다 체계적으로 조직해야 한다. 혁명적 프롤레타리아트는 주민의 10분의 9의 이익을 위해 필요한 스위스의 사회주의적 개조를 위해 싸우고 있다는 것을 대중에게 설명하는 내용을 이 전단에 담아야 한다. 이런 내용의 전단을 배포하는 한편, 모든 당 지부들, 특히 청년 조직들이 경쟁적으로 거리 선전과 가가호호 방문 선전을 하도록 조직해야 한다.

농업노동자와 고농4과 일용직 고농 사이에서, 임금노동자를 착취하여 이윤을 얻는 농민이 아니라 물가폭등으로 고통받고 있는 가난한 농민들 사이에서 선전이 강화되도록 더 많은 주의와 정력을 기울여야 한다. 당연하게도 노동자들의 염증과 불신만 불러일으키고 있는 의회 내의 한가한 개량주의적 잡담을 위해서가 아니라, 도시와 특히 농촌의 프롤레타리아트와 반(半)프롤레타리아트의 가장 뒤떨어진 층들 속에서 사회주의 혁명 선전을 하기 위해 자신의 특별히 유리한 정치적 지위를 이용할 것을 당의 의회 대표자들(국회와 주 의회를 비롯한 그 밖의 모든 각급 의회 의원들)에게 요구해야 한다.

22. 노동조합을 비롯한 노동자계급의 경제적 단체는 '중립성' 이론과 단호하게 단절해야 한다. 이른바 '중립성'은 부르주아의 기만이거나 위선임을 이 전쟁은 확연히 확인시켜주었다. 실제로 중립성을 내세우는 것은 부르주아지에게, 제국주의 전쟁 같은 부르주아지의 혐오스런 기도에 소극적으로 종속되는 것임을 대중에게 각인시켜야 한다. 노동자계급과 소부르주아지의 가난한 층, 사무직 노동자의 모든 단체에서 사회민주주의 활동을 강화해야 한다. 또한 그 단체들 내부에 별도의 사회민주주의 그룹을 만들어, 혁명적 사회민주주의가 그 속에서 다수를 점하고 지도력을 확보하는 상태를 만들기 위해 체계적

---

4   고용되어 일하는 농민.─편집자

으로 노력해야 한다. 혁명적 투쟁이 성공하려면 이런 조건이 왜 특별히 중요한지를 대중에게 설명해야 한다.

23. 군대가 소집되기 전이든 후든 군대 내 사회민주주의 활동을 확대·강화해야 한다. 군대의 모든 단위들 안에 사회민주주의 그룹을 만들어야 한다. 단 하나의 정당한 전쟁, 즉 임금 노예제로부터 인류를 해방시키기 위한 프롤레타리아트의 부르주아지에 대한 전쟁에서 무기를 사용하는 것이 사회주의의 견지에서 볼 때 왜 역사적으로 불가피하고 정당한지 설명해야 한다. 군대의 혁명적 부분의 투쟁을 프롤레타리아트와 피착취 주민 일반의 광범한 운동과 결합시키기 위해, 고립된 **테러 행동**에 반대하는 선전을 수행해야 한다. 올텐 결의[5] 가운데, 파업 진압을 위해 군대 투입 시, 복종을 거부할 것을 병사들에게 촉구하는 항목을 보다 집중적으로 선전해야 한다. 그리고 소극적인 불복종만으로는 충분치 못하다는 것을 설명해야 한다.

24. 앞에서 개괄한 일관된 혁명적 사회민주주의의 실천 활동과, 모든 문명국에서 형성된, 그리고 스위스에서도 (특히 1916년 취리히 대회에서) 완연하게 꼴을 갖추고 나타난, 현 시기 노동운동의 3대 경향 사이에서의 체계적인 **원칙상의 투쟁**, 이 양자 간의 뗄 수 없는 연관을 대중에게 설명해야 한다. 그 3대 경향은 다음과 같다. (1)1914~6년의 이 제국주의 전쟁에서 '조국 방

5   1916년 2월 10~1일에 올텐에서 열린 스위스 사회민주당 임시대회에서 채택된 전쟁 문제에 관한 결의.─원서 편집자

위'를 공공연하게 내세우고 있는 사회애국주의자들. 이들은 노동운동 내부에 있는 부르주아지의 앞잡이로, 기회주의적 경향이다. (2)제국주의 전쟁에서 '조국 방위'를 원칙적으로 거부하는 치머발트 좌파. 이들은 부르주아지의 앞잡이인 사회애국주의자들과의 단절에 찬성하며, 대중의 혁명적 투쟁을 위한 선전 및 준비에 부합하는 사회민주주의적 전술의 완전한 재편성과 결합된 혁명적 대중투쟁에 찬성한다. (3)이른바 '중앙파'(독일에서는 카우츠키-하제와 노동자의원단, 프랑스에서는 롱게-프레세망)[6]로, 이들은 앞의 첫 번째 경향과 두 번째 경향 사이의 통일·단결을 외치고 있다. 이런 '통일·단결'은 혁명적 사회민주주의파의 손발을 묶고, 그 활동이 발전하는 것을 가로막을 뿐이다. 또 당의 원칙과 당의 실천을 뗄 수 없이 완전하게 연결시키는 것을 파탄 냄으로써 대중을 타락시키는 역할을 할 뿐이다.

1916년 취리히에서 열린 스위스 사회민주당 대회에서는 플라텐(Platten), 네느(Naine), 그로일리히(Greulich)가 당의 국회의원단 문제에 대한 연설을 했다. 그들은 모두 스위스 사회민주당 내부에서 서로 다른 정치적 경향 간의 투쟁이 이미 오래전에 현실화되었음을 분명히 밝혔다. 플라텐이 혁명적 사회민주주의 정신에 입각하여 일관되게 활동할 필요에 대해 이야기했을 때 분명히 다수의 대의원들은 그의 말에 공감했다. 네느는

6   레닌 주 독일 사회민주주의 출판물에서는 합당하게도 '중앙파'가 '치머발트 파'의 우익으로 분류되기도 한다.

국회 내에서 두 경향이 끊임없이 싸우고 있다며, 노동자 조직들은 완전하게 의견일치를 이룬 혁명적 경향의 당원들이 국회에 나가도록 하지 않으면 안 된다고 솔직하고 적절하고 명확하게 입장을 밝혔다. 그로일리히가 당은 옛 '애인'을 버리고 새 '애인'을 찾았다고 말했을 때 그 역시 당내에 서로 다른 경향이 존재하며 투쟁하고 있다는 것을 인정한 셈이다. 그러나 계급적으로 각성한 노동자라면 누구도 이 '애인' 이론에 동의하지 않을 것이다. 사회민주주의 내 서로 다른 정치적 경향들 간의 불가피하고 필연적인 투쟁이 '애인들' 간의 경쟁으로, 개인들 간의 갈등으로, 시시껄렁한 의혹과 추문으로 타락하는 것을 방지하기 위해 사회민주당의 모든 당원은 이 경향들 간의 투쟁이 **공공연한 원칙상의 투쟁으로 치러지도록** 배려해야 한다.

25. 그뤼틀리 동맹[7]은 부르주아 노동자 정치의 제 경향——즉 기회주의, 개량주의, 사회애국주의——이 스위스의 토양 위

---

7 스위스 사회민주당 조직이 생기기 훨씬 전인 1838년에 결성된 부르주아 개량주의 조직. 그뤼틀리 동맹이라는 이름은 16세기에 오스트리아의 지배에 반대하여 봉기한 결사체 '그뤼틀리언(음모자들)'에서 유래했다. 1901년에 그뤼틀리 동맹은 사회민주당에 가맹했지만, 조직적으로는 독립성을 유지했다. 이 동맹의 신문 《그뤼틀리아너》는 부르주아 민족주의적 정책을 취했다. 1차 세계대전에서 그뤼틀리 동맹은 극단적인 배외주의적 입장을 취하면서 우익 사회배외주의자들의 지주(支柱)가 되었다. 이로 인해 결국 스위스 사회민주당 취리히 대회(1916년 11월)에서는 그뤼틀리 동맹의 맹원 자격을 유지한 채로는 당원 자격을 가질 수 없다는 결정이 내려졌다.—원서 편집자

에서 두드러지게 발현한 것으로, 부르주아 민주주의적 환상으로 대중을 타락시키고 있다. 이 그뤼틀리 동맹에 대한 원칙에 입각한 투쟁을 강화해야 한다. 그뤼틀리 동맹의 구체적 행동을 실례로 들어 사회애국주의 정책과 '중앙파' 정책이 왜 오류이고 유해한지를 대중에게 설명해야 한다.

26. 베른에서 개최되는 2월(1917년) 당 대회의 선거 준비에 즉각 착수하여, 이 선거 전까지 반드시 각 정강에 제출되어 있는 원칙과 구체 정책에 대한 당내 각급 단위의 토의가 이루어지도록 해야 한다. 이 글에서 제시하고 있는 정강은 마땅히, 일관된 혁명적, 국제주의적 사회민주주의자의 정강으로 복무할 수 있도록 제출된 것이다.

당의 모든 지도적 지위, 출판위원회, 각급 대의기관, 각급 운영위원회 등의 선거는 반드시 이와 같은 정강의 토의가 있은 연후에 시행해야 한다.

단지 사회민주당 일반의 견해와 전술을 실행한다는 관점에서만이 아니라, 세밀히 규정된 사회민주주의적 정강정책을 실행한다는 관점에서 각 지방 당 조직이 지방 당 기관지를 주의 깊게 감독해야 한다.

V. 스위스 사회민주주의자의 국제적 임무

27. 스위스 사회민주주의자가 국제주의를 승인한다는 것이 아무 의미 없는 공문구가 되게 하지 않기 위해서는——제2인터내셔널 시대의 사회민주주의자들 일반, 특히 '중앙파' 지지자들이 항상 이런 식의 공문구에 머물러 있었다——다음과 같은 노력을 기울여야 한다. 첫째, 외국인 노동자와 스위스 노동자가 조직으로 접근하고 동일 조합으로 융합하며 완전히 동등한 시민적·정치적 권리를 갖도록 하기 위해 철저하고 굽힘 없이 싸워야 한다. 스위스 제국주의의 특수성은 바로 스위스 부르주아지가 권리를 갖지 못한 외국인 노동자를 점점 더 가혹하게 착취하고 있다는 데 있다. 스위스 부르주아지의 희망의 거점은 자국 노동자와 외국인 노동자의 사이를 벌려놓는 데 있다.

둘째, 스위스에 있는 독일·프랑스·이탈리아 노동자들 사이에서 단일한 국제주의적 경향을 형성하기 위해 모든 노력을 해야 한다. 이 단일의 국제주의적 경향은 노동운동의 실천 전체에 걸쳐 진정한 단결을 촉진할 것이며, 프랑스인의(라틴계 스위스인의) 사회애국주의에 대해서도, 독일인, 이탈리아인의 사회애국주의에 대해서도 똑같이 단호하게, 똑같이 원칙 있게 싸울 것이다. 이 정강은 스위스 국내의 3대 민족 또는 3대 언어에 속한 노동자 모두의 공통 단일 정강의 기초가 되어야 한다. 저마다 민족이 다른 스위스 내 혁명적 사회민주주의 지지자들이 모두 이렇게 단결되어 있지 못하다면, 국제주의란 빈말이다.

이러한 융합의 실현을 용이하게 하기 위해 스위스의 모든 사회민주주의 신문(및 모든 노동조합 조직들의 기관지)은 부록을 달아(처음에는 주간이나 월간으로 단 두 쪽으로 내더라도) 발행하는 작업에 착수해야 한다. 부록은 3개 언어로 발행하고, 당시의 정치적 상황 발전에 비추어서 이 정강을 설명해야 한다.

28. 스위스 사회민주주의자는 다른 모든 사회주의 당들 가운데 오직 혁명적 사회민주주의 세력만을, 치머발트 좌파를 승인하는 세력만을 지지해야 한다. 이 지지는 순수하게 관념적인 지지로 머물러서는 안 된다. 독일, 프랑스, 이탈리아에서 비밀 인쇄된 정부에 반대하는 격문들을 스위스에서 다시 찍어내고, 그것들을 3개 언어 모두로 번역해서 스위스와 모든 인접국의 노동자들 사이에 배포하는 것이 특히 중요하다.

29. 1917년 2월에 개최 예정인 베른 대회에서 스위스 사회민주당은 키엔탈 회의 결정을 무조건 승인해야 한다. 그뿐만 아니라, 사회주의의 이익에 화해할 수 없이 적대적인 기회주의와 사회애국주의의 보루인 헤이그 국제사회주의사무국과의 즉각적이고 완전한 조직상의 단절을 또한 요구해야 한다.

30. 스위스 사회민주당은 유럽 선진국들의 노동운동에서 일어나고 있는 상황을 잘 알 수 있고 노동운동 내 혁명적 분자들을 통합시킬 수 있는 특히 유리한 위치에 있다. 따라서 이

노동운동 내에서 내부 투쟁이 발전하는 것을 수동적으로 기다려서는 안 되며, 그러한 투쟁의 선두에 서서 앞으로 나아가야 한다. 달리 말하면, 독일, 프랑스, 영국, 미국 등의 모든 문명국의 사회주의운동에서 일어나고 있는 사태 전개에 의해 매일매일 그 옳음이 더욱더 명확하게 증명되고 있는 치머발트 좌파의 길을 따라야 한다.

| 1916년 10월 말~11월 초에 집필

1918년에 단행본 소책자(프랑스어)로 처음으로 발표

1924년에 《프롤레타르스카야 레볼류치아》 4호에 러시아어로 처음 발표

전쟁에 대한 스위스
사회민주당의 태도(테제)

이 테제는 1917년 2월에 열릴 스위스 사회민주당 임시대회의 준비기에 스위스 좌파 사회주의자들을 위해 쓴 것이다. 이 대회는 전쟁에 대한 사회주의자의 태도 문제를 해결하기 위한 대회였다. 스위스 사회민주당 내 전쟁 문제에 대한 토론과 관련하여 레닌이 쓴 다음의 글들을 함께 참조하라. 「전쟁 문제에 대한 원칙적 입장」(이 책에 수록—편집자), 「베른 국제사회주의위원회 위원 샤를 네느에게 보내는 공개 서한 An Open Letter to Charles Naine, Member of the International Socialist Committee in Berne」, 「H. 그로일리히에 의한 조국 방위 옹호에 대한 12개의 간단한 테제 Twelve Brief Theses on H. Greulich's Defence of Fatherland Defence」, 「가상의 늪인가, 현실의 늪인가? Imaginary or Real Marsh?」, 「전쟁 문제에 관한 결의의 수정 제안 Proposed Amendments to the Resolution on the War Issue」, 「한 사회주의 당의 생활에서 한 짧은 기간의 역사 The Story of One Short Period in the Life of One Socialist Party」(다섯 글은 본 전집 65권에 수록—편집자).—원서 편집자

1. 지금의 세계 전쟁은 세계를 정치적·경제적으로 착취하기 위해 판매시장과 원료자원과 새로운 자본투하 지역의 획득, 약소민족의 억압 등을 노리고 벌이는 제국주의 전쟁이다.

교전국 양 진영에서 '조국 방위'를 운운하는 것은 부르주아적 인민 기만에 불과하다.

2. 스위스 정부는, 국제 금융자본에 완전히 종속되어 있고 대국의 제국주의적 부르주아지와 긴밀하게 결합되어 있는 스위스 부르주아지의 집사다.

그런 탓에 스위스 정부는 인민의 민주주의적 권리와 자유를 압박하고 침해하면서 하루가 다르게 점점 더 반동적인 정책을 펼치고 있으며 비밀외교까지 진행하고 있다. 게다가 이는 이미 수십 년 전부터 계속돼온 일이다. 또한 스위스 정부는 군부에게 머리를 조아리고, 광범한 주민 대중의 이익을 한 줌의 금융 재벌들의 이익을 위해 체계적이고 후안무치한 방법으로 희생시키고 있다.

금융과두제의 이익과 이와 같은 스위스 부르주아 정부의

종속의 결과로, 그리고 제국주의 양 진영 어느 한쪽의 강력한
압력의 결과로 스위스는 언제든 현 전쟁에 휩쓸려 들어갈 수
있다.

3. 따라서 스위스와 관련해서도 '조국 방위'는 이제 위선적
인 공문구 이상의 것이 아니다. 왜냐하면 실제로 여기서의 문
제는 민주주의나 독립, 또는 광범한 주민 대중의 이익 등을 방
어하는 것이 아니라, 반대로 부르주아지의 독점과 특권을 보
존·유지하기 위해 노동자와 소농민을 살육장으로 던져 넣는
것을 준비하는 것이고, 자본가의 지배와 정치적 반동을 강화
하는 것이기 때문이다.

4. 이런 사실들에 기초하여 스위스 사회민주당은 '조국 방
위'를 원칙적으로 거부하고, 즉각적인 동원해제를 요구해야 한
다. 그와 함께 부르주아지의 전쟁 준비에 대해, 그리고 전쟁이
발발할 경우에는 전쟁 자체에 대해, 프롤레타리아 계급투쟁
의 가장 격렬한 방법으로 노동자계급에게 응답해줄 것을 호소
한다.

이런 방법으로는 특히 다음과 같은 것들이 시급하게 요
구된다.

a. 일체의 계급휴전(국내 평화) 반대. 모든 부르주아 당들과
의, 노동운동 내부의 부르주아지의 끄나풀 조직인 그뤼틀리
동맹 및 사회주의 당 내부의 그뤼틀리적 경향들과의 원칙적인
투쟁을 강화한다.

b. 평화로운 시기와 전시 모두 어떠한 구실을 내세우든 관계 없이 전쟁공채를 거부한다.

c. 전쟁과 자국 정부에 반대하는 교전국 노동자계급의 모든 혁명적 운동과 각각의 투쟁을 지지한다.

d. 스위스 국내의 혁명적 대중투쟁——파업, 시위, 부르주아지에 대한 무장봉기——에 협력하고 지원한다.

e. 군대 내에서의 체계적인 선전. 이 목적을 이루기 위해 군대 내부에, 그리고 입대 전 청년들 사이에 별도의 사회민주주의 그룹을 만들어낸다.

f. 정부에 의한 정치적 자유의 온갖 제한과 폐지에 대응하여 노동자계급 자신의 손으로 비합법 조직을 만들어낸다.

g. 예외 없이 모든 노동자 조직의 지도권이, 전쟁에 대한 이러한 투쟁을 승인하고 실행할 능력이 있는 사람들의 손에 넘어오는 상황을, 노동자들 사이에서 정규적이고 일관된 설득 작업을 통해 체계적으로 준비한다.

5. 1915년 아라우 당 대회에서 이미 승인된 혁명적 대중투쟁의 목표로서, 당은 스위스에서의 사회주의 혁명을 제창한다. 이 변혁은 경제적으로 즉각 실현 가능하다. 사회주의 혁명은 대중을 물가폭등과 기아의 공포로부터 해방시키는 단 하나의 유효한 수단이다. 그것은 오늘 전 유럽을 휘감고 있는 위기의 결과로 바짝 다가오고 있다. 그것은 군국주의와 전쟁을 완전히 없애기 위해 절대적으로 필요하다.

당은, 이 목표와 그것을 실현하는 혁명적 수단을 인정할래야 할 수가 없는 부르주아적 평화주의자 및 사회주의적 평화주의자의 군국주의·전쟁 반대 언사들은 모두 환상이거나 허위일 뿐, 자본주의의 기초 자체를 겨냥한 모든 중대한 투쟁으로부터 노동자계급을 유리시키는 효과밖에 없다는 것을 밝혀둔다.

　당은, 임금노예의 처지 개선을 위한 투쟁을 멈추는 일 없이, 노동자계급과 그 대표자들에게 대중적 선동, 의회 연설, 입법 발의 등에 의해 스위스에서의 즉각적인 사회주의 혁명을 선전하는 임무를 일정에 올리라고 호소한다. 이 선전은 부르주아 정부를 무산 주민 대중의 지지에 입각한 프롤레타리아 정부로 대체할 필요를 논증하고, 은행 및 대기업의 수탈, 일체의 간접세 폐지, 고액 소득에 대해 혁명적으로 높은 세율을 부과하는 단일 직접세의 실시 등과 같은 조치가 절실히 필요함을 설명하는 것이어야 한다.

｜ 1916년 12월 초에 독일어로 집필
1931년 『레닌 잡록집』 17권에 처음으로 발표

전쟁 문제에 대한
원칙적 입장

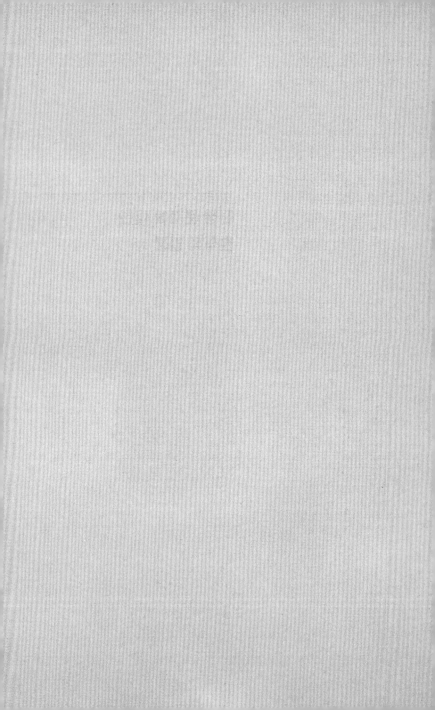

스위스의 좌익 사회민주주의자들은 이 전쟁에서 조국 방위 원칙을 거부하기로 의견을 통일했다. 프롤레타리아트도 역시 프롤레타리아트의 가장 우수한 분자들은 조국 방위에 반대하는 입장이다.

이로써 현대 사회주의 일반이, 집어서 말한다면 스위스 사회주의 당이 이 초미의 관심사에 대해 의견일치를 이룬 것처럼 보일 것이다. 그러나 좀 더 면밀하게 관찰해보면 이것은 단지 외견상의 통일에 불과하다는 결론에 이르게 된다.

실제로 조국 방위에 대해 거부 입장을 표하려면 이례적으로 높은 수준의 혁명적 의식과 당의 혁명적 행동 능력이 요구된다. 물론 그러한 입장 표명이 공문구로 전락하지 않는다는 것을 전제로 했을 때 말이다. 그러나 지금은 의견 통일은 고사하고 그에 필요한 명확한 인식조차 되어 있지 않다. 조국 방위 거부 입장을 표하는 것이 어떠한 요구를 수반하는 것인지 제대로 이해하지 못한 채, 즉 모든 선전·선동·조직, 한마디로 당 활동 전체를 근본적으로 변경하고 '일신'(칼 리프크네히트의 표현을 빌어서 말하면)해서 보다 고도한 혁명적 임무에 적응시키지 않으면 안 된다는 것을 인식함이 없이 그저 조국 방위 거부를 선언만 하고 만다면 그러한 선언은 실제로 공문구가 되어버린다.

조국 방위 거부를 진정으로 받아들이고 실제로 실현해야 할 중대한 정치적 슬로건으로 삼으려 한다면, 그것이 실로 무엇을 의미하는지 주의 깊게 생각해보아야 한다.

첫째, 우리는 모든 교전국과 전쟁 위협에 놓여 있는 모든 나라의 프롤레타리아와 피착취자에게 조국 방위를 거부할 것을 호소한다. 우리는 전쟁 중인 몇몇 나라의 경험을 통해, 이 전쟁에서 조국 방위를 거부하는 것이 현실에서 무엇을 의미하는가를 이제 명확히 알고 있다. 그것은 현대 부르주아 사회의 모든 기초를 부정하는 것이다. 단지 이론상으로나 단순히 '일반적'으로가 아니라, 실질적이며 직접적이고 즉각적으로 현대 사회 체제를 그 뿌리에서부터 파괴해 들어가는 것을 의미한다. 그렇다면 다음과 같은 경우에만 조국 방위 거부가 성취될 수 있다는 것이 분명하지 않은가? 자본주의는 이미 사회주의로 전화할 수 있을 만큼 충분히 성숙했다는 확고한 이론적 확신을 넘어서, 그러한 전화, 즉 사회주의 혁명을 우리가 실질적이고 직접적이고 즉각적으로 수행할 것을 받아들일 때에만 그런 부정과 파괴를 실현할 수 있다는 것이 분명하지 않은가?

그러나 조국 방위 거부에 대한 논의에서 이것은 거의 항상 묻혀버린다. 기껏해야 자본주의가 사회주의로 전화할 만큼 성숙했다는 사실을 '이론적'으로 인정하는 것이 고작이다. 직접적으로 임박해 있는 사회주의 혁명의 정신으로 당장 당 활동의 모든 측면을 근본적으로 바꿔내는 것, 이것을 회피하고 있는 것이다!

인민은 그러한 것을 할 준비가 되어 있지 않다는 것이다!

그러나 이 말은 턱없이 앞뒤가 맞지 않는다. 이것인가, 저것인가. 어느 쪽인가. 우리는 조국 방위를 즉각 거부한다고 선언할 필요가 없는 것인가. 그럴 필요가 없는 게 아니라면 우리는 직접적인 사회주의 혁명을 위한 체계적인 선전을 즉각 전개해야(또는 전개하기 시작해야) 하는 것이 아닌가. 어느 쪽인가. 물론 어떤 의미에서 '인민'은 조국 방위를 거부하는 것도, 사회주의 혁명을 받아들이는 것도, 그 어느 것도 할 '준비가 되어 있지 않'다. 그러나 그렇다고 해서 인민을 체계적으로 준비시키는 데 착수하는 것을 2년——2년이다!——이나 연기하고 지체할 권리가 우리에게 있는 것은 아니다!

둘째, 조국 방위와 국내 평화(계급휴전) 정책에 무엇이 대치(對置)되고 있는가? 전쟁에 대한 혁명적 투쟁이다. 즉 1915년의 아라우 당 대회의 결의에서 승인된 바, '혁명적 대중행동'이 그것이다. 이것은 의심할 바 없이 매우 훌륭한 결의지만, 그러나…… 이 대회 이래 당의 기록은, 당의 현실 정책은 그것이 서류상의 결정으로 남아 있다는 것을 보여준다.

혁명적 대중투쟁의 **목표**는 무엇인가? 당의 공식적인 입장

표명도 없고, 그 문제에 대해 전반적인 토론도 되고 있지 않다. '사회주의'가 목표라는 것을 당연시하거나, 아니면 솔직하게 승인하거나, 둘 중 하나면 된다는 식이다. 그냥, 자본주의(또는 제국주의)에 사회주의가 대치되고 있다.

그러나 이것은 이론적으로 완전히 비논리적이고, 실천적의미도 전혀 없다. 비논리적이라 함은 너무 일반적이고 너무 막연하기 때문이다. 목표로서의 '사회주의' 일반, 자본주의(또는제국주의)의 대립물로서의 사회주의 일반이라면 이제는 카우츠키 일파와 사회배외주의자들뿐만 아니라 많은 부르주아 사회정책가들도 인정하고 있다. 그러나 지금 문제는 두 사회제도의비교가 아니라, 구체적인 해악에 반대하는, 즉 현재의 물가폭등이나 현재의 전쟁 위험, 또는 현재의 전쟁에 반대하는 구체적인 '혁명적 대중투쟁'의 구체적인 목표를 정식화하는 것이다.

1889년부터 1914년까지의 전 기간을 통하여 제2인터내셔널은 자본주의에 사회주의 일반을 대치시켰는데, 바로 이 너무 일반적인 '일반화'가 그것을 파산에 이르게 했다. 제2인터내셔널은 자기 시대 특유의 해악을 무시했는데, 이를 프리드리히엥겔스는 거의 30년 전인 1887년 1월 10일에 다음과 같은 말로 특징지었다.

"어떤 소부르주아 사회주의는 다름 아닌 사회민주당 속에서, 심지어 사회민주당 의원단 속에서도 자신의 대변자를 발견한다. 이것은 다음과 같은 방식으로 이루어진다. 현대 사회주의의 기본 견해와 모든 생산수단의 사회적 소유로의 전화 요구는 정당한 것으로 인정되는 반면에, 그것의 실현은 오직 먼 미래, 모든 실제적 목적을 위해서 시야에서 잊혀져버린 미래에나 가능하다고 선언된다. 그리하여 현재로선 한낱 사회적 짜깁기식 개량에 의지할 수밖에 없다."(「주택 문제」, 서문)[1]

'혁명적 대중투쟁'의 구체적인 목표가 될 수 있는 것은 오직 사회주의 혁명의 구체적인 방책뿐이며 '사회주의' 일반은 아니다. 네덜란드 동지들은 자신들의 강령(《국제사회주의자위원회 회보》 3호, 베른, 1916년 2월 29일)에서 이 구체적 방책들을 정확히 규정한 바 있다. 국가채무 무효화, 은행과 대기업 몰수. 이렇게 철저히 구체적인 방책들을 당의 공식적인 결의 속에 채택하여, 집회에서의 일상적 당 선전에서, 의회 연설에서, 입법 제안에서 가장 대중적인 형식으로 체계적으로 설명하자고 제의했을 때 우리가 받은 답변은 인민은 아직 이에 대한 준비가 되어 있지 않다는 등의 똑같은 대답, 시간만 끌고 둘러대기 위해 궤변으로 점철된 대답이었다.

그러나 문제의 핵심은 인민을 준비시키는 일에 지금 바로 착수하는 것, 그리고 이 일을 확고히 고수해야 한다는 것이다!

세 번째, 당은 혁명적 대중투쟁을 '승인'했다. 훌륭하다. 그러나 그것을 수행할 능력이 당에 있는가? 당은 그에 필요한 준

---

[1]   마르크스·엥겔스, 『선집』, 1권, 모스크바, 1962년, 549~50쪽 참조.—원서 편집자

비를 하고 있는가? 당은 이런 문제들을 연구하고, 필요한 자료를 수집하고, 그에 걸맞은 기구와 조직을 설치하고 있는가? 인민 속에서, 인민과 함께 이 문제를 토론하고 있는가?

이런 것들이 아무것도 없다! 당은 낡은 궤도, 즉 철저히 의회주의적인, 철저히 노동조합주의적인, 철저히 개량주의적인, 철저히 합법주의적인 궤도에 완강히 매달리고 있다. 분명하게도 당에는 여전히 혁명적 대중투쟁을 촉진하고 이끌 능력이 없다. 명백하게도 당은 이러한 것에 대한 그 어떤 준비도 하고 있지 않다. 과거의 관행이 지배하고 있고, '새로운' 말(조국 방위 거부, 혁명적 대중행동)은 그냥 말로 남아 있을 뿐이다! 그런데도 좌파는 그것을 깨닫고 있지 못하다. 그럼에도 이것을 의식하지 못하고 있는 좌파는 이 해악과 싸우기 위해 당 활동의 모든 분야에서 자신들의 힘을 체계적으로 끈기 있게 결집하려 하고 있지 않다.

예를 들어 전쟁 문제에 관한 R. 그림의 테제 가운데 다음과 같은 문구(마지막 문구)를 읽을 때 우리는 어깨를 움츠릴 수밖에 없다.

당의 기관들은 이 상황에서는(즉 전쟁의 위험이 있는 경우, 대규모 철도 파업을 호소하는 것 등) 노동조합 조직들과 함께 필요한 모든 조치를 취해야 한다.

이 테제는 여름에 발표된 것인데, 편집국원 슈네베르거(O. Schneeberger)와 뒤르(K. Dürr)의 연명으로 발행된《스위스 금속 노동자 신문*Schweizerische Metallarbeiter-Zeitung*》[2] 9월 16일 호에는 다음과 같은 글(나는 하마터면, 그림의 테제 또는 그의 경건한 소망에 대한 다음과 같은 공식 회답이라고 말할 뻔했다)이 실렸다.

'노동자에게는 조국이 없다'는 문구는 지금과 같은 때에 아주 천박한 문구가 아닐 수 없다. 지금이 어떤 상황인가. 전 유럽 노동자의 압도적 다수가 2년 동안 조국의 '적들'에 대항하는 전장에서 부르주아지와 어깨를 걸고 싸우고 있고, 고향에 남아 있는 사람들은 극심한 가난과 고통이 닥쳐도 '견뎌내'고자 애쓰고 있다. 이 모습이 안 보이는가. 외국의 공격을 받는다면 우리 스위스에서도 같은 모습을 보게 될 것이라는 데 의심의 여지가 없다!!!

한편에서는 "노동조합 조직들과 함께" 혁명적 대중파업을 호소할 것을 당에 촉구하는 결의안을 제출하면서, 다른 한편에서는 당내 및 노동조합 내부의 그뤼틀리적인, 즉 사회애국주의적이고 개량주의적이고 철저하게 합법주의적인 **경향** 및 그 지지자들에 대항해서 어떠한 투쟁도 수행하지 않을 때, 이것

2　주간 신문으로 1902년 베른에서 창간됐다. 1차 세계대전 동안에 사회배외주의적 입장을 취했다.—원서 편집자

이 '카우츠키주의적' 정책이 아니라면 무엇인가? 무력한 공문구와 좌익적 호언장담과 기회주의적 실천의 정책이 아니고 무엇이란 말인가?

O. 슈네베르거(Schneeberger), K. 뒤르(Dürr), P. 플뤼거(Pflüger), 그로일리히, 후버 같은 '지도자'격인 동지들과 그 밖의 많은 사람들은 R. 그림이 그토록 '용감하게' 폭로하고 질타한——단, 스위스인이 아니라 (독일에서) 독일인의 일이 문제가 되고 있을 때의 폭로와 질타지만——정책과 똑같은 사회애국주의적인 견해를 가지고 있고 똑같은 사회애국주의적인 정책을 실행하고 있다. 우리가 그 사실을 매일 대중에게 말하고 증명해야 함에도 그렇게 하고 있지 못하다면, 우리는 대중을 '교육'시키고 있는 것인가, 아니면 부패시키고 타락시키고 있는 것인가? 외국인의 일은 욕하고 꾸짖지만 '자국'의 '동포'는 감싸주는 것……. 그것이 '국제주의적'인가? 그것이 '민주주의적'인가?

다음은 스위스 노동자들의 처지와 스위스 사회주의의 위기, 사회주의 당 내의 그뤼틀리적 정책의 본질을 그로일리히가 묘사하는 방식이다.

생활수준은 미미하게, 그것도 프롤레타리아트의 상층부에서만(잘 들어! 잘 들으라고!) 상승했다. 노동자 대중은 계속 곤궁 속에서 살고 있고, 불안과 결핍으로 고통받고 있다. 그 때문에 이제까지 걸어온 길이 올바른가 하는 의문이 문득문득 생긴다. 비판자들은 새로운 길을 찾고 있으며, 보다 단호한 행동에 특별히 희망을 걸고 있다. 이러한 방향으로 노력들을 쏟고 있지만, 대개(?)는 실패하고(??), 그래서 과거의 전술로 돌아가자는 주장이 커진다(이것도 소망이 사상의 아버지가 되고 있는 경우인가?). …… 그리고 이제는 세계 대전이다. …… 생활수준의 극심한 하락은, 과거에는 아직 참을 만한 상태에 있었던 계층까지 철저하게 궁핍화하여 혁명적 정서가 퍼져나가고 있다(잘 들어! 잘 들으라고!). 사실, 당 지도부는 자기 앞에 놓인 임무를 감당하지 못해왔고, 조급한 분자들(??)의 영향력에 너무 자주 끌려 다닌다(??). …… 그뤼틀리 동맹 중앙위원회는 '실제적 민족 정책' 수행이 맡겨져 있는데, 그것을 당 밖에서 실행해야겠다고 생각하고 있다. …… 왜 그뤼틀리 동맹 중앙위원회는 그것을 당내에서 추진하지 않는 것인가?(잘 들어! 잘 들으라고!) 왜 초급진파와의 투쟁을 거의 항상 나에게만 맡기는 것인가?(「괴팅엔 그뤼틀리 동맹에게 보내는 공개 문서」, 1916년 9월 26일)

그로일리히는 이렇게 말하고 있다. 따라서 몇몇 "음험한 외국인"이 (당내의 그뤼틀리 파가 은밀히 생각하고 있고 출판물에 슬쩍 내비치는 동안, 당 밖의 그뤼틀리 파는 그토록 공공연하게 떠들어대고 있듯이) 개인적으로 참을 수 없었던 나머지, 자신들이 "외국의 안경"을 통해 바라보고 있던 노동운동 속으로 혁명적 정신을 주입하려고 시도한, 그런 문제가 전혀 아니다. 아니, 노동자들의 상층부만이 현재 다소 상태가 개선된 반면 대중은 궁핍의 수렁 속에 빠져 있다고, 그리고 가증스런 외국인 "교사자" 때문이 아니라 "생활수준의 극심한 하락" 때문에 "혁명적 정서가 퍼져 나가고 있다"고 우리에게 말해주고 있는 것은 다른 사람 아닌 헤르만 그로일리히——그의 정치적 역할은 바로 작은 민주공화국의 부르주아 노동부장관 역할이다——자신이다.

그래서?

그래서, 우리가 다음과 같이 말한다면, 무조건 옳을 것이다.

스위스 인민은 한 주 한 주 갈수록 결핍과 부족으로 고통받게 될 것이고, 제국주의 전쟁에 휩말려 들어갈 위험, 즉 자본가의 이익을 위해 살육당할 위험에 나날이 가까이 다가서게 될 것이다. 그렇지 않으면 자국 프롤레타리아트의 가장 우수한 부위의 충고를 따라 자신들의 모든 힘을 결집하여 사회주의 혁명을 수행하든가. 둘 중의 하나다.

사회주의 혁명이라고? 공상이다! '실제로는 언제인지 보이지도 않는 먼 미래'에나 가능한 일이다!

사회주의 혁명은, 현 전쟁에서 조국 방위의 거부나, 현 전쟁에 반대하는 혁명적 대중투쟁이 공상이 아닌 것과 마찬가지로 공상이 아니다. 자기 말에 귀가 멍멍해져서도, 남의 말에 놀라서도 안 된다. 거의 모두가 전쟁에 반대하는 혁명적 투쟁을 받아들일 준비가 되어 있다. 그러나 혁명에 의해 전쟁을 종식시키는 임무가 얼마나 거대한 것인지 눈앞에 그려보아야만 한다! 아니다. 이것은 공상이 아니다. 혁명은 모든 나라에서 성숙하고 있고, 이제 문제는 평온 속에서, 견딜 만한 상태 속에서 계속 살 것인가 아니면 어떤 무모한 모험에 뛰어들 것인가가 아니다. 그와 반대로 문제는 계속 궁핍으로 고통받으며 영문도 모르고 남의 이익을 위해 싸우는 살육제 속으로 던져질 것인가, 아니면 사회주의를 위해, 인류의 10분의 9의 이익을 위해 위대한 희생을 치를 것인가다.

'사회주의 혁명은 공상이다!'라는 말이 들린다. 스위스 인민은 다행히 '별도의' 또는 '독자적인' 국어가 없고, 인접 교전국들의 세계어 3개를 쓴다. 그래서 스위스 인민이 이들 나라에서 전개되고 있는 일들에 대해 그렇게 잘 알고 있는 것은 놀랄일이 아니다. 독일에서는 하나의 중심으로부터 6,600만 명의 경제생활을 지도하는 단계에까지 이르렀다. 이 하나의 중심으로부터 6,600만 명의 나라의 국민경제가 조직되고 있다. '상층의 3만 명'이 수십억의 전쟁 이윤을 착복할 수 있게 하기 위하여, 나라의 이 '가장 훌륭하고 가장 고귀한' 대표자들의 풍요를 위해 수백만 명이 도살당하기 위하여 절대 다수 인민에게 거대한 희생이 요구된다. 이러한 사실들과 이러한 경험을 맞닥뜨린 상황에서도 사회주의 혁명이 공상일까? 군주제도 융커도 없고 자본주의 발달 수준도 매우 높고 아마도 다른 어느 자본주의 나라보다도 각종 조합으로 잘 조직되어 있는 한 소국의 인민들이, 기아와 전쟁의 위험으로부터 자신을 구하고자 이미 독일에서 실제로 시험된 것과 똑같은 것을 할 것이라고 믿는 것이 '공상'인가? 물론, 독일에서는 소수를 풍요롭게 하고, 바그다드로 가는 길을 열고 발칸반도를 정복하기 위해 수백만 명이 죽임을 당하거나 불구가 되는 데 비해 스위스에서는 최대치로 잡아 3만 명의 부르주아를 수탈하는 것이 문제라는, 즉 이들에게 사형을 언도하는 것이 아니라 기아와 전쟁 위험을 막기 위해 이들의 소득 중 6천 내지 1만 프랑'만'을 받게 하고 나머지는 사회주의 노동자 정부에게 납부하게 하는 '끔찍한 운명'을 언도하는 것이 문제라는 차이가 있기는 하지만 말이다.

그러나 대국들은 결코 사회주의 스위스를 용납하지 않을 것이고, 바로 처음부터 사회주의 혁명을 분쇄하기 위해 그들의 압도적으로 우세한 힘을 사용할 것이다!

다음과 같은 두 가지의 경우라면 틀림없이 그렇게 될 것이다. 첫째로 스위스에서 혁명의 시작이 인접국들에서 계급적 연대운동을 일으키지 않을 경우. 둘째로 이들 대국이 가장 인내심 많은 민족들의 인내심을 실제로 고갈시키는 '소모전'에 매이게 되지 않을 경우. 현 상황에서라면, 상호 적대적인 대국들에 의한 군사적 개입은 전 유럽에 걸쳐 타오르고 있는 혁명의 서곡 이외에 다른 것일 수가 없을 것이다.

혹시 여러분은 내가 너무 순진해서 사회주의 혁명 같은 문제를 '설득'으로 해결할 수 있다고 믿는다고 생각하는가?

그렇지 않다. 나는 단지 **예를** 들어 **설명**하고자 하는 것일 뿐이며, 그것도 그저 하나의 **부분적인** 문제만을, 즉 우리가 마땅히 기울여야 할 모든 진지함을 가지고 **조국 방위의 거부**라는 문제에 접근하길 원한다면 일체의 당 선전에서 일어나지 않으면 안 되는 변화를, 예로써 설명하고자 하는 것일 뿐이다. 이것은 단지 예증일 뿐이고, 단지 하나의 부분적인 문제에 관한 것일 뿐이다. 그 이상을 주장하는 것이 아니다.

사회주의 혁명을 위한 즉각적인 투쟁이 우리가 개량을 위한 투쟁을 방기할 수 있거나 방기해야 한다는 뜻이라고 믿는다면, 그것은 전적으로 잘못된 생각이다. 절대 아니다. 우리는 우리가 얼마나 빨리 성공할 것인지, 객관적 조건이 얼마나 빨리 이 혁명의 발발을 가능케 할 것인지 미리 알 수 없다. 우리는 모든 개선, 대중의 처지를 바꾸는 모든 실질적인 경제적·정치적 개선을 마땅히 지지해야 한다. 우리와 개량주의자들(스위스의 그뤼틀리 파)의 차이가 그들은 개량을 찬성하는 데 반해 우리는 개량을 반대한다는 것인가? 아니다. 전혀 아니다. 그들은 개량에 자신을 가두며, 그 결과 허리를 굽혀──《스위스 금속노동자신문》(40호)에 기고한 어떤 (희귀한!) 혁명적 필자의 적확한 표현을 빌리면──"자본주의의 간호병" 역할을 구걸하고 있다. 우리는 노동자들에게 다음과 같이 말한다. 비례대표제 등에 찬성 투표를 하시오. 그러나 거기서 멈추지 마시오. 즉각적인 사회주의 혁명이라는 생각을 체계적으로 보급하고, 이 혁명을 준비하고 거기에 맞춰 당 활동의 모든 영역을 근본적으로 개조하는 것을 여러분의 가장 으뜸가는 임무로 삼으시오. 부르 주아 민주주의의 조건들은 매우 자주 우리에게, 수많은 사소 하고 하찮은 개량들에 대해 어떤 입장을 취할 것을 강요한다. 그러나 우리는 이 개량에 대해——명료함을 위해 문제를 과도 하게 단순화시킨다면——매 30분 연설 중 5분은 개량에, 25분 은 다가오는 혁명에 할애한다는 식의 입장을 취할 수 있어야 하며, 그렇게 하는 것을 배워야 한다.

많은 희생을 치러야만 하는 힘든 혁명적 대중투쟁이 없이 는 사회주의 혁명은 불가능하다. 그러나 혁명적 대중투쟁과 전 쟁의 즉각적 종결 열망을 받아들이면서도 즉각적인 사회주의 혁명은 거부한다면, 우리는 자기모순에 빠질 것이다! 후자 없 는 전자는 아무것도 아니며 공허한 소리다.

힘든 당내 투쟁 또한 피할 수 없다. 스위스 사회민주당에서 '내부 평화'가 계속 유지될 수 있으리라고 상상한다면, 그것은 순전히 가장이고 위선이며 '타조처럼 모래에 머리를 처박고 숨 는' 속물적인 정책이다. 지금 문제는 '당내 평화'냐 '당내 투쟁' 이냐를 선택하는 것이 아니다. 이와 같은 가정이 왜 철저한 오 류인지는 앞에서 언급한 헤르만 그로일리히의 공개 문서를 읽 어보고, 지난 몇 년간 당에서 진행된 사태 전개를 검토해보는 것만으로 충분히 알 수 있다.

실제 선택의 문제는 이런 것이다. 대중을 퇴락시키는 작용을 하고 있는 현재의 은폐된 형태의 당내 투쟁인가, 아니면 국제주의적·혁명적 경향과 당 내외의 그뤼틀리적 경향 간의 공공연하고 원칙 있는 투쟁인가.

여기에 이른바 '당내 투쟁'이 있다. 이 '당내 투쟁' 속에서는 헤르만 그로일리히가 "초급진파" 또는 "조급한 분자들"을, 이들 괴물의 이름도 대지 않고, 이들의 정책을 정확히 규정하지도 않은 채 공격하고 있다. 그리고 이 '당내 투쟁' 속에서는 R. 그림이 백 명 당 한 명의 독자만 이해할 수 있는 잔뜩 암시로 가득 찬 《베르너 타그바흐트》의 기사들을 발표하고 있다. 또 "외국의 안경"을 통해 사태를 보고 있는 자들을, 또는 그림이 볼 때 그토록 짜증스런 결의 초안에 "실제로 책임 있는" 자들을 겨누어 그림이 비난글을 발표하고 있는 것도 이 '당내 투쟁'이다. 이런 종류의 당내 투쟁은 대중을 **퇴락시킨다**. 대중은 그러한 당내 투쟁을 '지도자들 간의 언쟁'이라고 보거나 추측하거나 할 뿐, 그것이 실제로 무엇에 관한 것인지는 이해하지 못한다.

그러나 그뤼틀리 파와 좌파, 이 양대 경향 모두가 어디서나 자신들의 독자적인 견해와 정책을 제출함에 따라 당 내부의 그뤼틀리 적 경향——당 외부의 그뤼틀리적 경향보다 훨씬 더 중요하고 위험한——이 좌파와 공공연하게 싸우지 않을 수 없게 되는 사태가 벌어질 것이다. 이 싸움은 서로의 원칙의 문제를 둘러싼 투쟁이 될 것이며, 따라서 단지 '지도자들'만이 아닌, 당원 동지 대중에게도 근본문제 해결에 나서도록 할 것이다. 이러한 투쟁이 필요할 뿐만 아니라 유익한 것은, 자신의 세계사적으로 획기적인 혁명적 사명을 수행할 자립성과 능력을 대중 속에서 단련시키기 때문이다.

│ 1916년 12월에 독일어로 집필

1931년에 『레닌 잡록집』 17권에 처음으로 발표

조국 방위 문제에 대하여

부르주아지와 노동운동 내 부르주아지의 지지자들인 그뤼틀리 파는 보통 문제를 이렇게 제기한다.

조국 방위 의무를 원칙적으로 인정하든가, 아니면 자국을 무방위(無防衛)로 방치하든가.

이런 식의 문제 설정은 근본적으로 틀렸다.

현실에서 문제는 다음과 같이 설정된다.

제국주의적 부르주아지의 이익을 위해 죽음을 당하는 것을 감수할 것인가, 아니면 보다 적은 희생으로 전쟁과 물가폭등에 종지부를 찍기 위해, 대다수 피착취자와 우리 자신에게 은행을 몰수하고 부르주아지를 수탈하기 위한 체계적인 준비를 시킬 것인가.

* * *

전자로 문제 설정을 하는 것은 온전히 부르주아적인 것이지 사회주의적인 것이 아니다. 그것은 우리가 제국주의 시대에 살고 있고, 지금의 전쟁은 제국주의 전쟁이라는 사실을 전혀 고려

하지 않고 있다. 또 스위스는 분명 이 전쟁에서 제국주의에 반대하는 편이 아니라 제국주의 양대 연합의 어느 한편에 설 것이라는 사실, 사실상 양대 강도국 진영의 어느 한쪽의 공모자가 될 것이라는 사실을, 그리고 스위스 부르주아지는 이미 오래전부터 수천 가닥의 실로 제국주의적 이익과 연결되어 있다는 사실을 무시하고 있다. 이 제국주의적 이익이 대은행끼리의 내부적 관계와 '상호 참여'의 망을 통해 자본 수출로 실현되고 있는 것이든, 백만장자 외국인들의 애용으로 번창하는 관광 사업을 통한 것이든, 권리를 갖지 못한 외국인 노동자를 파렴치하게 착취해서 얻은 것이든 관계 없이 말이다.

한마디로 사회주의의 모든 기본적 명제, 모든 사회주의적 개념은 잊혀지고, 강도적인 제국주의 전쟁이 미화되고 있는 것이다. '자'국 부르주아지가 무고한 어린 양으로, 오늘날 스위스의 철면피한 은행 총재들이 영웅 빌헬름 텔로 그려지고 있으며, 스위스 은행과 외국 은행 사이, 스위스 외교관과 외국 외교관 사이의 비밀협정에 대해서는 모두가 철저히 눈을 감고 있다. 이 믿기 힘들 정도로 대량으로 쏟아져나오는 부르주아적 거짓말 전체가 인민을 마취시키려고 의도된, 저 듣기 좋은, '인민적인' '조국 방위!'라는 문구로 은폐되고 있는 것이다.

| 1916년 12월에 독일어로 집필
1929년 8월 1일에 《프라우다Pravda》 174호에 처음으로 발표

청년 인터내셔널

보고

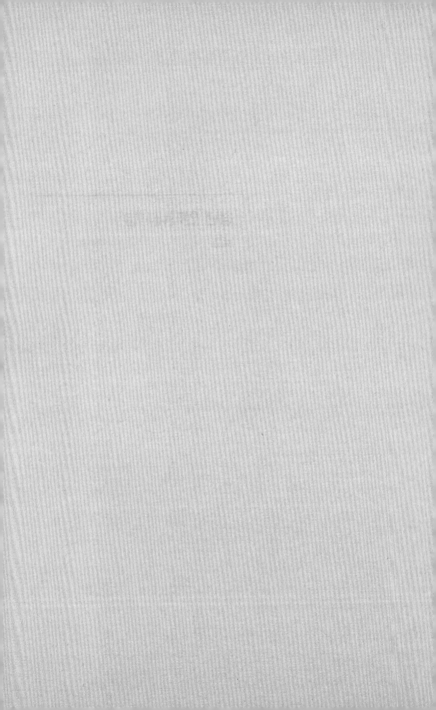

'청년 인터내셔널'이라는 제목을 단 독일어 출판물이 1915년 9월 1일부터 스위스에서 발행되고 있다. '사회주의청년조직국제연합의 전투적 선전 기관지'라는 부제가 붙어 있으며, 지금까지 전부 여섯 호가 나왔다. 이 잡지는 우리의 주의를 끌 만한 장점을 지니고 있어, 외국의 사회민주당들이나 청년 조직들과 접촉할 기회가 있는 우리 당의 모든 당원들에게 강력히 권하고자 한다.

대부분의 유럽 공식 사회민주당들은 가장 추악하고 가장 비열한 사회배외주의·기회주의 입장을 취하고 있다. 독일 당과 프랑스 당, 영국의 페비언 협회와 노동당, 스웨덴 당, 네덜란드 당(트룰스트라(Troelstra) 당), 덴마크 당, 오스트리아 당 등이 여기에 해당한다. 스위스 당은 지금 무당파의 '그뤼틀리 동맹'으로 조직되어 있는 극단적인 기회주의자들은 분립(노동운동을 위해서는 아주 고마운 일이다)했지만, 많은 수의 기회주의적·사회배외주의적 지도자와 카우츠키 파 지도자 들은 여전히 사회민주당 내에 남아서 당 사업에 절대적인 영향을 미치고 있다.

유럽의 이런 사정으로 인해 사회주의청년조직연합에는 제국주의적 부르주아지의 편으로 넘어가버린 주류 기회주의에 맞서서 진정한 사회주의와 혁명적 국제주의를 위해 싸우는 거대하고 보람 있지만 그만큼 어려운 임무가 부여되었다. 《청년 인터내셔널》에는 혁명적 국제주의를 옹호하는 좋은 글들이 많이 게재되어왔고, 그 지면 전체에는 이 전쟁에서 '조국 방위'를 주창하는 사회주의 배반자들에 대한 강렬한 증오와, 국제 노동운동에서 그것을 좀먹는 배외주의와 기회주의의 영향력을 쓸어버리고자 하는 진지한 열망이 곳곳에 배어 있다.

물론 청년들의 이 기관지는 아직 이론적 명료함과 견고함을 갖추고 있지 못하다. 어쩌면 그것은 펄펄 끓고 요동치는, 탐구하는 청년의 기관지라는 이유로 인해 결코 이론적 명료함과 견고함을 얻지 못할지도 모른다. 그러나 그런 이들이 이론적 명료함을 갖고 있지 못한 것에 대한 우리의 태도는, 우리나라의 '조직위원회파', '사회주의혁명가당', 톨스토이주의자, 아나키스트, 유럽의 카우츠키 파(중앙파) 등의 머릿속의 이론적 뒤죽박죽과 가슴속의 혁명적 견고함의 결여에 대해 우리가 취할——그리고 마땅히 취해야 할——태도와는 완전히 다른 것이어야 한다. 프롤레타리아트를 지도하고 가르칠 권리를 스스로 주장하는, 그러나 실제로는 프롤레타리아트를 오도하는 성인들, 이런 사람들에 대해서는 **가차 없는** 투쟁을 벌여야 한다. 그러나 **청년** 조직, 즉 자신들은 아직 배우고 있는 중이고, 자신들의 주된 임무는 사회주의 당의 일꾼을 양성하는 것이라고 공공연하게 공언하고 있는 청년 조직들의 경우는 다른 문제다. 그와 같은 사람들은 모든 지원을 받아야 한다. 우리는 그들의 오류에 대해 인내심을 가져야 하며, 그들과의 투쟁이 아닌, 주로 설득에 의해 그들의 오류를 점차적으로 교정해 나가고자 노력해야 한다. 중년 및 노년층의 대표자들이 청년들에게 어떻게 접근해야 할지 모르는 것은 흔히 있는 일인데, 이는 청년들이 필히 그들의 부모들과는 다른 길로, 다른 통로에 의해, 다른 형태로, 다른 환경 속에서 사회주의로 다가올 수밖에 없기 때문이다. 따라서 우리는 각별히 청년 단체의 조직상의 자주성을 무

I 러시아의 소부르주아 당으로, 1901년 말에서 1902년 초에 각종 나로드니키 그룹과 서클 들이 통합하여 결성했다. 사회주의혁명가당은 프롤레타리아트와 소(小)소유자 사이의 계급적 차이를 깨닫지 못하여 농민층 내부의 계급 분화와 모순을 얼버무리고 혁명에서 프롤레타리아트의 지도적 역할을 부정했다. 사회주의혁명가당의 견해는 나로드니키 사상과 수정주의 사상의 절충적 혼합에 바탕을 둔 것이다. 볼셰비키 당은 사회주의자로 가장하려는 그들의 시도를 폭로했고, 농민층에 대한 영향력을 놓고 그들과의 단호한 투쟁을 수행하여 그들의 개인 테러 전술이 노동계급 운동에 미치는 위험성을 드러내 보였다.
사회주의혁명가당이 기반하고 있는 농민층은 동질적인 계급이 아니라는 사실이 그들의 정치적·이데올로기적 불안정성과 조직상의 분산성, 자유주의적 부르주아지와 프롤레타리아트 사이에서의 끊임없는 동요를 만들어냈다. 일찍이 1차 러시아 혁명(1905~7년) 당시 사회주의혁명가당의 우파가 떨어져나가 합법 조직인 근로인민사회당을 결성했다(이 당의 견해는 카데츠 당의 견해에 가까웠다). 사회주의혁명가당의 다수파는 1차 세계대전 중에 사회배외주의적 입장을 취했다.—원서 편집자

조건적으로 지지하지 않으면 안 되는데, 그것은 기회주의자들이 이 자주성을 두려워해서만이 아니라, 사안의 성격 자체 때문이다. 즉 청년의 완전한 자주성 없이는 그들을 훌륭한 사회주의자로 다듬어내는 것도, 사회주의를 전진시킬 준비를 하게 하는 것도 가능하지 않을 것이기 때문이다.

우리는 한편으로는 청년 단체의 완전한 자주성을, 다른 한편으로는 그들의 오류에 대한 동지적 비판의 완전한 자유를 옹호한다! 우리는 청년에게 아첨해서는 안 된다.

이 훌륭한 잡지에서 주의해서 봐야 할 오류는 우선 다음과 같은 세 가지 점이다.

(1)군비철폐(또는 '무장해제') 문제에 관한 그릇된 입장인데, 이에 대해서는 이전 글[2]에서 비판한 바 있다. 이 오류는 "군국주의의 완전한 절멸"(이것은 완전히 옳다)에 힘쓸 필요를 강조하고자 하는 바람직한 지향에서 나온 것이라고 볼 수 있는 충분한 근거가 있다. 그러나 사회주의 혁명에서 내란의 역할이 망각되어선 안 된다.

(2)국가에 대한 사회주의자와 아나키스트 간에 태도의 차이 문제인데, 이 문제에 관한 노타-베네(Nota-Bene)[3] 동지의 글(6호)은 특히 심각한 오류에 빠져들고 있다(그는 또 그 밖의 몇몇 문제에서도 같은 오류에 빠져들고 있는데, 예를 들어 '조국 방위' 슬로건에 우리가

2   레닌 주 「'군비철폐' 슬로건에 대하여」(이 책에 수록—편집자) 참조.
3   부하린이 사용한 필명이다.—원서 편집자

반대하여 싸우는 이유의 문제에서도). 필자 노타-베네 동지는 "국가 일반에 대한 명확한 상(像)"을 (제국주의 강도 국가에 대한 상과 함께) 제시하고 싶어한다. 그는 마르크스와 엥겔스의 몇몇 진술을 인용하여 주로 다음과 같은 두 가지 결론을 끌어내고 있다.

(a) "사회주의자와 아나키스트 사이의 차이를 전자는 국가의 지지자고 후자는 반대자라는 점에서 찾는 것은 완전히 잘못됐다. 진정한 차이는 다음과 같은 점에 있다. 혁명적 사회민주주의는 집중화된 생산, 즉 기술적으로 가장 진보한 생산으로서의 새로운 사회적 생산을 조직하고자 하는 데 반해, 분산된 무정부주의적 생산은 낡은 기술, 낡은 기업 형태로의 후퇴를 의미할 뿐이라는 것이다." 이 생각은 틀렸다. 필자는 국가에 대한 사회주의자와 아나키스트 간에 태도의 차이 문제를 제기하지만, 그가 답하고 있는 것은 이 문제가 아니라, 또 다른 문제, 즉 미래 사회의 경제적 기초에 대한 양자의 태도 차이 문제다. 물론 이것은 아주 중요하고 필요한 문제다. 그러나 그것이 국가에 대한 양자의 태도 차이라는 주요 쟁점을 무시할 이유는 되지 못한다. 사회주의자는 노동자계급의 해방을 위한 투쟁에서 현 국가와 그 제도들을 이용하는 것에 찬성하며, 그런 맥락에서 또한 자본주의에서 사회주의로의 이행의 고유한 형태로서 국가를 이용할 필요를 주장한다. 이 과도적 형태가 프롤레타리아트 독재로, 그것 또한 국가다.

아나키스트는 국가를 '폐지'하고, "폭파"하길 원한다(노타-

베네 동지가 어느 구절에선가 이 '폭파'라는 표현을 썼다. 그런데 그는 이 그릇된 견해를 사회주의자의 견해로 소개하고 있는데 이는 명백한 오류다).
사회주의자는 부르주아지의 수탈 後에 국가가 '고사(枯死)'할
것이라고, 점차 '잠들' 것이라고 보고 있다(불행히도 필자는 이 점
에 관한 엥겔스의 말들을 불완전한 형태로 인용하고 있다).

(b) "대중의 교육자이고 적어도 그래야만 하는 사회민주주
의로서는 지금 그 어느 때보다도 더 국가에 대한 자신의 원칙
적 적대를 강조하는 것이 필요하다. …… 이 전쟁은 국가 의식
이 얼마나 깊이 노동자의 정신에 침투해 있는가를 보여주고 있
다"고 노타-베네 동지는 쓰고 있다. 국가에 대한 우리의 "원칙
적 적대"를 "강조하기" 위하여 우리는 정말이지 국가를 '명료
하게' 이해하지 않으면 안 되는데, 우리의 필자가 결여하고 있
는 것이 바로 이 명료함이다. "국가 의식"이라는 그의 문구는
완전한 혼란 그 자체로서, 비(非)마르크스주의적이고 비사회주
의적이다. "국가 의식"과 국가의 부정(否定)이 충돌하고 있는 것
이 아니라, 기회주의 정치(즉 국가에 대한 기회주의적·개량주의적·부
르주아적 태도)와 혁명적 사회민주주의 정치(즉 부르주아 국가에 대
한, 그리고 부르주아지를 타도하기 위해 부르주아지를 겨냥하여 부르주아
국가를 이용하는 것에 대한 혁명적 사회민주주의적 태도)가 충돌하고
있는 것이다. 이 둘은 전혀 다른 문제다. 우리는 이 매우 중요
한 주제를 별개의 글에서 다시 다루게 되기를 희망한다.4

(3) '서기국 초안'으로서 《청년 인터내셔널》 6호에 게재된 「사

회주의청년조직국제연합의 원칙 선언」에는 부정확한 점이 적지 않은 반면, 정작 **중요한** 점은 **빠져** 있다. 지금 모든 나라의 사회주의운동에서 쟁투를 벌이고 있는 3대 조류(사회배외주의, '중앙파', 좌파)의 대치에 관한 명확한 평가 말이다.

다시 한 번 말하자면, 이들 오류에 대해 논박하고 해명해야 한다. 동시에 우리는 청년 조직들과의 접촉점과 보다 긴밀한 관계를 수립하고 모든 방면에서 그들을 돕기 위해 전력을 다해야 하지만, 그들에게 접근하는 **정교한** 방식을 찾지 않으면 안 된다.

| 1916년 12월에《스보르니크 소치알 데모크라타》2호에 발표

4 레닌은 1916년 말과 1917년 초에 국가 문제를 집중적으로 조사하고 연구하는 데 많은 시간을 들였다. 그는 마르크스와 엥겔스의 저작을 비롯한 무수한 자료들을 검토했다. 그의 방대한 주석과 논평, 결론들이 '마르크스주의와 국가'라는 총론적인 표제를 단 유명한 노트(Blue Notebook)에 기록되어 있다. 1917년 2월 4일(17일)에 알렉산드라 콜론타이(Alexandra Kollontai)에게 보낸 편지에서 레닌은 다음과 같이 썼다. "지금 국가에 관한 마르크스주의적 입장에 대해 글을 쓰고 있는 중입니다(이미 거의 모든 자료가 준비되었습니다)." 레닌은 그 글을《스보르니크 소치알 데모크라타》4호에 실을 예정이었고, 집필 계획을 짜놓았던 것으로 보인다. 그러나 그때는 집필이 이뤄지지 않았다. 그 글을 위해 수집한 자료는 나중에, 1917년 여름에 쓴 저 유명한『국가와 혁명 *The State and Revolution*』(본 전집 72권에 수록―편집자)을 집필하는 기초 자료로 쓰였다.―원서 편집자

기회주의의 결백을
증명하려는 헛된 노력

파리의 《나셰 슬로보》는 차리즘에 봉사하고 있는 프랑스 정부에 의해 최근 발행 금지를 당하고서 국회의원 치혜이제의 "유감스러운" 역할에 분개했다(탄압의 구실은 마르세유에서 항명 폭동을 일으킨 러시아 병사들이 《나셰 슬로보》를 여러 부 갖고 있었다는 것이었다!). 치혜이제는 당국의 허락을 받아 캅카스의 공개 집회에서 연설하면서, 주민들에게 '소요'(상점 약탈 등을 동반한)를 일으키지 말고 협동조합 등을 만들라고 호소했다. "주지사, 연대장, 목사, 경찰서장의 비호 아래 준비된"(《나셰 슬로보》 3호) 자칭 사회민주주의자의 훌륭한 여행이었다.

마르토프는 이렇게 "치혜이제를 깨어나는 혁명적 정신을 꺼뜨리는 일종의('일종의'가 아니라, '모든 청산파'와 같은 종의') 소화기 역할로 그려내는" 것에 품위 있게 항의하기 위해 곧바로 분트 파의 《회보》에 글을 썼다. 마르토프의 치혜이제 변론은 사실과 원칙이라는 두 방면으로 진행된다.

그는 《나셰 슬로보》가 인용한 것은 캅카스의 흑백인조 신문이며, 치혜이제와 함께 집회에서 연설한 미콜라제는 퇴역 장교로서 "그 군(郡)에서는 이름이 알려진 급진적 사회활동가"
고, 성직자 훈다제는 "사회민주주주의 운동에 참가한 혐의로
1905년에 기소된"("잘 알다시피 그루지아의 사회민주주의운동에 농촌
의 성직자가 참가한 것은 아주 흔한 일이다"라고 마르토프는 덧붙인다) 사
람이라고 밝힘으로써 사실관계에 도전한다.

이것이 마르토프의 치헤이제 '변론'이다. 그런데 매우 허술
한 변론이다. 치헤이제가 성직자와 같은 연단에 선 사실이 흑
백인조 신문에 의해 보도된 것이라 하더라도 그것으로 사실관
계가 바뀌는 것은 아니며, 마르토프 자신도 그 사실이 있었다
는 것은 인정하고 있다.

훈다제가 "1905년에 기소"되었다는 것은 전혀 아무것도 증
명하지 않는데, 왜냐하면 가퐁과 알렉신스키도 당시에 '기소'
되었기 때문이다. 훈다제와 미콜라제는 **지금** 어떤 당에 적을
두고 있는가, 또는 어떤 당에 공명하고 있는가? 그들은 **조국 방
위론자**인가? 이것이야말로 마르토프가 확인했어야 했던 점들

I   청산파 또는 해당파는 1905~7년 러시아 혁명의 패배 뒤 멘셰비키 사이
에 퍼진 기회주의적 조류의 주도자들이다.
청산파는 비합법 혁명적 노동자계급 당의 해체를 요구했다. 그들은 노동
자들에게 차리즘에 반대하는 혁명적 투쟁을 포기하라고 권유했다. 또
혁명적 슬로건을 폐기하고 오직 차르 정부가 허락하는 합법 활동에만
참가하는 광범한 기회주의적 당을 설립하려고 했다. 레닌을 비롯한 볼
셰비카는 이러한 청산파에 의한 혁명의 배반을 쉼 없이 폭로했다. 청산
파의 정책은 노동자들의 지지를 받지 못했다. 러시아 사회민주노동당 프
라하 회의(1912년 1월)에서 청산파는 당에서 제명되었다.—원서 편집자

이다. 그가 진실을 찾고자 했고, 값싼 변호사 일을 하고자 한 게 아니라면 말이다. 우리의 출판물에서는 "그 군에서는 이름이 알려진 급진적 사회활동가"라고 하면, 보통 자유주의적 지주쯤을 의미한다.

마르토프는 《나셰 슬로보》가 "완전히 허위의 그림"을 제시했다고 소리침으로써 진실——그가 조금도 논박하지 못한——을 은폐하고 싶어한다.

그러나 이것이 주된 쟁점이 아니다. 이것은 서론일 뿐, 본론은 이제부터다. 마르토프는 사실관계에 의한 반박으로 치헤이제의 "유감스러운" 행동이라는 것을 뒤집지 못하자 원칙적인 변호로 이 "유감스러운" 행동을 확증했다.

마르토프는 이렇게 쓰고 있다. "치헤이제 동지(동지? 포트레소프 일파의 동지인가?)로서는, 캅카스 소요가 흑백인조의 영향하에 들어간 이상 그 소요의 반동적인 방향에 대해서만이 아니라, 일반적으로 말해서 반동파의 영향을 받지 않아도 파괴적인 형태(상점 약탈, 상인을 향한 폭행)를 취할 수 있는 인민의 불만에 대해서도 반대하지 않으면 안 된다고 생각했으리라는 데에는 여전히 의문의 여지가 없다." "여전히 의문의 여지가 없다"에 주목할 것!

마르토프는 나이팅게일 새처럼 이렇게 지저귄다(희대의 웅변가 변호인 마클라코프(V. Maklakov)라도 이보다는 잘하지 못했을 것이다). 대중은 "어찌할 바를 모르고 뿔뿔이 흩어져 망연자실해 있고, 거기다 자각도 부족하다." "이런 종류의 '폭동'은 목표에 이르는 길이 아니며, 결과적으로는 프롤레타리아의 이익이라는 관점에서 볼 때 해롭다." 한편으로는 "막 시작된 운동에 자연발생적인, 합목적적이지 않은 과도함이 동반되고 있다는 이유로 그 운동에 등을 돌리는 혁명당은 나쁜 당이다." 다른 한편으로는 "합목적적이지 않은 과도한 행동과 싸우려 하지 않는 것을 자신의 혁명적 의무라고 생각하는 당은 나쁜 당이다." "우리 러시아에서 …… 반전 투쟁의 조직적 캠페인이 아직 시작하지 않은(?) 한, 프롤레타리아트의 계급적으로 각성한 분자들이 뿔뿔이 흩어져 있음으로 인해 우리의 현 상태를 1904~5년과는 물론이고, 심지어 1914~5년과도 비교하는 것이 가능하지 않은(?) 한, 물가폭등 등의 결과로 타오르는 인민의 소요는 매우 중요한 징후이기는 하지만, 우리가 지향하는 운동의 원천이 직접(?) 될 수는 없다(?). 이들 소요 속에서 터져나오는 불만을 모든 조직적인 투쟁의 수로로 흐르게 하는 것만이 이들 소요를 합목적적으로 '이용'하는 것이 될 수 있다. 이러한 조직적인 투쟁이 없이는 대중이 혁명적 임무를 제기한다는 따위의 것은 전혀 가능하지 않다. 따라서 협동조합을 조직하고자, 물가를 잡기 위해 시 의회에 압력을 넣고자, 대중의 창의의 발전에 기초한 유사한 미봉책을 강구하고자 호소하는 것조차(!!) 야양 떠는 것보다는 더 혁명적이고(하하!) 더 풍성하다. …… 경솔한 투기는 '정말로 범죄'다."

이런 극악한 언사를 읽고서 평정을 유지하기란 어렵다. 분트 파의 편집국조차도 마르토프가 부정직한 행위를 하고 있는 것을 감지한 듯, "조만간 이 주제를 다시 다룰 것"이라는 모호한 약속을 덧붙이고 있다.

문제는 더할 나위 없이 분명하다. 치헤이제에 의해 문제가 된 소요의 형태가 그가 본 것처럼 합목적적이지 않았다고 일단 가정해보자. 분명한 것이지만, **합목적적이지 않은** 형태와 싸우는 것은 혁명가로서의 권리이자 의무다. 그런데 무엇을 위해? 합목적적인 **혁명적** 행동을 위해? 아니면 합목적적인 **자유주의적** 투쟁을 위해?

이것이 문제의 핵심이다! 그런데 마르토프는 바로 이 점을 헝클어뜨리고 있다!

치헤이제 씨는 상승하는 혁명적 "대중 불만"을 **자유주의적** 투쟁의 **"수로로"**(그저 온건한 협동조합을 만드는 것, 주지사의 인가를 받아 시의회에 그저 합법적인 압력을 넣는 것 등) "흐르게" 하고 있지, 결코 합목적적인 **혁명적** 투쟁의 수로로 흐르게 하고 있지 않다. 문제의 본질은 여기에 있는데, 마르토프는 계속해서 자유주의적 정치를 변호하느라 장광설을 늘어놓고 있다.

혁명적 사회민주주의자라면 이렇게 말할 것이다. "상점을 약탈하는 것은 합목적적이지 않다. 보다 감명을 주는 시위를, 이를테면 바쿠, 티플리스, 페트로그라드의 노동자와 동시에 조직하자. 우리의 증오를 정부를 향해 돌리자. 군대 내 강화(講

和)를 바라고 있는 부대들을 우리 쪽으로 견인하고 획득하자.”
치헤이제 씨가 이렇게 말했을까? 아니다. 그는 **자유주의자들**에
게 받아들여질 만한 ‘투쟁’을 호소하고 있다.

마르토프는 “혁명적 대중행동”을 권고하는 “정강”[2]에 서둘
러 서명했다(노동자들 앞에서 자신이 혁명가로 보일 필요가 있는 것이
다!). 그러나 러시아에서 그런 대중행동의 첫 징후가 나타나자
그는 수단과 방법을 가리지 않고 **자유주의 ‘좌파’의 치헤이제**를
옹호하기 시작한다.

“러시아에서 반전 투쟁의 조직적 캠페인은 아직 시작되지
않았다.” 첫째, 이것은 진실이 아니다. 그것은 시작되었다. 적어
도 페트로그라드에서는 선언문, 유인물, 대중집회, 파업, 시위로
시작되고 있다. 둘째, 그것이 일부 다른 지역에서 시작되지 않
았다면, 시작해야 한다. 그러나 마르토프는 치헤이제 씨가 ‘시작
한’ 자유주의적 캠페인을 “더 혁명적인” 것으로 가장하고 있다.

이것이 추악한 기회주의의 결백을 증명하려는 것이 아니고
무엇인가?

| 1916년 12월 《스보르니크 소치알 데모크라타》 2호에 발표

2   멘셰비키 파 조직위원회 재외 서기국이 1915년 취리히에서 발표한 정강
    초안을 말한다. 8월 블록에 가맹한 조직들에게 배포되었다. 서한 형식으
    로 제출된 이 정강 초안에는 ‘프롤레타리아트와 전쟁’이라는 제목이 붙
    어 있고, 마르토프와 그 외 4인의 조직위원회 서기들이 서명했다.—원서
    편집자

치헤이제 파 의원단과 그 역할

우리는 치헤이제 씨 일파는 사회민주주의적 프롤레타리아트를 대표하지 않으며, 진정한 사회민주주의 노동자 당은 치헤이제 파 의원단과 결코 화해하거나 통합하지 않을 것이라고 줄곧 주장해왔다. 우리의 주장은 다음과 같은 사실에 근거를 두고 있다. (1)치헤이제가 내걸고 있는 '구국(救國)'이라는 정식은 본질적으로 조국 방위주의와 다르지 않다. (2)치헤이제 파 의원단은 마르토프가 포트레소프 씨 일파에 반대했을 때조차도 결코 포트레소프 씨 일파에 반대하지 않았다. (3)결정적인 사실은 이 의원단이 전시산업위원회 참가를 반대하지 않았다는 것이다.

누구도 이 사실들에 이의를 제기하려 하지 않았다. 치헤이제 파는 단지 이 사실들을 얼버무리고 있을 뿐이다.

《나셰 슬로보》와 트로츠키는 우리를 '분파주의'라고 욕하면서도 여러 사실들에 압박받아 조직위원회나 치헤이제와 싸우는 쪽으로 점점 방향을 틀지 않으면 안 되었다. 그러나 문제는, 《나셰 슬로보》 파가 비로소 진지에서 순차적으로 후퇴한 것은 단지 '압박을 받아서'(우리의 비판 및 사실들의 비판이 가하는 압박을 받아서)일 뿐, 아직까지 그들은 결정적인 말을 하지 않았다는 것이다. 치혜이제 파와의 통일 단결인가, 분립인가? 그들은 여전히 결정하길 두려워하고 있다.

《분트 재외위원회 회보》 1호(1916년 9월)에는 페트로그라드에서 온 1916년 2월 26일자 편지 한 통이 실려 있다. 이 편지는 우리의 평가를 완전히 확증해주고 있는 귀중한 기록문서다. 편지의 필자는 "멘셰비키 진영 자체에 명백한 위기"가 있음을 솔직하게 밝히고 있지만, 그러면서도 그가 전시산업위원회 참가에 반대하는 멘셰비키 성원들에 대해서는 입을 다물고 있다는 것은 특히 의미심장하다! 그는 러시아에서 그러한 반대자를 본 일도, 들은 일도 없다!

그는 5명의 치혜이제 파 의원단 가운데 3명은 (조직위원회와 마찬가지로) '조국 방위 입장'에 반대하며, 2명은 찬성한다고 밝히고 있다.

그는 다음과 같이 쓰고 있다. "이 의원단을 위해 힘을 싣고 있는 인사들은 의원단 다수파의 입장을 바꾸는 데는 성공하지 못했다. 의원단 다수파를 도우러 오고 있는 것은 조국 방위 입장을 배격하는 지방의 '초동 그룹들(initiating groups)'이다."

의원단을 위해 힘을 싣고 있는 인사들이란, 자칭 사회민주주의자인 포트레소프, 마슬로프, 오소독스(Orthodox)[2] 일파 유형의 자유주의적 지식인들을 말한다. 이 지식인 그룹이 기회주의와 자유주의적 노동자 정치의 '온상'이라고 우리가 반복해서 지적한 것을 이제야 분트 파의 한 성원이 확인해준 것이다.

그는 나아가 이렇게 쓰고 있다. "실생활은〔그에 더해 푸리시케비치와 구치코프는 아닌가?〕 새로운 기관을, 즉 점점 더 노동운동의 중심이 되고 있는 노동자 그룹을 전면으로 밀어올렸다. 〔필자가 말하고 있는 것은 구치코프적인, 기존의 용어로 말하면 스톨리핀적인 노동운동이다. 필자는 그 외의 다른 것은 인정하지 않는다!〕 이 노동자 그룹의 선출에 즈음하여 다음과 같은 타협에 도달했다. 조국 방위와 정당방위라는 정식을 취하지 않고, 모종의 가장 광범한 것을 담고 있는 구국이라는 정식을 취한다는 것이다."

치헤이제와 치헤이제에 관한 마르토프의 거짓말을 분트 파 성원답게 폭로하고 있다! 치헤이제와 조직위원회는 전시산업위원회에 구치코프의 패거리들(그보즈데프, 브레이도 등)을 선출하는 즈음에 타협에 들어간 것이다. 치헤이제가 내걸고 있는 정식

1　멘셰비키 청산파가 1910년 말부터 비합법 당 조직에 대항하기 위해 결성했다. 이 그룹들은 스톨리핀(Stolypin) 체제에 순응하는 새로운 광범한 합법 당의 세포로 기능하도록 배치된 것이었다. 청산파는 '초동 그룹들'을 페테르부르크, 모스크바, 에카테리노슬라브, 콘스탄티노브카(도네츠 탄전) 등지에서 결성하는 데 성공했다. 그러나 이 그룹들은 노동자계급과 아무 연계도 없는 지식인들의 소그룹으로 머물렀다. 1차 세계대전에서는 사회배외주의 입장을 취했다.—원서 편집자

2　멘셰비키인 뤼보프 악셀로드의 필명.—원서 편집자

은 '포트레소프들 및 그보즈데프들과의 **타협을**!'이다.

마르토프는 이것을 감추었고, 지금도 감추고 있다.

타협은 여기서 끝나지 않았다. 선언이 또한 타협에 근거하여 작성되었는데, 분트 파 성원은 이 타협을 다음과 같이 특징 짓고 있다.

"명확함이 사라져버렸다." "의원단 다수파의 대표자와 '초동 그룹'의 대표자는 여전히 불만이었는데, 왜냐하면 결국 이 선언은 조국 방위 입장의 정식화 쪽으로 일대 전환해버린 것이기 때문이다. …… 이 타협은 본질적으로 독일 사회민주주의의 입장인데, 그것을 러시아에도 적용한 것이다."

분트 파 성원은 또 이렇게 쓰고 있다.

"문제는 명확해지고 있다고 여겨진다. 하나의 당이 있다. 즉 조직위원회와 치헤이제와 포트레소프의 당이다. 이 당에는 서로 다투는 두 날개가 있다. 그들은 **협조하고** 타협하며 하나의 당에 남아 있다. 타협은 전시산업위원회 참가를 **기반으로** 하여 맺어지고 있다. 유일한 불일치 지점은 참가 '동기'를 어떻게 정식화할 것인가(즉 노동자를 어떻게 속일 것인가)다. 타협의 결과로 탄생한 것은 본질적으로 독일 사회민주주의 입장이다."

그런가? 그렇다면 우리가 조직위원회의 당은 사회배외주의적인 당이고, 당으로서의 조직위원회와 치헤이제는 독일의 쉬데쿰 파와 동일하다고 말했을 때 우리는 옳지 않았는가?

그들과 쉬데쿰 파가 동일하다는 것은 분트 파 성원조차 인정하지 않을 수 없다!

치헤이제 일파와 조직위원회 모두 타협에 '불만'이 있다 하더라도 한 번도 반대를 표한 적은 없다.

1916년 2월의 사정은 이런 식이었는데, 그해 4월에는 마르토프가 '초동 그룹'의 위임장을 들고 키엔탈에 나타나 조직위원회 전체, 조직위원회 일반을 대표했다.

이것은 인터내셔널을 기만하는 것이 아닌가?

지금 어떤 결과가 나타나고 있는지 보자! 포트레소프와 마슬로프와 오소독스는 공공연하게 조국 방위주의적인 자파의 기관지 《디엘로Dyelo》[3]를 창간하여 플레하노프에게 기고를 의뢰하고, 드미트리에프, 체레바닌, 마옙스키, G. 페트로비치 씨 등 과거 청산주의의 기둥이었던 지식인들 무리 전체를 끌어모으고 있다. 1910년 5월에 볼셰비키를 대표하여 내가 독립 합법주의자 그룹의 최종 결집에 관해 말한 것(《토론용 회보 Diskussionny Listok》[4])이 완전히 확증되고 있는 것이다.

《디엘로》는 철면피하게 배외주의적·개량주의적인 입장을 취하고 있다. 오소독스 여사가 마르크스를 어떻게 위조하고, 멋대로 인용하여 마르크스를 힌덴부르크의 맹우(盟友)로 보이

<hr />

3 '대의'라는 뜻. 멘셰비키의 격주간 잡지로 1916년 8월부터 1917년 1월까지 모스크바에서 발행됐다. A. N. 포트레소프, P. P. 마슬로프, 뤼보프 악셀로드(오소독스)가 편집진이었다. 3권의 합본호를 포함하여 10호가 1916년에 나왔고, 1917년에 11호 한 호가 나왔다. 배외주의 입장을 취했다.—원서 편집자

게 하고 있는지(모두 '철학적' 근거 위에서. 농담은 그만 하시죠!), 마슬로프 씨가 (특히 《디엘로》 2호에서) 어떻게 모든 분야에 걸쳐 개량주의를 옹호하고 있는지, 포트레소프 씨가 악셀로드와 마르토프의 '맥시멀리즘(maximalism)'과 아나코 생디칼리즘을 어떻게 비난하고 있는지, 이 잡지 전체가 어떻게 조국 방위 복무를 '민주주의파'의 대의인 것처럼 속여 팔아먹고 있는지, 그러면서 차리즘이 약탈 목적을 위해, 갈리치아와 아르메니아 등을 압살하기 위해 이 반동적인 전쟁을 벌이고 있는 것 아니냐는 불유쾌한 문제에 대해서는 어떻게 수줍어하며 얼버무리고 있는지 보라.

치헤이제 파 의원단과 조직위원회는 침묵하고 있다. 스코벨레프는 "만국의 리프크네히트들"에게 인사를 보내고 있다. 그러나 정작 리프크네히트 자신은 자국의 샤이데만 파와 자국의 카우츠키 파를 가차 없이 폭로하고 규탄하고 있다. 반면 스코벨레프는 러시아의 샤이데만 파(포트레소프 일파, 치헨켈리 등)와도, 러시아의 카우츠키 파(악셀로드 등)와도 늘 변함없이 한패가 되어 사이좋게 지내고 있다.

마르토프는 그 자신과 그의 국외 동료들을 대표하여 《골로

4   러시아 사회민주노동당 중앙기관지 《사회민주주의자》의 증보판. 파리에서 1910년 3월 6일(19일)부터 1911년 4월 29일(5월 2일)까지 발행됐다. 3호까지 나왔다. 편집위원회는 볼셰비키, 멘셰비키, 최후통첩파, 분트파, 플레하노프 파의 대표자들, 폴란드·라트비아 사회민주주의 조직의 대표자들로 구성되었다.─원서 편집자

스》5 2호(사마라, 1916년 9월 20일)에서 《디엘로》와의 협력을 끊겠다고 발표했지만, 동시에 치헤이제의 결백을 증명하느라 여념이 없다. 동시에 또 그는 (《이즈베스티야》 6호, 1916년 9월 12일) 트로츠키 및 《나셰 슬로보》와 헤어진 것은 러시아에서의 부르주아 혁명을 부정하는 '트로츠키주의적' 사상 때문이었다고 주장한다. 그러나 누구다 다 알고 있는 것처럼, 이것은 거짓말이며, 마르토프가 《나셰 슬로보》를 떠난 것은 《나셰 슬로보》가 마르토프의 조직위원회 비호를 참고 볼 수가 없었기 때문이다! 마르트로는 독일어 소책자를 하나 발행했는데, 이 소책자에서 그는 페트로그라드와 모스크바 지역 멘셰비키의 선언을 인용하는 가운데 이들이 전시산업위원회 참가 의사를 발표한 바로 그 부분을 선언에서 빼버렸다![6] 롤란트 홀스트의 분개를 불러 일으키기까지 한, 이 독일 공중(公衆)을 속인 사건에 대해 마르토프는 같은 《이즈베스티야》에서 자신을 변호하고 있다.

마르토프가 《나셰 슬로보》 편집국을 그만두기 전에 이 신문을 통해 트로츠키와 벌인 논쟁을 떠올려보자. 마르토프는

5 멘셰비키의 사회배외주의적 신문으로 1916년에 사마라에서 발행됐다. 멘셰비키 신문 《나셰 골로스(우리의 소리)》와 《골로스 트루다(노동의 소리)》의 계승지다. 모두 네 호가 나왔다.—원서 편집자

6 여기서 소책자는 멘셰비키적 입장을 담은 《전쟁과 노동자계급 앞의 평화 문제》를 가리킨다. P. 악셀로드와 S. 라핀스키와 L. 마르토프가 제2차 치머발트 회의에 제출한, '평화를 위한 투쟁에서 프롤레타리아트의 임무'에 관한 결의 및 선언 초안을 재출간한 것이다.—원서 편집자

트로츠키가 결정적인 지점에서 카우츠키를 따를 것인지 말 것인지 여태껏 마음을 못 정하고 있다고 그를 비난했다. 트로츠키는 이에 응수하기를, 마르토프가 혁명적 노동자를 처음에는 포트레소프 파로, 다음엔 조직위원회파의 기회주의적·배외주의적인 당으로 꾀어내는 '미끼', '바람잡이' 역할을 하고 있다고 쏘아붙였다.

양쪽 모두 우리가 주장했던 내용을 따라 말했다. 그리고 둘 다 옳았다.

치헤이제 일파에 관한 진실은, 아무리 은폐하려 한다 해도 밝혀지고 말 것이다. 치헤이제의 역할은 포트레소프 일파와 타협하고, 모호한 거의 '좌익적'인 언사로 기회주의적·배외주의적 정치를 엄호하는 것이다. 그리고 마르토프의 역할은 치헤이제를 비호하여 그의 결백을 증명하는 것이다.

| 1916년 12월《스보르니크 소치알 데모크라타》2호에 발표

옮긴이 후기

이 책에는 시기적으로 레닌의 『제국주의, 자본주의의 최고 단계』(레닌 전집 63권) 다음에 이어지는 글들이 수록되어 있다. 흔히 '제국주의론'이라 불리는 『제국주의, 자본주의의 최고 단계』는 1916년 6월에 완성되었고, 이 책에 수록된 글들은 1916년 7월부터 12월까지 씌어진 것들이다.

제국주의는 자본주의의 최고 단계로서 쇠퇴하는, 기생적이고 썩어 들어가는 자본주의, '사멸하는 자본주의'다. 왜 그러한 지를, 레닌은 '제국주의론'에서 당대 자본주의에 대한 경제적 분석과 논증으로 우리에게 보여주고 있다. 그에 따라 레닌은 제국주의를 또한 '프롤레타리아 사회 혁명의 전야'라고 규정하고 있는데, 이 책에 실린 글들이 바로 그에 관한 글들이다. 즉 이 글들은 강령·전술상의 논쟁을 통해 그 '전야' 규정을 구체화해나가고 있고, 노동계급운동 내 기회주의 경향들과의 정치 투쟁을 통해 프롤레타리아 혁명 전야에 맞춰 노동자 전위들을 준비시키는 과정을 담고 있다.

제국주의 전쟁에서 '조국 방위'를 내걸고 '자'국 지배계급을 응원하는 노동운동 내 노골적인 기회주의 세력들(사회배외주의자들)은 이러한 프롤레타리아 혁명 전야 규정에 조소와 증오의 태도를 취했다. 한편 '반전/민주주의적 평화'를 내건 사회주의적 평화주의자들은 일반적으로 프롤레타리아 혁명이 역사적 일정에 올라 있긴 하지만 대중이 현재 준비되어 있지 않다는 이유로 지금은 일단 평화를 위한 투쟁으로 대중을 결집시키고 그 다음에 혁명을 얘기할 수 있다면서 '현재의 제국주의 전쟁을 사회주의를 위한 내란으로 전화시키라'는 슬로건에 반대했다.

이미 출간된 레닌 전집 58~60권에서 볼 수 있듯이, 노동계급운동 내 이들 경향과의 투쟁은 1914년 8월, 전쟁 발발부터 계속해서 이 시점까지 레닌이 '시류를 거슬러' 줄기차게 진행해 온 바다. 그런데 프롤레타리아 혁명 전야 규정과 내란 전화 슬로건에 찬성하는 대열 내에서 새로운 경향, 일종의 '좌'익 유아적 경향이 대두한다. 그 중에서도 특히 레닌이 제국주의적 경제주의자들이라고 부른 볼셰비키 당 내 부하린, 퍄타코프 등의 그룹은 그 가장 극단을 대표하는데 그들의 논리는 이렇다. "제국주의하에서 정치적 민주주의는 경제적으로 실현 불가능하므로 민주주의적 권리(민족자결권을 포함하여)를 위한 투쟁은 더 이상 의미를 가질 수 없다." "현 자본주의하에서 민족 전쟁/민주주의적 전쟁은 가능하지 않다." "제국주의 전쟁에 '대당(對當)'할 수 있는 것은 '오직' 사회주의뿐이다. '출구'는 부르주아지를 수탈하는 경제적 혁명, 즉 사회주의 혁명밖에 없다. '그

436

러므로' 우리의 최소강령 속의 민주주의적 슬로건들을 내거는 것은, 즉 자본주의하에서 이 슬로건들을 내거는 것은 사기 또는 환상이거나, 사회주의 혁명 슬로건을 모호하게 하는, 또는 뒤로 미루는 것이다."

달리 말하면, 현재의 독점 자본주의, 쇠퇴하고 사멸하는 자본주의에서는 집회·시위·결사의 권리, 노동3권, 민족자결권(식민지·종속국과 관련해서는) 등은 실현 가능하지 않으므로 이러한 것을 위한 투쟁(즉 민주주의의 침해에 대항하는 투쟁)은 의미가 없고, 출구는 오직 자본주의 철폐뿐이다. 따라서 민주주의적 제 권리와 개량을 위한 투쟁을 지시하고 있는 최소강령 요구들은 자본주의 철폐 투쟁과 모순되므로 모두 삭제해야 한다는 논리다.

사회주의를 위한 투쟁을 민주주의적 권리를 위한 투쟁(및 개량 요구 투쟁)에 뗄 수 없이 연결시켜야 할 필요를 부정하는 것이다. 최대강령 요구 투쟁을 어떻게 최소강령 요구 투쟁에 결합시켜야 할지를 알지 못하는 것이다. 레닌은 이렇게 대답한다.

전혀 생각할 능력이 없거나, 마르크스주의를 전혀 알고 있지 못하는 자만이 다음과 같은 결론을 내릴 것이다. '그러므로 공화제도 의미가 없고, 이혼의 자유, 민주주의도 의미가 없고, 민족자결도 의미가 없다!' 그러나 마르크스주의자는 민주주의가 계급억압을 폐지하지 않는다는 것을 알고 있다. 민주주의는 계급투쟁을 단지 보다 직접적이게, 보다 광범하게, 보다 공공연하게, 보다 격렬하게 할 뿐이다. 그리고 그것이야말로 우리가 필요로 하는 것이다. 이혼의 자유가 완전할수록 여성들은 자신들이 처해 있는 '가사 노예제'의 근원이 권리의 결여가 아니라 자본주의라는 것을 보다 분명히 알게 될 것이다. 정부체제가 보다 민주주의적일수록 노동자들은 악의 뿌리가 권리의 결여가 아니라 자본주의라는 것을 보다 분명히 알게 될 것이다. 민족 평등(이것은 분리의 자유 없이는 완전하지 **못하다**)이 완전할수록 피억압 민족 노동자들은 자신들이 받는 억압의 원인이 권리의 결여가 아니라 자본주의라는 것을 보다 분명히 알게 될 것이다.[1]

문제는 자본주의다. 악의 뿌리는 자본주의, 맞다. 그러나 그렇다고 모든 것을 다 '뿌리'로 환원시켜 그 '뿌리'와의 투쟁이 아니면 아무것도 아니라는 식의 논리(여기서는 제국주의적 경제주의 논리)로 빠져선 안 된다는 것이다. 악의 뿌리를 제거하는 투쟁, 즉 자본주의 철폐/사회주의를 위한 투쟁을 민주주의 침해에 대항하는 투쟁에 분리할 수 없이 연결시키라는 것이다. 민주주의적 권리 투쟁을 현 단계 자본주의하에서는 더 이상 의미를 가질 수 없다고 방기하는 것이 아니라, 사회주의를 위한 투쟁을 그 투쟁에 뗄 수 없이 연결시켜 악의 뿌리를 제거하는

---

[1] 「맑시즘의 희화와 제국주의적 경제주의」.

투쟁으로 끌어올려라! 제국주의 시대에, 쇠퇴·사멸하는 자본주의 시대에 최소강령은 삭제할 것이 아니라 최대강령과 분리할 수 없이 연결시켜야 한다는 것이다.

제국주의적 경제주의는 제국주의=프롤레타리아 혁명 전야라는 이유로 제국주의 '시대'에 모든 것을 경제적 혁명(부르주아지에 대한 수탈/사적소유 철폐)으로 환원시킨다. 레닌은 이 경향이 "우리 대열 내부에서부터" 마르크스주의를 희화화하고, 나아가 프롤레타리아 혁명과 제국주의 '시대' 개념을 희화화하고 있다며 경계한다. 레닌이 이 시기에 국제 사회주의운동에서 기회주의와 명확히 단절하고 혁명적·국제주의적 좌파를 결집하여 새로운 공산주의 당과 공산주의 인터내셔널 건설을 위해 투쟁하고 있는 가운데 이 투쟁 대열 내부로부터 이 투쟁을 실추시키고 희화화하는 제국주의적 경제주의와 단호하게 맞서 싸울 것을 강조한 것은 아주 당연한 것이었다.

이 책의 표제작인 「맑시즘의 희화와 제국주의적 경제주의」는 이 내부로부터 발생하고 있는 새로운 편향적 조류를 비판하기 위한 글로서, 민주주의와 자본주의의 관계, 민주주의와 사회주의의 관계에 대한 혁명적 마르크스주의의 관점을 보여주고 있다. 그런데 레닌의 이 글을, 이후 소부르주아 민주주의자들은 반파쇼 민주주의 혁명/인민전선, 반독점 민주대연합 등 노동자 투쟁을 사회주의 혁명으로부터 유리시키고 계급협조로 유도하는 기회주의 노선을 정당화하기 위한 근거로 삼고자 한다. 이들 소부르주아 민주주의자들은, 예를 들어 이 글 가운데 "프롤레타리아트가 민주주의를 위한 투쟁에 의해 사회주의 혁명을 준비하지 않는다면 사회주의 혁명을 수행할 수 없다"는 구절을 마치 먼저 1단계로 민주주의 혁명을 완성하고 난 다음에야 '2단계 사회주의 혁명'으로 나아갈 수 있다는 얘기인 것처럼 왜곡·날조하고, 그리하여 단계를 건너뛰어서는 안 된다며 계급투쟁 전면화와 프롤레타리아 사회주의 혁명을 위한 투쟁을 '극좌 모험주의'라고 노동자들을 협박, 기만하고 있다.

앞의 구절이 프롤레타리아트가 사회주의를 위한 투쟁에서 (제국주의/독점 자본주의의 정치적 반동에 의한) 민주주의 침해에 대항하는 투쟁을 받아 안고 사회주의를 위한 투쟁을 그 투쟁에 분리할 수 없이 연결시켜야 한다는 지침을 제시하고 있는 내용이라는 것은 의문의 여지가 없다. 앞에서 언급한 프롤레타리아 사회 혁명 전야 규정을 비롯해 "직접적으로 임박해 있는 사회주의 혁명의 정신으로 당 활동의 모든 측면을 근본적으로 바꿔낼 것", "제국주의 전쟁을 사회주의를 위한 내란으로 전화시킬 것"을 끊임없이 요구하는 등, 이 시기 레닌의 모든 글에서 일관되게 제시되고 있는 프롤레타리아 혁명 노선을 부정하고 이를 민주주의 혁명 단계론으로 바꿔치기 하는 것은 손바닥으로 하늘을 가리는 행위나 마찬가지다.

민주주의 혁명 단계론자/반파쇼 인민전선주의자들은 제국주의적 경제주의자들을 비롯한 '좌'익 유아적 경향에 의해 희화화된 프롤레타리아 혁명 노선과 마르크스주의를 먹잇감으로 삼아 자신들의 기회주의를 정당화하고 있다. 이들은 또한 스탈린주의를 옹호하고자 이 시기에 '좌'익 유아적 경향들에서 나타나고 있는 세계 동시혁명론을 공격하는 것으로 '일국 사회주의'론을 정당화하기도 한다. 이들은 레닌이 이 시기에 세계 프롤레타리아 혁명을 부정하고, 대신 '일국 사회주의'론을 제창했다는 주장을 펴고 있다. 이것은 레닌의 대표적인 몇몇 인용문만 봐도 거짓이라는 것을 금세 알 수 있다. 러시아 혁명 승리 후인 1918년에 레닌은 「프롤레타리아 혁명과 변절자 카우츠키The Proletarian Revolution and the Renegade Kautsky」(본 전집 81권에 수록—편집자)에서 볼셰비키 당이 전쟁 중에 수행한 혁명적 투쟁 전반에 대해 다음과 같이 개괄하고 있다.

제국주의적·억압적·약탈적·반동적인 부르주아지가 두 개의 세계적인 그룹으로 나뉘어 수행하는 전쟁이 되면 모든 부르주아지는(소국의 부르주아지조차) 약탈의 참가자로 전화된다. 그리고 나의 임무, 즉 혁명적 프롤레타리아트의 대표자로서의 임무는 세계적인 학살의 참화로부터의 유일한 구제책인 세계 프롤레타리아 혁명을 준비하는 것이다. 나는 '자'국의 관점에서 얘기해서는 안 되며(왜냐하면 그것은 자신이 제국주의 부르주아지의 우롱 대상이 되고 있다는 사실을 이해하지 못하고 슬퍼하는 우둔한 민족주의적 소시민의 얘기이기 때문이다.) 세계 프롤레타리아 혁명에 대한 준비, 선전, 촉진에 자신이 참가한다는 관점에서 얘기해야 한다. …… 이것이 진짜 국제주의다. 이것이야말로 국제주의자, 혁명적 노동자, 진정한 사회주의자의 임무다.

또 그에 앞서, 10월 혁명 몇 달 전에도,

마르크스주의 입장에서 볼 때, 제국주의에 대해 말하면서 한 나라의 조건만을 논하는 것은 불합리하다. 그 이유는 자본주의 나라들이 상호 아주 긴밀하게 결합되어 있기 때문이다. 지금의 전시하에서 이 결합은 깊이를 알 수 없을 정도로 강화되어 있다. 전 인류는 한 줄의 피투성이로 된 실구슬로 엮여 있기 때문에 어떤 민족도 단독으로 빠져나올 수는 없다. 선진국이 있으면 후진국이 있듯이, 지금의 전쟁은 그들 모든 국가들을 많은 실로 엮어버렸기 때문에 일국 단독으로 그곳에서 빠져나오려고 하는 것은 불가능하다. ……

우리는 지금 다른 모든 국가들과 결합되어 있으므로 그 실구슬로부터 빠져나올 수가 없다. …… 즉 프롤레타리아트 전체가 그곳으로부터 빠져나오든가 그렇지 않으면 학살되어버리든가 둘 중의 하나일 수밖에 없다.[2]

---

2   1917년 4월, 「러시아 사회민주노동당 제7차 (4월) 전국협의회The Seventh (April) All-Russia Conference of the R.S.D.L.P.(B.) 」(본 전집 67권에 수록—편집자).

그보다 더 전인, 전쟁 발발 1년 뒤 1915년 7월에 발표된 「제국주의 전쟁에서 자국 정부의 패배The Defeat of One's Own Government in the Imperialist War」(본 전집 59권 『제2인터내셔널의 붕괴』에 수록―편집자)에서도, 레닌은 러시아 사회민주주의자들이 '자국 정부 패전' 슬로건의 이론과 실천을 진전시킨 첫 주자여야 했던 이유가 다름 아닌 모든 교전국에서의 혁명운동들 간에 통합 조정과 상호 지원 등의 프롤레타리아 국제 연대에 대한 절박한 필요에서였다며, 혁명적 패전주의 전술이 세계 프롤레타리아 혁명 전략과 결부되어 있는 것임을 다음과 같이 밝히고 있다.

다름 아닌 바로 교전국 열강 가운데 가장 뒤떨어진 나라의 프롤레타리아트가―더더욱 독일과 프랑스 사회민주주의자들의 파렴치한 배반에 직면하여―혁명적 전술을 (자신의 당을 통해) 채택하지 않으면 안 되었다. 이 혁명적 전술은 자국 정부의 '패배를 촉진'하지 않고서는 절대로 실현 불가능하지만, 그러나 이것만이 유럽 혁명으로, 사회주의의 항구적 평화로 인도할 것이며, 오늘을 지배하고 있는 참화, 재앙, 야만, 야수화로부터 인류를 구하는 길이다.[3]

3 앞의 글.

제국주의와 제국주의 전쟁에 대한 투쟁 그 자체가 프롤레 타리아트에게 '세계 프롤레타리아 혁명의 준비'와 그것의 구체적 표현인 각국에서의 '내란 전화' 및 '자국 정부의 패전' 같은 국제주의적 전술을 절박하게 요구한 것이다.

일국 사회주의론자들은 레닌이 제국주의 시대를 프롤레타리아 혁명 전야로 규정하면서 제시한 여러 논거들과 실제로 제국주의 세계 전쟁이 세계 프롤레타리아 혁명을 현실의 일정으로 올려놓은 정세에 근거하여 제시한 이와 같은 언명들에 철저히 눈을 감고 모르쇠로 일관한다. 스탈린주의자들이 '일국 사회주의'론의 근거로 흔히 인용하는 구절이 있는데, 이 책에 수록된 「프롤레타리아 혁명의 군사 강령」의 다음과 같은 부분이다.

자본주의 발전은 나라마다 굉장히 불균등하게 진행된다. …… 그렇다면 사회주의가 모든 나라에서 동시에 승리하는 것은 가능하지 않다는 결론을 피할 수 없다. 사회주의는 처음에는 하나의 나라 또는 몇 개의 나라에서만 승리할 것이며, 다른 나라들은 한동안 부르주아적인 나라 또는 전(前)부르주아적인 나라로 남아 있을 것이다.

그러나 이 구절은 세계 프롤레타리아 혁명을 희화화하는 것을 경계하는 맥락에서, 즉 전세계적으로 동시적인 프롤레타리아 혁명 승리를 상정하는 것에 대한 경계의 맥락에서 나온 것이다. 레닌은 '사회주의의 승리'를 프롤레타리아 권력 장악의 성공(여기에는 의당 자본가계급에 대한 수탈과 그에 따른 생산의 재조직이 포함된다)으로 보았지, (스탈린주의자들이 주장하는 바와 같은) '사회주의 건설'의 완성/사회주의의 최종적 공고화 같은 것으로 상정하지 않았다. 이것은 논란의 여지가 없이, 이 시기 이래 수많은 레닌의 글들에서 확인되는 바다.

당연한 바지만, 이런 의미, 프롤레타리아 권력 장악의 성공이라는 의미의 '사회주의의 승리'가 세계 모든 나라에서 동시적으로 일어날 수 없을 거라는 생각은 마르크스와 엥겔스 이래 모든 마르크스주의자들에게 공통된 것이었다. 레닌이 특별히 새롭게 내세운 '이론'이 아니라 동시대의 모든 혁명적 사회주의자들이 공유한 상식 같은 것이었다.

이러한 상식을 레닌이 앞의 인용문에서처럼 새삼 환기시킨 것은 다름 아니라 이 시기에 제국주의적 경제주의자들을 비롯한 좌파 내의 추상적 국제주의 경향의 오류를 바로잡기 위한 맥락이었다. 이들은 제국주의 '시대'에 대한 불충분한 인식에서 비롯한 세계 혁명에 대한 추상적 접근으로 인해 제국주의 하에서의 민족자결권 부정과 민족 전쟁/민족 봉기의 현실 가능성 부정, 혁명 전쟁을 포함한 전쟁 일반에 대한 부정 및 그로 인한 '군비철폐'론 등 '좌'익 유아적 오류로 빠져들었다. 앞의 인용문은 이러한 오류에 대한 비판이다(세계 프롤레타리아 혁명 노선을 폐기하고 그 자리에 '일국 사회주의'론을 들어앉히는 주장이 아니다). 즉 프롤레타리아 혁명의 승리는 일거에 모든 전쟁 일반을 배제하는 것이라는 전제하에 '민병' 또는 '인민무장'이라는 기존 국제 사회주의의 최소강령 요구를 '군비철폐'라는 새로운 요구로 대체해야 한다는 추상적 국제주의 논리에 대한 반박의 맥락인 것이다.

'군비철폐'는 전세계적으로 동시적인 프롤레타리아 혁명의 승리와 전세계적으로 동시적인 '사회주의 건설'의 완성을 상정할 때에만 나올 수 있는 요구다. 프롤레타리아 권력 장악의 성공이 모든 나라에서 동시적으로가 아니라, 처음에 하나 또는 수개의 나라에서 가능하다면, 군비철폐 요구는 승리한 프롤레타리아트가 스스로 군비철폐, 즉 아직 "부르주아적인 또는 전(前)부르주아적인 나라로 남아 있는" 타국 앞에서 스스로 무장해제를 실시한다는 터무니없는 요구, 격렬한 계급투쟁과 계급전쟁이 없는 평화로운 사회주의에 대한 꿈을 꾸는 공상적인 요구가 되어버리는 것이다.

이와 같이 앞의 인용문은 동시혁명론(그리고 그 동전의 이면으로서 국제적 상호 대기 전술)에 대한 논박이지, '일국 사회주의'론과는 관계가 없다. 오히려 앞의 인용문 바로 앞뒤의 다음 구절을 보면, 일국 사회주의 건설과는 정반대로 이 시대, 즉 제국주의 시대가 일국에서의 프롤레타리아 권력 장악에 뒤이은 격렬한 계급 전쟁과 부르주아 국가에 대항하는 사회주의적 전쟁,

피억압 민족의 민족 전쟁, 이 혁명 전쟁들의 결합의 가능성과 필연성을 낳고 있다고 명확히 밝히고 있다.

한 나라에서의 사회주의의 승리가 단숨에 모든 전쟁 일반을 배제하는 것은 결코 아니다. 오히려 그것은 전쟁을 전제로 한다. 자본주의 발전은 나라마다 굉장히 불균등하게 진행된다. 상품생산하에서는 자본주의가 나라별로 불균등하게 발전할 수밖에 없다. 그렇다면 사회주의가 모든 나라에서 동시에 승리하는 것은 가능하지 않다는 결론을 피할 수 없다. 사회주의는 처음에는 하나의 나라 또는 몇 개의 나라에서만 승리할 것이며, 다른 나라들은 한동안 부르주아적인 나라 또는 전(前)부르주아적인 나라로 남아 있을 것이다. 이로 인해 마찰이 일어날 뿐만 아니라, 다른 나라의 부르주아지들이 승리한 사회주의 국가의 프롤레타리아트를 분쇄하려는 시도를 하게 될 수밖에 없다. 이러한 경우에 우리 쪽에서의 전쟁은 정당한 전쟁, 정의(正義)의 전쟁이 될 것이며, 사회주의를 위한 전쟁, 부르주아지에게서 다른 민족들을 해방시키기 위한 전쟁이 될 것이다. ……

우리가 단지 한 나라에서만이 아니라 전세계에서 부르주아지를 타도하여 완전히 쳐부수고 수탈한 뒤에야 비로소 전쟁은 불가능한 것이 될 것이다. 그리고 가장 중요한 일, 사회주의로의 이행에서 가장 어려운 일, 가장 많은 투쟁을 필요로 하는 일인 부르주아지의 반항을 진압하는 것을 우리가 회피하거나 적당히 넘어가려 한다면, 그것은 과학적 관점에서 볼 때 완전히 잘못된 것이고 완전히 비혁명적인 것이다. '사회주의적' 설교사들과 기회주의자들은 미래의 평화로운 사회주의를 꿈꿀 준비가 언제나 되어 있다. 그러나 그들은 이 아름다운 미래를 실현하는 데 필요한 격렬한 계급투쟁과 계급전쟁을 떠올리고 깊이 생각하기를 거부한다는 점에서 혁명적 사회민주주의자와 구별된다.
......

모든 전쟁은 다른 수단에 의한 정치의 계속에 불과하다는 것을 망각하는 것은 이론적으로 완전한 오류다. 지금의 제국주의 전쟁은 양대 열강의 제국주의적 정치의 계속이며, 이 정치는 제국주의 시대의 제 관계의 총체에 의해 생겨나고 배양되었다. 그럼에도 이 시대 자체가 필연적으로 민족적 억압에 대항하는 투쟁의 정치를, 부르주아지에 대항하는 프롤레타리아트의 투쟁의 정치를 낳고 배양하게 마련이며, 그 결과로 첫째 혁명적 민족 봉기와 민족 전쟁의 가능성과 필연성을, 둘째 부르주아지에 대항하는 프롤레타리아트의 전쟁과 봉기의 가능성과 필연성을, 셋째 그 두 종류의 혁명 전쟁의 결합의 가능성과 필연성을 낳고 배양하게 마련이다.[4]

레닌의 동시혁명론 비판은 '일국 사회주의'론의 근거이기는

4   앞의 글.

커녕 반대로 세계 프롤레타리아 혁명 노선의 구체화다. 이 점은 레닌이 제국주의적 경제주의자 키엡스키(퍄타코프)의 공상적 세계혁명상과 그에 따른 대기주의적 편향을 논박하는 데서 특히 명확하게 드러난다. 키엡스키가 "우리는 사회 혁명을 …… 민족적 통일을 날려버리고 계급적 통일을 수립하는, 모든 나라 프롤레타리아의 통일된 행동으로 상정한다"고 밝힌 것에 대해, 레닌은 "모든 나라 프롤레타리아의 통일된 행동을 꿈꾸는 것은 사회주의를 영원히 연기하는 것을 의미한다"며 다음과 같이 반박한다.

사회주의는 모든 나라가 아니라 선진적인 자본주의 발전 단계에 도달한 소수의 나라들의 프롤레타리아의 통일된 행동에 의해 실현될 것이다. …… 따라서 지금 민족적 통일을 '날려버리'고 계급적 통일을 수립하는 것이 가능한 것은 이들 나라들뿐이다. ……

사회 혁명은 오직, 선진국에서 부르주아지에 대항하는 프롤레타리아트의 내란과, 미발전의 후진 피억압 민족들의 일련의 민주주의적·혁명적 운동들——민족해방 운동을 포함하는——전체가 결합되는 시대의 형태로만 올 수 있다.[5]

---

5 「맑시즘의 희화와 제국주의적 경제주의」.

레닌이 "사회주의는 처음에 하나의 나라 또는 수개의 나라에서 승리할 것"이라고 말한 것은 이와 같이 세계 프롤레타리아 혁명 과정을 공상적으로 그리는, 즉 사회주의가 모든 나라에서 동시에 승리해서 전쟁이 없는("일거에 모든 전쟁을 배제하는"), 또 민족해방 혁명을 포함한 민주주의 혁명을 배제하는, 그런 식의 세계혁명 상을 그리는 것에 반대한 것이다. 즉 승리한 사회주의가 처음에 하나의 나라, 또는 몇 개의 나라로 존재하는 것은 가능하지 않다는 의미의 '세계합중국' 같은 슬로건[6]과 연결된 동시혁명론에 반대하는 논거이지, 세계 프롤레타리아 혁명 노선에 대립하는 바로서의 스탈린주의적 '일국 사회주의'론의 논거가 아니라는 것이다.

나아가 레닌은 동시적인 프롤레타리아 혁명 승리가 가능하지 않은 것이 소수의 선진국과 미발전의 후진 피억압 민족 간의 경우처럼 자본주의 발달 정도, 경제적 성숙도의 차이 때문만이 아님을 분명히 하고 있다. 선진 제국주의 나라들 사이에서도 경제적인 것으로 모두 환원될 수 없는 정치 형태의 큰 차이가 존재하며, 이 점을 고려하지 않고 (연쇄적 확산이 아닌) 동시 혁명 승리를 상정하는 것은, 제국주의 '시대'와 세계혁명에 대

6 「유럽합중국 슬로건에 대하여」, 레닌 전집 60권 『사회주의와 전쟁』, 105쪽. 여기서 레닌은 '세계합중국' 슬로건이 일국에서 사회주의의 승리가 불가능하다는 의미로 해석될 수 있고, 또 프롤레타리아 권력 장악이 성공한 일국과 그렇지 않은 타국들과의 관계에 대해서 잘못된 이해를 가져올 수 있음을 지적하고 있다.

한 추상적 접근으로, 결국 동시 혁명 승리가 아니면 아무것도 아니라는 세계혁명 대기론에 불과하다는 것이다.

　현대 제국주의의 트러스트와 은행조차도——그것이 발달한 자본주의의 일부로서 어디서도 피할 수 없는 것이라 할지라도——그 구체적 모습은 나라마다 다르다. 선진 제국주의 나라들——미국, 영국, 프랑스, 독일—의 정치 형태들 간에는 본질에서의 동질성이 있음에도 불구하고, 훨씬 더 커다란 차이가 존재한다. 동일한 다양성이 오늘의 제국주의로부터 내일의 사회주의 혁명으로 인류가 밟아갈 도상에서도 또한 나타날 것이다. 모든 민족이 사회주의에 도달할 것이다. 이것은 필연적이지만, 모든 민족이 똑같은 방식으로 도달하지는 않을 것이다. 각 민족은 민주주의의 이러저러한 형태에, 프롤레타리아 독재의 이러저러한 변종에, 또 사회 생활의 각 측면에서 진행되는 사회주의적 개조의 이러저러한 속도에 자신의 고유한 것을 가져와 덧붙일 것이다. "역사적 유물론의 이름으로" 미래의 이러한 모습을 단조로운 회색으로 칠해버리는 것보다 이론의 견지에서 더 유치하고 실천의 관점에서 더 어리석은 것은 없다.[7]

　1914년 8월 세계대전 발발 이후 레닌이 발전시켜나가는 세

7　「맑시즘의 희화와 제국주의적 경제주의」.

계 프롤레타리아 혁명 전략·전술은 이와 같이 노동계급운동 내부의 적들인 기회주의와의 투쟁뿐만 아니라 아군 대열 내부로부터 발생하고 있는 '좌'익 유아적 조류와의 투쟁을 통해서 구체화된다. 이 책에 수록된 대부분의 글들이 그와 관련한 내용을 담고 있으며, 레닌이 "우리 당을 그 내부로부터, 즉 당 자신의 대열로부터 실추시키고, 당을 희화화된 마르크스주의의 전달 수단으로 만들 것"이라고 하여 이 편향을 바로잡고 극복하는 것을 이 시기에 얼마나 중대한 과제로 삼았는지 잘 보여주고 있다. 이 글들에 이어, 이제 러시아 혁명이 발발하면서 레닌이 제출하는 「먼 곳에서 보낸 편지Letters From Afar」(본 전집 65권에 수록—편집자)와 '4월 테제'(본 전집 66권에 수록—편집자)에 이르러 우리는 세계 프롤레타리아 혁명 노선의 완성을 보게 될 것이다.

2017년 11월

양효식

찾아보기

맑시즘의 희화와 **064** 레닌 Владимир
제국주의적 경제주의 전집 Ильич
Ленин

1판 1쇄 발행 2018년 1월 20일

지은이 블라디미르 일리치 레닌
옮긴이 양효식
펴낸이 김찬

펴낸곳 도서출판 아고라
출판등록 제2005-8호(2005년 2월 22일)
주소 경기도 파주시 가온로 256 1101동 302호
전화 031-948-0510
팩스 031-948-4018

ISBN 978-89-92055-70-3 04300
ISBN 978-89-92055-59-8 04300세트

이 책은 박연미 디자이너, 대현지류,
HEP프로세서, 더나이스, 준성금박, 경일제책
노동자들의 노동을 통해 만들어졌습니다.
또한 편집과 제작비 마련 과정에서
레닌 전집 후원회원들의 도움을 받았습니다.

* 책값은 뒤표지에 있습니다.
* 레닌 전집 후원회 가입 문의:
leninbookclub@gmail.com